Bircher-Benner Diätbücher

Handbuch zur Verhütung und begleitenden Therapie der Krebskrankheit

Diätanleitungen
zur Verhütung und Therapie
mit Rezeptteil,
eingehende Ratschläge
und ausgearbeiteter Kurplan
aus einem ärztlichen Zentrum
modernster Heilkunst

Dr. med. Andres Bircher
und Mitarbeitende des
Bircher-Benner Zentrums
Lilli Bircher, Pascal Bircher
Anne-Cécile Bircher

EDITION BIRCHER-BENNER
CH-8784 BRAUNWALD

Bircher-Benner Diätbücher

1. Handbuch für Multiple Sklerose-Kranke und andere neurodegenerative Leiden
2. Handbuch für Leber- und Gallenkranke
3. Handbuch für die Familie und das gesunde Kind
4. Handbuch für Frischsäfte, Rohkost und Früchtespeisen
5. Handbuch zur Steigerung der Abwehrkräfte und gegen Infektionskrankheiten
6. Handbuch für Bergsteiger und für den Sport
7. Handbuch für Diabetiker
8. Handbuch zur Verhütung und unterstützenden Therapie der Lungenkrankheiten
9. Essensfreude ohne Kochsalz
10. Handbuch für Rheuma- und Arthritiskranke
11. Handbuch für Männer mit Prostataleiden
12. Handbuch für Nieren- und Blasenkranke
13. Handbuch für Venenleiden
14. Handbuch für Magen- und Darmkranke
15. Handbuch für die Ernährung in Schwangerschaft und Stillzeit
16. Handbuch für Frauenleiden und die Wechseljahre
17. Handbuch zur Verhütung und begleitenden Therapie der Krebskrankheit
18. Handbuch für Kopfschmerzen und Migräne
19. Handbuch für Bluthochdruck, Herz- und Arteriosklerosekranke
20. Handbuch zur Überwindung von Angst und Depression
21. Handbuch für Hautkranke und Hautempfindliche
22. Handbuch für Stresskranke
23. Handbuch für Allergiekranke
24. Handbuch zur Verhütung von Demenz und Alzheimerkrankheit
25. Handbuch zur inneren Behandlung der Augenkrankheiten
26. Handbuch Gesund und schlank, zur Heilung von Gewichtsproblemen, Adipositas und Untergewicht

Die Ergebnisse weltweiter Forschung sind in diesen Handbüchern ebenso berücksichtigt, wie die über 100-jährige Entwicklung ärztlicher Kunst und Erfahrung in der bekannten Bircher-Benner Klinik. Der Leser spürt auf Schritt und Tritt die hilfreiche Art des kundigen Arztes.

1. Auflage 2021

info@bircher-benner.com www.bircher-benner.com

Buchbestellungen: edition@bircher-benner.com

Printed in Germany

Einbandentwurf: Eberl & Kœsel Studio GmbH & Co. KG, Altusried-Krugzell
Gesamtherstellung: Eberl & Kœsel GmbH & Co. KG, Altusried-Krugzell

Inhalt

Vorwort

Die Krebskrankheit bringt unsägliches Leid über die Menschen. Plötzlich ist etwas Unheimliches da, etwas Fremdes, das uns von innen bedroht, das vor nichts Halt macht. Man fühlt sich verlassen, hilflos, in eine übermenschliche Anstrengung versetzt gegen das drohende Chaos anzukämpfen, das einem das Leben nehmen will und man weiss nicht, wer gewinnen wird, der Tumor oder man selbst. Was einem wichtig schien, verliert an Bedeutung. Man weiss nicht, wann man Abschied nehmen muss von allem, von denen, die man lieb hat, die uns lieb haben. Der Arzt spricht von bösartig, spricht von Prozenten einer Chance 5 Jahre zu überleben, spricht von Operation, von Chemotherapie oder Bestrahlung, von grossen wissenschaftlichen Fortschritten und versucht zu trösten.

Der älteste Fund einer Krebsgeschwulst ist 1,6 Millionen Jahre alt. Seit der Antike kämpfen Ärzte gegen die Krebskrankheit. Die Bezeichnung „Krebs" stammt vom mittelhochdeutschen krëbez „fressendes Geschwür". Die Bezeichnung Karzinom stammt aus dem Altgriechischen: karkínos (καρκίνος) bezeichnete sowohl das Tier Krebs oder Krabbe, als auch die Krankheit selbst. Erstmals findet man diese Bezeichnung in den Werken des genialen griechischen Arztes Hippokrates und später erklärte Galenos von Pergamon den Namen mit der Ähnlichkeit der geschwollenen Adern eines von aussen sichtbaren Brustkrebses mit den Beinen des Tieres. Im 16. Jahrhundert beschrieb Paracelsus von Hohenheim, dass die Belastung der Bergbauarbeiter mit Arsen Lungenkrebs verursacht. Rudolf Virchow begründete in der Mitte des 19. Jahrhunderts die Zellpathologie und erkannte, dass Krebs durch eine Wucherung entarteter Körperzellen entsteht. Dass Anilin und Benzidin bei Arbeitern der Farbindustrie Blasenkrebs verursachte, beschrieb der Chirurg Ludwig Rehn 1895. 1924 beschrieb Ernst Kennaway, dass aromatische Kohlenwasserstoffe in Tonschieferöl, Russ, Teer, Paraffin und Kohle Krebs erzeugen. Nach der Erfindung der Röntgenstrahlen wurde bald erkannt, dass diese Krebs erzeugen. 1920 wurde das Deutsche Krebsregister gegründet.

Die Krebskrankheit ist eine der grössten Bedrohungen der Menschheit. Nach den Statistiken der Weltgesundheitsorganisation erkranken allein in Europa jedes Jahr 4,6 Millionen Menschen an Krebs. 2,1 Millionen Menschen sterben jedes Jahr an dieser Krankheit, zu 20 % an Lungenkrebs, zu 12 % an Darmkrebs, zu 7 % an Brustkrebs, zu 6 % an Bauchspeicheldrüsenkrebs und zu 5,7 % an Magenkrebs[1]. Wir sind alle von Krebs betroffen, entweder unmittelbar oder durch die Erfahrungen von Freunden und Familienangehörigen.

Innerhalb Europas gibt es deutliche Unterschiede hinsichtlich des Risikos einer Einzelperson, im Laufe des Lebens an Krebs zu erkranken: im westlichen Europa liegt dieses Risiko bei über 25 %, in den Ländern Osteuropas zwischen 19 % und 25 %, und in den zentralasiatischen Ländern zwischen 10 % und 19 %. Das Risiko an einer Krebserkrankung zu sterben liegt in den Ländern Osteuropas und Zentralasiens bei über 12 %, während es in Westeuropa mit Werten zwischen 9 % und 12 % etwas geringer ausfällt[2].

Krebs ist nicht einfach Zufall. Seit Jahrzehnten erkranken jedes Jahr immer mehr Menschen an Krebs durch die allgemein verbreitete „zivilisierte" Lebensweise. Krebs ist eine „Zivilisationskrankheit". Die wichtigste Ursache liegt in der allgemein verbreiteten Fehlernährung mit viel Fleisch, Fett, Zucker und Weissmehlspeisen, industriell verkünstelter Nahrung, Rauchen, Kaffee und Alkohol und einem Mangel an lebendigen Vegetabilien mit ihrem hohen Gehalt an Krebs bekämpfenden „sekundären" Pflanzenstoffen, Mangel an Vitaminen und an Selen und Zink durch einseitige Düngung der Böden sowie durch unsachgemässes Sonnenbaden. Weitere Ursachen liegen in der Luftverschmutzung, in immer grösserer Verbreitung toxischer Produkte und Gase aus Verbrennungsanlagen, Strahlenbelastungen, kontaminierten Böden und immunsuppressiven Medikamenten.

Wenn immer möglich, ist die operative Entfernung des Tumors ganz wichtig, da er den Körper durch seine krankmachende Energie schwächt. Die derzeit üblichen anderen Therapien erfüllen meist nicht die Erwartungen, die man an sie stellt. Sie sind ein verständlicher Versuch, die Krebszellen durch Vergiftung oder Bestrahlung zu vernichten. Doch sind deren Resultate nicht sehr ermutigend, denn nur ein geringer Unterschied in der Empfindlichkeit der Krebszellen gegen die eingesetzten Gifte oder radioaktiven Strahlen im Vergleich zur Empfindlichkeit gesunder Gewebe, kann für eine Wirkung genutzt werden. Die Vitalität des behandelten Menschen wird so stark geschädigt, dass viele Patienten vorzeitig an den Schäden durch die Chemotherapie oder Radiotherapie sterben.

Dieses Buch ist für Menschen geschrieben, die Krebs verhüten möchten oder die an Krebs erkrankt sind und nach einem wissenschaftlich fundierten Weg suchen, ihre Vitalkraft so zu stärken, dass ihre Krankheit besiegt wird. Einst kam ein junger Arzt zu Dr. Bircher-Benner in die Klinik, mit frisch diagnostiziertem Leberzellkarzinom. Nach gründlicher Untersuchung empfahl er ihm eine reine pflanzliche Rohkostdiät, Verzicht auf Kaffee und Alkohol und tägliches Wandern. Als er nach 4 Monaten zurückkam, war der Tumor verschwunden. Danach errichtete dieser Arzt ein Sanatorium in Arosa, wo er sein langes Leben lang vielen Menschen mit Krebs in derselben Weise helfen konnte. Ein Patient aus Deutschland war an einem multiplen Myelom erkrankt. Gleichzeitig eine Patientin aus der Schweiz. Beide kamen in unsere Klinik. Der Patient aus Deutschland hatte die Chemotherapie abgelehnt und machte reine Rohkostdiät mit ganz frisch zentrifugierten Obst- und Gemüsesäften, Mandelmilch, Nüssen und täglichem Wandern. Die Spiegel der Vitamine und Spurenelemente wurden an die obere Normgrenze gebracht. Die Patientin aus der Schweiz machte dasselbe, jedoch zusätzlich eine „leichte" Chemotherapie, für welche sie der Onkologe hat überzeugen können. Das multiple Myelom des Patienten verschwand zwar nicht, aber es breitete sich nicht weiter aus, so dass er viele Jahre schmerzfrei blieb, bis wir ihn aus den Augen verloren haben. Die Patientin aus der Schweiz litt bald an unerträglichen Knochenschmerzen in der Wirbelsäule, wo der Tumor sich einnistete und Knochen auflöste, so dass zwei Wirbelkörper eingebrochen waren. Die Wirbel konnten durch den Defekt füllende Injektionen von Knochenzement in der Uniklinik Bern stabilisiert werden, so dass sie wieder fast schmerzfrei gehen und sogar reiten konnte. Doch nach einigen Monaten versagte die Blutbildung im Knochenmark und es entstanden äusserst schmerzhafte Blutergüsse in den Beinen und die Patientin starb an den Schäden, welche die Chemo-

therapie verursacht hatte. Eine 73-jährige Patientin kam in unsere Klinik, nachdem man ihr in der Universitätsklinik ein Pankreaskarzinom diagnostiziert hatte. Man gab ihr keine Hoffnung. Sie führte die Rohkostdiät ganz strikt durch. Dann setzten wir mehrere zytostatisch wirkende brasilianische Pflanzenextrakte ein und die südafrikanische Pflanze Sutherlandia fruteszens. Der Tumor vergrösserte sich stark und wurde zystisch, dann löste er sich vollständig auf. Diese Patientin verstarb 3 Jahre später an einem Herzinfarkt. Nachdem Dr. Ramakrishnan seine ganze Familie an Krebs verloren hatte, baute er in Mumbay eine Krebsambulanz mit 10 Ärzten auf, für eine rein homöopathische Krebstherapie. Er entdeckte, dass die besten Resultate erzielt werden konnten, wenn eine Nosode, eine aus Krebsgewebe potenzierte Arznei gegeben wird, welche die Konsistenz des Tumors angeht und eine zweite homöopathische Arznei, die individuell nach der Persönlichkeit, der Art des Tumors und seiner Lokalisation gewählt wurde. Er entwickelte eine spezielle Methode, bei welcher die Patienten diese beiden Mittel in wöchentlichem Wechsel ungefähr jede Stunde einnahmen und deren Potenz jeden Tag gesteigert wurde. Sauber dokumentiert konnte er von vielen Krebsheilungen berichten, zum Beispiel der Heilung von Hirntumoren (Astrozytome) durch Barium carbonicum, im Wechsel mit Carcinosinum, eines Leberkarzinoms durch Lycopodium, im Wechsel mit Szirrhinum usw.
Tumoren, die metastasiert waren, konnten nicht geheilt werden, aber wenigstens konnten die Schmerzen gelindert werden.

In aller wissenschaftlichen Bescheidenheit sind solche Therapieerfolge ernst zu nehmen. Leider sind dies alles nur Fallberichte und es gibt keine statistischen Erhebungen dazu. Solche wissenschaftlichen Arbeiten sind sehr kostenaufwändig und finanzielle Mittel fehlen. Aber sie geben berechtigten Mut, in der Krebstherapie neue Wege zu gehen, durch Therapien, welche Krebs bekämpfen, indem sie die Abwehrfähigkeit des Körpers massiv stärken.

Auf die Beschreibung der einzelnen Arten von Krebs haben wir bewusst verzichtet, da sich die in diesem Buch beschriebenen Therapien gegen alle Tumorarten eignen. Nur das maligne Melanom haben wir eingehend behandelt, wegen seiner Besonderheiten.

Dieses Buch vermittelt eine ganz andere, umfassendere Sicht der Krebskrankheit. Die beschriebene Therapie zur Verhütung von Krebs und zu dessen ergänzenden Bekämpfung, basiert auf wissenschaftlicher Evidenz. Wie Krebs entsteht, wie man ihn verhüten und bekämpfen kann ist in diesem Buch eingehend erklärt, bereit zur praktischen Anwendung. Für den behandelnden Arzt bedeutet dieses Buch eine wertvolle Hilfe bei der Führung und Begleitung seiner Patienten und eine grosse Zeitersparnis.

Wie entsteht Krebs

Die Biologie des Menschen ist ein Meisterwerk der Schöpfung, ein Gebilde höchster dynamischer Ordnung. Jede der rund 15 Billionen Zellen weiss, wo sie hingehört und was sie zu tun hat und dass sie andere nicht stören, nicht schädigen darf.

Krebszelle zu werden ist nicht einfach. Sie muss lernen, sich unkontrolliert zu vermehren, in falsches Gewebe einzudringen, sich unsichtbar zu machen, damit die Immunzellen sie nicht zerstören können und sie muss es fertig bringen, sich einen eigenen Kreislauf zu verschaffen. Krebs ist Ausdruck eines ganz tief eingedrungenen Schadens in unserem biologischen System, in unserem Immunsystem, das nicht mehr in der Lage ist, die täglich entstehenden Krebszellen zu erkennen und zu vernichten. Krebs ist der Ausdruck grösstmöglichen Chaos.

Damit eine gesunde Zelle sich in eine Krebszelle verwandeln kann, braucht es mehrere Mutationen in verschiedenen Genen, die zufällig diejenigen sein müssen, welche der Zelle die grundlegenden Eigenschaften verleihen, die sie zur Krebszelle machen. Man nennt diese Onkogene. Beim Darmkrebs, zum Beispiel, braucht es mindestens 7 Mutationen. Erst in den letzten Jahren wurde klar, dass jede Art von Krebs, sowohl in seiner Entstehung, als auch in seinen genetischen Veränderungen, einzigartig ist[3].

Am Anfang jedes Entstehens von Krebs steht die Mutation eines Onkogens in einer einzelnen Zelle. Die Ursachen hierfür sind vielfältig. Im Zentrum steht oxydativer Stress. Dieser ist in erster Linie die Folge der allgemein verbreiteten Fehlernährung mit viel Fleisch, Milchprodukten, Fett, Zucker, Weissmehlspeisen, Kaffee und Alkohol. Diese Nahrung enthält einen enormen sinnlosen Überschuss an Nahrungsstoffen, die der Körper nicht brauchen kann. Aus deren Abbau entstehen grosse Mengen saurer, hochreaktiver oxydierender Substanzen, so genannter R.O.S. (reactive oxygen species). Diese sind so reaktiv, dass sie Teile aus normalen Molekülen herausspalten können, aus Wasser, Stickstoffdioxyd, Schwefeldioxyd, aus Nitroxygen u. a. Dadurch entstehen so genannte freie Radikale. Diese sind so reaktiv, dass sie die Erbsubstanz angreifen und Mutationen erzeugen. Weitere Ursachen sind Entzündungen, mutagene Substanzen in Nahrungsmitteln, am Arbeitsplatz, im Tabakrauch, UV-A-Strahlung, radioaktive Strahlung, gepulste Hochfrequenzstrahlung der Mobiltelefonie und WLAN-Verbindungen, Dioxine aus verschmutzten Abgasen, industriellen Verbrennungsprozessen, die sich in der Nahrungskette bis zu den Tieren anreichern, und deshalb besonders über tierische Nahrung in den Menschen gelangen u. v. a.

Aber auch bei der normalen Zellvermehrung können selten Fehler passieren, so dass eine Mutation entsteht, denn der ganze Strang der DNA muss jedes Mal verdoppelt werden, damit aus einer Zelle zwei werden.

Die Wissenschaftler nehmen an, dass in jedem Menschen täglich mehrere tausend Mutationen entstehen. Ob daraus Krebs entsteht, hängt nicht nur von dieser Mutationsrate und der Art der getroffenen Gene ab, sondern viel mehr von der Kompetenz des Immunsystems, mutierte Zellen zu erkennen und sie zu vernichten. Diese Kompetenz kann durch die Art und Weise, wie wir leben und uns ernähren, stark beeinflusst werden.

Die Erbsubstanz jeder Zelle besteht aus zwei gleichen Strängen von Desoxyribonukleinsäure (DNA). Geschieht eine Genmutation in einem der beiden Stränge, so wird diese sofort erkannt und nach dem Vorbild des gesunden Strangs repariert. Sollte dies nicht gelingen, so löst die Zelle den programmierten Zelltod, die Apoptose, aus. Schwieriger wird es, wenn eine Mutation in beiden Strängen entsteht. Dann kann es passieren, dass dies nicht erkannt wird und die DNA der betroffenen Zelle dauerhaft verändert bleibt. So können Mutationen ganze Teile von Chromosomen abspalten, so dass Chromosomenfragmente entstehen und die Zellteilung und Vermehrung nicht mehr angehalten wird, da das Ende des Chromosoms fehlt.

Kommt es in derselben nun mutierten Zelle zu weiteren Mutationen, so entsteht noch nicht unbedingt Krebs, denn nur in dem seltenen Fall, dass es gerade eine Mutation in einem Onkogen betrifft, die bewirkt, dass die Zelle sich unkontrolliert teilt, entstehen weitere Zellen mit derselben Mutation und kommt es zur Vermehrung dieser nun entarteten Zelle. Daraus entsteht ein sogenannter Mikrotumor. Dieser besteht aus maximal 10 Millionen entarteten Zellen und erreicht einen maximalen Durchmesser von rund einem halben Kubikmillimeter. Bei dieser Grösse steht das Tumorwachstum still, weil für ein weiteres Wachstum Sauerstoff und Nährstoffe fehlen.

Damit sich aus einem solchen Mikrotumor eine Krebsgeschwulst entwickeln kann, müssen noch mehr Mutationen in weiteren Onkogenen hinzukommen, welche dem Tumor die Fähigkeit verleihen, Substanzen zu produzieren, die bewirken, dass der Blutkreislauf neue Blutgefässe bildet, die in den Tumor hineinwachsen, um ihn mit sauerstoffreichem Blut und Nährstoffen zu versorgen. Diese Gefässneubildung in den Tumor hinein nennt man Angiogenese. Bis dies der Fall ist, kann ein Jahr vergehen, aber es können auch bis zu 40 Jahre vergehen. Während dieser Zeit verbleibt der Mikrotumor in einer Art Schlafzustand[4]. Hinzu kommt, dass seine Zellen meistens absterben, bevor die entscheidende Mutation stattfindet. In Autopsien findet man bei fast allen älteren Menschen, die aus ganz anderen Gründen verstorben sind, Mikrotumoren, in der Schilddrüse, in der Prostata jedes dritten Mannes und in der Brust jeder dritten Frau[5].

Kommt es aber tatsächlich zur Neubildung von Blutgefässen in den Tumor hinein, so werden seine Zellen plötzlich so gut mit Nährstoffen und Sauerstoff versorgt, dass ein exponentielles, fast explosionsartiges Wachstum entsteht. Dann kann sich der Tumor in zwei Wochen bis zu 16000-fach vergrössern. Erst in dieser Wachstumsphase wird er klinisch erkennbar.

Das neue Wachstum der Blutgefässe entsteht aus Ursprungszellen (Hämangioblasten), die zum Tumor hin auswandern, sich vermehren und sich röhrenförmig anordnen. Um solche Gefässneubildungen zu verhindern, bildet der Körper ganz spezielle Proteine, gewisse Statine und Interferone u.a., denn er lässt dies nur in ganz besonderen Situationen zu, zum Beispiel während einer Wundheilung.

Die Ursachen der Krebsentstehung

Offiziell anerkannte Risikofaktoren für Krebs sind:

- genetische Faktoren
- Rauchen
- Alkohol
- Die Ernährung
- Unsachgemässe Sonnenbestrahlung
- Expositionen am Arbeitsplatz
- Radon in Innenräumen
- Einflüsse aus der Umwelt
- Infektionen

In der Regel entsteht Krebs nicht nur durch einen, sondern durch mehrere Risikofaktoren, von denen sich viele vermeiden lassen.

Genetische Ursachen für Krebs

Neben allen eigenen Sorgen und Ängsten machen sich Krebspatienten oft auch Gedanken, ob nahe Verwandte wegen ihnen nicht auch ein erhöhtes Risiko für Krebs haben. Dies ist in der Regel unbegründet. Dass in einer Familie ein, zwei oder auch drei Krebsfälle vorkommen, bedeutet noch nicht, dass dies erblich ist. Nur bei einem geringen Prozentsatz ist eine angeborene Veranlagung vorhanden. Eine erbliche Veranlagung ist selten und nur bei gewissen Tumoren nachweisbar:

Nur wenn Krebs in mehreren Generationen derselben Familie und in jungen Jahren vorkommt, ist dies typisch für eine erbliche Veranlagung. Dabei liegt entweder eine Mutation in einem Gen vor, welches den Zellzyklus kontrolliert, oder in einem Gen, das für die Reparatur von Erbgut-Schäden (DNA-Schäden) verantwortlich ist. Ist eine Mutation geerbt, so ist sie in allen Zellen des Körpers vorhanden. Darum können sich verschiedene Arten von Tumoren entwickeln und dies bereits in jungen Jahren.

Vererbte Tumorarten

Es gibt eine sogenannte *familiäre adenomatöse Polyposis (FAP)*. Bei dieser Krankheit bilden sich in den Schleimhäuten unzählige gutartige Polypen aus, besonders im Dickdarm. Diese entarten leicht zu Krebs. Es gibt aber auch einen erblichen Darmkrebs ohne Polyposis. Man nennt ihn *hereditäres nonpolypöses Kolonkarzinom (HNPCC, Lynch-Syndrom)*. Dabei sind unter anderen 5 Gene mutiert (MSH2, MSH6, MLH1, PMS2, und EPCAM). Diese Gene kodieren für die sogenannten DNA-Mismatch-Reparaturproteine. Deren Aufgabe ist das Erkennen und Beheben von Fehlern, die bei der Zellteilung auftreten können. Dieses Syndrom wird autosomal dominant vererbt. Das bedeutet, dass die Erkrankung zu 50 % vom kranken Elternteil an die Töchter und Söhne weitergeben wird und dass sie sich auch dann mit sehr hoher Wahrscheinlichkeit manifestiert, wenn der andere Elternteil gesund ist.

Erbt man *Veränderungen in den sogenannten Brustkrebsgenen BRCA1 und 2*, so kommt es zu 60–80 % zu Brustkrebs, zu 30–40 % zu Eierstockkrebs, zu rund 80 % zu Dickdarmkrebs und, wenn auch weniger oft, zu Tumoren im Magen, Dünndarm, den Gallenwegen, dem zentralen Nervensystem, dem Urogenitaltrakt und der Haut. Eine HNPCC-Variante ist das *Muir-Torre-Syndrom (MRTES)*, bei dem zusätzlich Talgdrüsenadenome (gutartige Geschwülste aus Zellen von Talgdrüsen) und Keratoakanthome auftreten, die aus Zellen des Haarfollikels entstehen.

Ab dem 18. Lebensjahr ist es möglich, durch einen Gentest abzuklären, ob man Träger solcher Mutationen ist. Wird dies nachgewiesen, so bedeutet das eine grosse seelische Belastung für die Patienten, für die Familie und die nahen Verwandten. Darum ist es wichtig, vorher mit der Familie darüber zu sprechen und den Angehörigen Zeit zu geben, um mit zu entscheiden, ob sie das auch möchten. Bestätigt der Test die Diagnose, so sind engmaschige Kontrollen zur Früherfassung notwendig und ist die in diesem Buch beschriebene Krebs verhütende Therapie und Lebenswiese ganz besonders wichtig.

Manchmal entscheiden sich die Patienten zu prophylaktischen Operationen, etwa einer Entfernung der Eileiter, der Eierstöcke oder der Brustdrüsen, um das Krebsrisiko zu senken. Derart gravierende Eingriffe haben aber andere Konsequenzen und müssen in Ruhe bedacht und mit Experten besprochen werden.

Die Therapie und Heilungschancen bei vererbter Veranlagung

Hereditäre Tumorerkrankungen haben nicht generell eine schlechtere Prognose. Durch engmaschige Vorsorgeuntersuchungen können Tumoren oft sehr früh entdeckt und rechtzeitig behandelt werden. Alle möglichen exogenen Ursachen für Krebs müssen beseitigt werden, soweit dies nur möglich ist. Die krebsbekämpfende Diät ist auch bei Veranlagung zu Krebs hoch wirksam. Sollte es doch einmal zu einem Brustkrebs kommen und wird eine Chemotherapie empfohlen, so sprechen genetisch bedingte Arten von Brustkrebs im Allgemeinen besser an als ein Brustkrebs ohne genetische Veranlagung.

Physikalische Ursachen für Krebs

Folgende Substanzen können Krebs verursachen

Aflatoxine

Dies sind Gifte weisslicher Schimmelpilzarten (Aspergillus flavus). Diese können schon in sehr geringer Menge Leberkrebs erzeugen, bei wiederholter Belastung. Man findet sie in Getreide, Erdnüssen, Mohn, Trockenfrüchten, Gewürzen, wenn unter schlechten Bedingungen gelagert, aber auch in Erde, schimmelnder Vegetation und im Heu.

Alkohol

In Deutschland trinken Männer durchschnittlich 16 g und Frauen 9 g Reinalkohol pro Tag. Im Jahr 2012 verursachte der Alkoholkonsum 2,3 % aller Todesfälle an Krebs. Dies bedeutet, dass jedes Jahr 4 % der Menschen wegen ihres Alkoholkonsums an Krebs sterben.

Alkohol wird zur Hauptsache durch das Enzym Alkoholdehydrogenase und zu einem kleineren Teil durch das so genannte „mikrosomale Ethanol-oxidierende System“ zu Acetaldehyd abgebaut. Acetaldehyd ist giftig. Es wird durch das Enzym Aldehyddehydrogenase zu Essigsäure und Acetyl-Coenzym A umgebaut und dieses wird entweder zu Kohlendioxyd und Wasser abgebaut oder für die Fettsäure- und Cholesterinsynthese verwendet.

Ein „erhöhter“ Alkoholkonsum von 12 bis 50 g Reinalkohol pro Tag verdoppelt das Risiko für Krebs der Mundhöhle, des Rachens und der Speiseröhre und erhöht das Risiko für Kehlkopfkrebs um 50 %. Ein „hoher“ Alkoholkonsum von mehr als 50 g Reinalkohol pro Tag erhöht aber das Risiko für dieselben Arten von Krebs um das drei- bis achtfache. Das Risiko für Brust-, Leber- und Dickdarmkrebs erhöht sich um das 1,2- bis 1,5-fache und dies ist weitgehend unabhängig von der Alkoholmenge die man trinkt und vom Geschlecht der Person[6].

Tabelle, wie viel Reinalkohol in alkoholischen Getränken enthalten ist

Getränke	Menge	Reinalkohol
Bier (5 %)	300 ml (1 Stange)	15,0 ml
Grosses Bier (5 %)	500 ml	25,0 ml
Bier-Mix (2,4–5 %)	330 ml	7,9 – 16,5 ml
Sekt (11 %)	100 ml	11,0 ml
Wein (12 %)	200 ml	24,0 ml
Longdrink, 4 cl Wodka (38 %)	200 ml	76,0 ml
Shot Wodka (38 %)	40 ml	15,2 ml
Schnaps (40 %)	30 ml	12,0 ml
Alcopops (5 %)	300 ml	15,0 ml
Mojito (40 %)	60 ml	24,0 ml
Martini (15 %)	100 ml	15,0 ml
Whisky, Scotch (40 %)	40 ml	16,0 ml
Eierlikör (30 %)	100 ml	30,0 ml
Rum (8,5 %)	700 ml	59,5 ml
Gin, Grappa (7,1 %)	400 ml	28,4 ml
Apfelwein (3,55 %)	450 ml	16,0 ml

Das Problem geringer Alkoholmengen

Die Schädlichkeit „geringer" täglicher Alkoholmengen ist derzeit umstritten. Bekannt geworden ist eine Studie der Universität Bordeaux (!), die zeigte, dass Menschen bei geringem Weinkonsum (ca. 2 Gläschen Rotwein/Tag = 30 ml Reinalkohol/Tag etwas weniger häufig an den Folgen einer koronaren Herzkrankheit sterben sollen, als Abstinente und Menschen, die mehr Alkohol tranken[7]. Die durchschlagende Publizität eines solchen Resultates ist verständlich, da es den täglichen Gewohnheiten schmeichelt. So entstand denn, besonders in Weinanbaugebieten, eine allgemeine Empfehlung vieler Ärzte an ihre Patienten, täglich etwas Rotwein zu trinken. In Ländern wie Frankreich, wo regelmässig Wein getrunken wird, lässt sich auch die Abhängigkeit der koronaren Herzkrankheit von Blutfetten (Cholesterin) viel weniger eindeutig nachweisen. Man spricht dabei vom „französischen Paradoxon".

Jedoch erhöhen schon relativ geringe Alkoholmengen (42 g Reinalkohol/Tag) den Cholesterinspiegel deutlich[8]. Man darf nicht vergessen, dass Menschen, die zur Mahlzeit „etwas" Wein konsumieren, in aller Regel meistens wesentlich mehr als 30 g Reinalkohol/Tag zu sich nehmen. So zeigte denn auch eine 7 Jahre dauernde japanische Prospektivstudie, dass die Hintergrundcharakteristiken (Risikofaktoren) wie Rauchen, Ernährung u.a. der „moderate-drinkers" in der französischen Studie wesentlich günstiger gewesen sein mussten, als jene der Abstinenten und jener, die mehr Alkohol konsumiert hatten.

In einem behutsam erwägenden Editorial im *Journal of the American Medical Association* wird das Problem genau unter die Lupe genommen[9]. In einer Tabelle werden alle Personen aufgezählt, denen auch ganz geringe Mengen Alkohol nachgewiesenermassen schaden: Menschen mit Alkoholproblemen in der Blutsverwandtschaft (familiäres Risiko des Alkoholismus), schwangere Frauen und Menschen, die an Krankheiten der Leber, der Bauchspeicheldüse, an Herzschwäche, an zu hohem Blut-Triglyceridspiegel, an degenerativen Nervenkrankheiten und gewissen Blutkrankheiten leiden. Hier werden „kleinste Mengen" als schädlich bezeichnet und auch vor diesen vor der Arbeit oder dem Autofahren dringend abgeraten. Tatsächlich wurde die erhöhte Gefahr an Maschinen und Fahrzeugen und eine verminderte geistige Leistungsfähigkeit vielfach nachgewiesen[10,11,12,13].

Wannametzee et al. vom Royal Free Hospital in London belegten 1992 an grossen Patientenzahlen, dass Menschen, die an Angina pectoris leiden, viel eher an einem plötzlichen Herztod sterben, als Abstinenten, sobald sie auch nur ganz geringe Mengen Alkohol konsumierten[14].

Alkohol bewirkt einen Sauerstoffmangel in den Leberzellen, der auch in geringer täglicher Menge die fettige Degeneration der Leberläppchen fördert. Ursache der chronischen Pankreatitis ist in der Regel der Alkoholkonsum. Die medizinische Wissenschaft hält fest, dass ein regelmässiger Konsum von 16 g Reinalkohol pro Tag für die Bauchspeicheldrüse gefährlich ist. Dies entspricht 4 dl Bier, 1,1 dl Rotwein, 4,5 dl Apfelwein oder 50 ml Branntwein oder Spirituosen. Bei regelmässigem „Gläschen in Ehren" bilden sich in den feinen Pankreasgängen Niederschläge (Sludges). Diese erzeugen die chronische Bauchspeicheldrüsenentzündung. Zudem schädigt der Alkohol die Drüsenzellen direkt und stört die Funktion des Schliessmuskels des Ausführungsgangs der Bauchspeicheldrüse, so dass die im Dünndarm aktivierten Verdauungsenzyme zurückweichen und eine Selbstverdauung des Pankreas auslösen. In Deutschland werden jährlich 8000 Menschen, zu 70 % Männer, wegen chronischer Pankreatitis hospitalisiert. Pankreaskrebs entsteht fast immer auf Grund der chronischen Pankreasentzündung. Regelmässiger Alkoholkonsum, auch kleiner Mengen, ist dessen entscheidende Ursache[15]. Dies alles zeigt das Ausmass des Problems, das durch die Empfehlung, wie sie im „Französischen Paradoxon" abgegeben wurde, entstanden ist.

Asbest

Asbestfasern verursachen rund 80 Prozent der berufsbedingten Krebserkrankungen. Asbest bewirkt eine an sonst eher seltene Krebsform des Rippen- und Bauchfells: das Mesotheliom, sowie Lungenkrebs, Kehlkopfkrebs und sehr wahrscheinlich auch Eierstockkrebs[16,17]. Asbest ist ein Sammelbegriff für verschiedene faserförmige Mineralien. Sie sind feuerfest und eignen sich gut als Dämm- und Isoliermaterial. Entsprechend vielseitig wurde Asbest eingesetzt: in Brems- und Kupplungsbelägen, als Asbestzement in Gebäuden, in Dämmplatten und Fussbodenbelägen, zur Isolierung von Rohren, Heizungen, Elektrogeräten, in feuerfesten Geweben usw. Bei der Bearbeitung von Asbest und durch den Verschleiss solchen Materials spalten sich lange dünne Fasern ab, die über die Atmung in die Lunge gelangen.

Heute ist die Verwendung von Asbest in Europa und den USA verboten, jedoch ist in vielen Gebäuden noch immer viel Asbest vorhanden. Abbruch- und Sanierungsarbeiten in solchen Gebäuden sind gefährlich. Besondere Schutzmassnahmen sind notwendig und eine fachgerechte Entsorgung. Man sollte dies hierauf spezialisierten Firmen überlassen. Dringend ist ein weltweites Asbestverbot notwendig, doch stemmt sich die Lobby der Asbestindustrie dagegen. Diese ist verantwortlich für den Asbesttod vieler tausend Menschen.

Benzol, Benzin und Dieselöl

Benzol gewinnt man aus Kohle oder Erdöl. Es kann Leukämien und Non-Hodgkin-Lymphome verursachen. Viele Arbeiter der chemischen Industrie sind an Krebs gestorben, da Benzol dort als wichtiger Rohstoff dient. Benzol wird aber auch Kraftstoffen für Motoren beigemischt und gelangt durch die Abgase in die Luft. Alle Arten von Motorabgasen enthalten eine Vielzahl gas- und teilchenförmiger Substanzen, u. a. auch *polyzyklische aromatische Kohlenwasserstoffe (PAK)*. Diese wirken als Karzinogene. Man vermutet aber, dass der *Feinstaub der Dieselabgase,* winzige Russpartikel, noch stärker Krebs erregen, als die aromatischen Kohlenwasserstoffe. In die Lunge eingeatmet erzeugen sie Krebs. In Abgasen alter, ungefilterter Dieselmotoren ist der Anteil von Festpartikeln (Russ) wesentlich grösser als bei gefilterten Diesel- oder Benzinmotoren. Benzol ist aber auch im *Zigarettenrauch* enthalten

Geschlechtshormone: Östrogene und Gestagene

Hormonelle Verhütungsmittel und Therapien gegen Wechseljahresbeschwerden enthalten Östrogene und Gestagene. Die International Agency for Research on Cancer der Weltgesundheitsorganisation (IARC) stuft folgende Hormontherapien als krebserregend ein:

- Eine Östrogentherapie in der Menopause erhöht das Risiko für Gebärmutter- und Eierstockkrebs deutlich.
- Eine kombinierte Östrogen-Gestagen-Therapie in der Menopause erhöht das Risiko für Brust- und Gebärmutterkrebs deutlich.
- Schwangerschaftverhütungsmittel, die Östrogen-Gestagen kombiniert enthalten, erhöhen das Risiko für Brustkrebs und Gebärmutterhalskrebs deutlich. Dass sie das Risiko für Gebärmutter- und Eierstockkrebs eher senken sollen, ist umstritten und wenig wahrscheinlich.

Polyzyklische Aromatische Kohlenwasserstoffe (PAK), Grillieren von Fleisch

Beim Rösten oder unvollständigen Verbrennen organischen Materials entstehen ebenfalls polyzyklische aromatische Kohlenwasserstoffe (PAK). Dies sind komplexe Gemische aus mehreren hundert chemischen Verbindungen. Sie entstehen aber auch durch das Verbrennen *fossiler Brennstoffe* wie Kohle oder Mineralöl und werden über die Fahrzeug- und Industrieabgase freigesetzt. Zudem sind polyzyklische aromatische Kohlenwasserstoffe (PAK) in vielen *Kunststoffen, Elastomer- oder Gummimaterialien und in Lacken, Farben und anderen Beschichtungen enthalten und in erheblicher Menge im Zigarettenrauch.* Diese Substanzen können Lungen-, Kehlkopf-, Haut-, Magen- und Darmkrebs auslösen.

Polyzyklische Aromatische Kohlenwasserstoffe entstehen auch beim Grillieren, Rösten, Braten, Backen und Trocknen in direktem Kontakt mit einer offenen Flamme oder in Rauchgasen bei der Zubereitung von *Fleisch oder Wurst. Beim Grillieren* entstehen sie ganz besonders, wenn Fett, Fleischsaft oder Marinade in die Holzkohle tropft und wenn Fleisch geräuchert wird.

Die International Agency for Research on Cancer der Weltgesundheitsorganisation (IARC) hat mehr als 800 wissenschaftliche Studien zu *„verarbeiteten Fleischprodukten"* untersucht und hat diese als stark krebserregend eingestuft. Unter „verarbeiteten Fleischprodukten" versteht man *Würste, gepökelte oder ge-*

räucherte oder auf irgendeine andere Art haltbar gemachte oder geschmacklich veränderte Fleischwaren. Besonders stark erhöhen sie das Risiko für Darmkrebs. Die WHO weist auf die krebsauslösende Wirkung polyzyklischer aromatischer Kohlenwasserstoffe hin, macht aber darauf aufmerksam, dass die genauen Mechanismen deren krebsauslösender Wirkung wissenschaftlich noch nicht geklärt seien.

Vier wichtige PAK sind *Benzo(a)pyren, Benz(a)anthracen, Benzo(b)fluoranthen und Chrysen.* Bei Analysen wird oft nur der Gehalt von Benzpyren untersucht, dessen Anteil mit etwa zehn Prozent in einem PAK-Gemisch relativ hoch ist, weshalb Benzpyren auch als „PAK-Leitsubstanz“ bezeichnet wird. Laut deutscher Fleischverordnung darf es eine Höchstmenge von einem Mikrogramm nicht überschreiten. Beim *Grillieren mit Holzkohle* entsteht in der äusseren Schicht des Grillguts die zehnfache Menge an Benzpyren, beim Rösten über einem Holzfeuer sogar die 200-fache Menge.

Schwermetalle

Einige Schwermetalle sind als Spurenelemente in ganz geringer Menge lebensnotwendig. In höherer Konzentration können einige davon aber giftig oder krebserregend sein. Schwermetalle werden in vielfältiger Weise industriell genutzt und gelangen so an den Arbeitsplatz und in die Umwelt. Die Elemente *Cadmium, Chrom* (in seiner sechswertigen Form), *Nickel* und das Halbmetall *Arsen* bzw. deren Verbindungen sind nach Einstufungen der Internationalen Agentur für Krebsforschung IARC der WHO erwiesenermassen krebserzeugend, für den Menschen und für Tiere.

Arsen

Arsen ist ein toxisches Halbmetall. Es stammt überwiegend aus natürlichen Quellen und kommt überall in der Erdkruste vor, mit einer Konzentration von 1,0–2,0 mg/kg. Gelegentlich ist Arsen in der Natur elementar vorhanden, am häufigsten jedoch als anorganische Verbindung, als Arsensulfid oder als Arsenoxid oder in Legierungen als Metallarsenid ($[AsO_3]3^-$) oder Metallarsenat ($[AsO_4]3^-$). In biologischem Material findet man organische Arsenverbindungen, wie Arsenocholin, Arsenobetain oder Arsenozucker.

Ca. 3000 Tonnen Arsen gelangen jedes Jahr durch Vulkanausbrüche in die Atmosphäre. Bakterien setzen weitere 20000 Tonnen in Form organischer Arsenverbindungen frei. Arsen wird aber auch durch den Bergbau, die Metallindustrie und die Verbrennung fossiler Brennstoffe wie Kohle, Erdöl und Benzin freigesetzt. Der Strassenverkehr setzt in den alten Bundesländern Deutschlands 20 Tonnen und in den neuen Bundesländern rund 100 Tonnen pro Jahr frei. Wärmekraftwerke bringen Arsenverbindungen in die Luft. Die Aussenluft enthält zwischen 0,5 und 15 Nanogramm Arsen pro Kubikmeter. Früher verwendete man Arsen auch zur Herstellung von Pflanzenschutzmitteln, Dünger, Holzschutzmitteln und Farben, was heute verboten ist. Aber noch immer wird heute Arsen in der Elektronikindustrie verwendet, für die Herstellung von Halbleitern.

In vielen Gegenden ist der Boden arsenhaltig. Dort geht es ins Trinkwasser, in die Lebensmittel und in gewisse Mineralquellen. Ausserhalb beruflicher Exposition gelangt Arsen hauptsächlich über Lebensmittel in den Menschen, die in arsenbelasteten Gegenden produziert werden. Immer wieder sorgen Meldungen über einen hohen Arsengehalt im Reis aus China für Schlagzeilen, da die Bauern dort mit arsenhaltigem Wasser bewässern. In Deutschland stammt der Hauptanteil des über die Nahrung aufgenommenen

Arsens aus Fischen, in denen es organisch gebunden ist. Man findet zum Beispiel in der Nordseescholle und dem Oktopus Werte bis zu 50 mg/kg Fisch. In Braun- und Rotalgen findet man mehr als 100 mg/kg Arsenozucker. Auch im Kakao und in Schokolade gibt es Arsen, doch liegen hierzu nur wenige Daten vor.

Arsen wird heutzutage als Nebenprodukt der Verhüttung von Gold-, Silber-, Zinn-, Kupfer-, Kobalt- und weiteren Buntmetallerzen sowie bei der Verarbeitung von Phosphatrohstoffen gewonnen. Am meisten produzieren China, Chile, Marokko und Peru. Im Meer findet sich Arsen nur in geringen Spuren, da es nicht gut wasserlöslich ist.

In der Luft findet man Arsen in Form von Arsenoxid-haltigem Staub, was man auf Vulkanausbrüche zurückführt. Ein grosser Teil an freigesetztem Arsen entstammt der Verbrennung fossiler Brennstoffe wie Kohle oder Erdöl. Die geschätzte Emission, verursacht durch den Strassenverkehr und stationäre Verbrennungsanlagen, betrugen 1990 in der Bundesrepublik Deutschland 120 Tonnen (20 Tonnen in den alten, 100 Tonnen in den neuen Bundesländern).

Während Arsen früher hauptsächlich als Mordgift bekannt war, stehen heute die chronischen Vergiftungen im Vordergrund, besonders in Gegenden mit hohem Arsengehalt im Trinkwasser. Hohe Belastungen der Böden mit Arsen befinden sich im Schwarzwald (Baden-Württemberg), im bayrischen Spessart und im Oberpfälzer Wald, im hessischen Odenwald, in den Silberlagerstätten des Westerzgebirges (Sachsen), am Hunsrück (Rheinland-Pfalz) und im Thüringer Wald. In Österreich sind die Böden in Kärnten, Salzburg und der Steiermark und in der Schweiz im Aargau und Wallis belastet.

Die WHO gibt für den Arsengehalt in Lebensmitteln folgende Grenzwerte an: Produkte für Säuglinge und Kleinkinder: 0,1 mg/kg, weisser Reis: 0,2 mg/kg, Vollkorn- und Parboiled-Reis: 0,25 mg/kg, Reiswaffeln: 0,3 mg/kg. Als erstes Anzeichen für eine Arsenvergiftung gelten *dunkle Veränderungen der Haut und Durchblutungsstörungen („Blackfoot Disease“)*. Arsen schädigt die Haut und das Herz. *Ab 50 mg/l im Trinkwasser bewirkt Arsen Hautkrebs, Lungenkrebs, Blasen- und Nierenkrebs.* Arsen wird über die Plazenta auf das Kind übertragen.

Die krebserzeugende Wirkung von anorganischem Arsen wird durch oxydativen Stress erklärt, welcher die Mutationsrate erhöht, sowie durch eine Beeinträchtigung von Reparaturprozessen der Erbsubstanz und deren Methylierung, was die Expression wichtiger Gene behindert, so dass diese nicht wirksam sind.

Cadmium
Cadmium verursacht *vorwiegend Lungenkrebs. Es erscheint vor allem in Form von Staub aus der Industrie, der Herstellung von Akkumulatoren, Legierungen und Farbpigmenten. Die wichtigste nicht-berufliche Cadmiumquelle ist der Zigarettenrauch.*

Chrom und Nickel
Chrom und Nickel verursachen vor allem *Lungenkrebs und entstammen hauptsächlich der Metallindustrie. Rauch, der beim Schweissen entsteht, enthält diese beiden Elemente.*

Gesetzliche Massnahmen
Manche Stoffe, die Krebs verursachen (z.B. Dioxine) konnten durch technische und gesetzliche Massnahmen in der Umwelt stark reduziert werden. Andere, zum Beispiel chlorierter Kohlenwasserstoff PCP (Pentachlorphenol), polychlorierte Biphenyle (PCB), die u.a. als Weichmacher in Kunststoffen, als Zusatzstoff für

Farben und Dichtungsmassen verwendet wurden, sind heute verboten.

Viele Krebsrisiken sind noch nicht identifiziert. Zum Beispiel erklären Experten, dass Eichen- und Buchenholzstaub Tumoren der Nase und den Nasennebenhöhlen verursachen können. Ob das auch für den Staub anderer Holzarten gilt, ist noch nicht untersucht worden.

Radon als Ursache von Krebs

Radon ist ein radioaktives chemisches Element. Es gehört zu den Edelgasen. Alle Isotope des Radons sind radioaktiv. Das stabilste – und zugleich natürlich vorkommende – Isotop ist ^{222}Rn mit einer Halbwertszeit von 3,8 Tagen; es entsteht als Zerfallsprodukt aus dem Radium-Isotop ^{226}Ra. Zwei andere natürliche Isotope, ^{219}Rn und ^{220}Rn, werden bisweilen mit ihren historischen Trivialnamen Actinon (An) bzw. Thoron (Tn) bezeichnet. Das vierte natürliche Isotop ^{218}Rn spielt im Vergleich zu den drei vorgenannten mengenmässig keine Rolle.

Radon kann sich in schlecht belüfteten Räumen der Häuser ansammeln. Darum ist es eine bedeutende Gefahr für die Gesundheit. Die hauptsächliche Gefahrenquelle sind letztlich nicht das Radon selbst, sondern seine Zerfallsprodukte. Von denen belasten Polonium-Isotope die Gesundheit am meisten durch ihre radioaktive Alphastrahlung. Zum gesamten Strahlungsaufkommen auf der Erdoberfläche trägt Radon bei weitem den grössten Anteil bei und zwar in Deutschland pro Person rund 1,1 mSv/Jahr (Millisievert). Hinzu kommt die direkte Erdabstrahlung (terrestrische Strahlung) von rund 0,4 mSv/Jahr und die direkte kosmische Strahlung. Die in der Nahrung vorhandenen radioaktiven Stoffe belasten die Menschen mit rund 0,3 mSv/Jahr.

Das Radon wurde im Jahr 1899 von Ernest Rutherford entdeckt. 1909 isolierten William Ramsay und Robert Whytlaw-Gray eine ausreichende Menge des Gases, um seinen Schmelzpunkt und die Dichte zu bestimmen. Das radioaktive Gas wurde zunächst Radium-Emanation („aus Radium Herausgehendes“) genannt. Weil es im dunklen Licht abstrahlte. 1923 wurden die Bezeichnungen Radium-Emanation und Niton durch den Begriff Radon abgelöst.

Die Quellen des Radons sind in Spuren vorhandenes Uran und Thorium im Gestein und im Erdreich, die langsam zerfallen. In deren Zerfallsreihen wird Radon gebildet. Dieses diffundiert dann aus den obersten Bodenschichten in die Atmosphäre, ins Grundwasser, in Keller, Rohrleitungen, Höhlen und Bergwerke. Radon aus tiefergelegenen Erdschichten erreicht nicht die Oberfläche, da es auf dem Weg dorthin zerfällt.

Reich an Uran ist das Gestein in Deutschland im Schwarzwald, im Bayerischen Wald, im Fichtel- und im Erzgebirge. Ganz besonders Radon abstrahlend ist das Granitgestein des Mittelgebirges der Alpen. In Österreich ist das Waldviertel und das Mühlviertel reich an Granitfelsen. Im Süden Deutschlands gibt es wesentlich mehr Radon als im Norden. In der Schweiz ist vor allem das Tessin mit Radon belastet und in Belgien das Limburger Steinkohlerevier, und der östliche und südöstliche Teil des Landes.

Manche Mineralquellen enthalten relativ viel Radon, zum Beispiel Bad Gastein, Bad Kreuznach, Bad Schlema, Bad Steben, Bad Zell, die Insel Ischia im Golf von Neapel, Menzenschwand, Meran, Sibyllenbad und Umhausen, Quellen im Ötztal. Die Wettinquelle von Bad Brambach hat den höchsten Radongehalt aller für Trinkkuren genutzten Quellen der Welt. Uranerz-, Flussspat- oder Bleibergwerke, Halden und Absetzbecken des Uranbergbaus, Laboratorien und Fabriken, in denen Uran, Radium oder Thorium verwendet werden, erzeugen zusätzliche Radonbelastungen.

In der Radonbalneologie wird gesagt, dass Radon das menschliche Immunsystem stimuliere und Krankheiten lindere. Aus naturwissenschaftlicher Sicht lässt sich keine positive Wirkung des Radons nachweisen. Radon gelangt durch radonhaltige Luft oder in Wannenbädern durch die Haut in den menschlichen Körper. Insgesamt gilt die Strahlenbelastung durch Radon, im Vergleich zur Belastung durch Röntgenstrahlen, als gering, aber nicht als unbedeutend. Von Radonbädern für Kinder, Jugendliche und schwangere Frauen wird dringend abgeraten. Grundwasser enthält unterschiedlich viel Radon. Regenwasser fast keines. Auch ist Oberflächenwasser fast radonfrei, da das Radon sofort in die Atmosphäre geht.

Die Gefahr für Lungenkrebs nimmt entsprechend dem Radongehalt der Raumluft zu. Die WHO hat einen Grenzwert von 100 Bq pro Kubikmeter Raumluft festgelegt[18]. Im Jahr 2018 wurden im Bundesland Salzburg in 3400 Wohnobjekten Radon-Messungen durchgeführt. In 10 % der Wohnungen lagen die Messwerte über 300 Bq pro Kubikmeter Luft[19].

Übertriebene Sonnenbestrahlung als Ursache von Krebs

Dies ist eine der Ursache des Basalzellkarzinoms (Basaliom), sowie des weissen und schwarzen Hautkrebses. Diese Arten von Krebs sind in unserem Bircher-Benner Handbuch Nr. 21 „Für Hautkranke und Hautempfindliche“ eingehend beschrieben. Basaliome entstehen direkt nach mangelndem Schutz während stundenlanger Besonnung, vor allem im Gesicht. Der weisse Hautkrebs entsteht aus den Plattenepithelzellen der Oberhaut, wo die Haut jahrelang übertrieben und ungeschützt starkem Sonnenschein ausgesetzt war. Meistens entsteht zuerst eine aktinische Keratose als Präkanzerose. Diese muss früh erkannt und behandelt werden, da sie leicht zu weissem Hautkrebs (Plattenepithelkarziom) entarten kann. Sehr gefährlich ist der schwarze Hautkrebs, das maligne Melanom. Dass eine ungeschützte Besonnung diesen auslösen kann, ist bekannt, nicht jedoch, dass mehrere wissenschaftliche Untersuchungen gezeigt haben, dass Sonnenschutzcremen dies nicht verhindern. Man muss von der Idee, dass übertriebene Bräunung besondere Gesundheit bedeute, abkommen. Menschen mit hellem Haar müssen sich nach 20 Minuten Besonnung ankleiden und den Kopf bedecken, Menschen mit dunklem Hauttyp nach 30 Minuten. Diese Zeit der Besonnung genügt für die Vitamin D-Bildung, welche durch Sonnenschutzcremen verhindert wird, da diese, auch bei schwachem Schutzfaktor, das hierfür entscheidende UV-B-Spektrum vollständig abhalten. Da für das maligne Melanom, neben übertriebener Besonnung, ganz andere Ursachen entscheidend sind und dies viel zu wenig bekannt ist, beschreiben wir im Folgenden das maligne Melanom.

Der schwarze Hautkrebs (Das maligne Melanom)

Das maligne Malanom entsteht aus entarteten Pigmentzellen (Melanozyten). Frühzeitig streut es über Lymph- und Blutbahnen und bildet Metastasen in inneren Organen.

Der schwarze Hautkrebs wird immer häufiger. Unter hellhäutigen Menschen erkranken jährlich 14 von 100 000 Menschen. In den letzten 50 Jahren ist die Häufigkeit des malignen Melanoms dramatisch angestiegen. 1960 erkrankte noch einer von 600 Menschen im Laufe des Lebens daran, heute jeder 75.

Die Häufigkeit ist regional sehr verschieden. In einigen Staaten ist es selten, in Australien viermal so häufig wie in Europa. Dort erkranken vier von 100 Menschen daran. In Nordamerika, in der Altersgruppe von 25 bis 34 Jahren, ist das Melanom bei Männern die vierthäufigste und bei Frauen die zweithäufigste Art von Krebs. Das weltweit höchste Vorkommen besteht in Auckland (Neuseeland). Afroamerikaner erkranken 20-mal weniger oft an einem Melanokarzinom als hellhäutige Menschen.

Ein häufiger Sonnenbrand, besonders in der Kindheit, erhöht das Risiko bedeutend. Dass sich die Zahl der an einem Melanom erkrankten Menschen alle 7 Jahre verdoppelt, wurde früher in erster Linie auf vermehrtes Sonnenbaden zurückgeführt. UV-Strahlung gilt als die wichtigste umweltbedingte Ursache des Melanokarzinoms. Früher galt es als schön, blass zu sein. Das derzeitige Schönheitsideal „braun zu sein = gesund zu sein" konnte trotz intensiver Gegenkampagnen nicht korrigiert werden. Die Zahl der Neuerkrankungen ist weiterhin jedes Jahr angestiegen[20].

Das Deutsche Krebsforschungszentrum sieht als wesentlichen Umweltrisikofaktor die exzessive Exposition gegenüber Sonnenlicht an. Daneben spielt der Hauttyp als endogener Faktor eine entscheidende Rolle. Rothaarige und blonde Menschen sind gegenüber UV-Strahlung besonders empfindlich. Sie erkranken 4,7-mal häufiger an schwarzem Hautkrebs als schwarzhaarige Menschen.

Die Schutzwirkung von Sonnenschutzcremen ist umstritten. Wissenschaftliche Untersuchungen ergaben widersprüchliche Resultate. Einige Studien zeigten sogar eher negative Auswirkungen[21]. Andere Studien behaupten das Gegenteil, im Tiermodell wirkten Sonnenschutzcremen wohl gegen den weissen Hautkrebs, das Spinaliom, jedoch weder gegen das Basaliom, noch gegen das maligne Melanom[22,23].

Die Haut benötigt Sonnenlicht, nicht nur für die Bildung genügender Vitamin D-Spiegel. Sonnenschutzcremen filtern gerade das für das Vitamin D notwendige UV-B-Spektren aus. In den Niederungen enthält das Sonnenlicht im Winterhalbjahr kaum das UV-B-Spektrum des Sonnenlichts, da dieses durch die Dunstschichten abgehalten wird. Die Wissenschaft stellt einen Schutz vor Hautkrebs durch Sonnencremen ernsthaft in Frage. Stundenlanges Bräunen am Strand ist auch mit Sonnenschutzcremen gefährlich. Hinzu kommt, dass die Haut nach ½ Stunde aufhört, Vitamin D3 zu bilden, um eine Überdosierung zu verhindern. Entscheidend ist also *der richtige Umgang mit dem Sonnenlicht.* In den Niederungen und im Sommer soll man möglichst oft Sonnenbaden. Menschen mit hellem Haar sollen jede Körperseite während 20 Minuten besonnen, Dunkelhaarige während ½ Stunde und dies immer ohne Sonnencreme, aber bei bedecktem Kopf.

Die meisten Melanome entstehen in gesunder Haut. Es gibt keine Belege dafür, dass die Beschädigung eines Muttermals (Nävus) durch eine Verletzung die Umwandlung in ein malignes Melanom bewirken kann. Die Menschen haben durchschnittlich 20 Nävi auf der Haut. Das Risiko, dass im Laufe des Lebens ein Melanom entsteht, ist bei über 50 Nävi 4,8-mal höher, als bei weniger als 10 Nävi. Anders bei *melanozytären Muttermalen* (aus pigmentbildenden Zellen bestehende Muttermale), wo zu 30 bis 40 Prozent ein Melanokarzinom entsteht. Auch bei einer hohen Anzahl von Nävuszellnävi oder dysplastischen Nävuszellnävi ist das Risiko deutlich erhöht. Dysplastisch bedeutet, dass die Zellen abnormal verändert sind.

Vererbung als Teilursache des malignen Melanoms
Die Genetiker fanden in den Tumorzellen zu 70 % eine Mutation im TERT-Gen. Dieses Gen codiert die Herstellung der Telomerase[24]. Das Enzym Telomerase stellt die Telomere her, das heisst die Enden der Chromosomen, welche verhindern, dass die Zellen sich unkontrolliert vermehren und zu Krebszellen werden. Zu 10–15 % erkranken auch andere Familienmitglieder an einem malignen Melanom. Der Erbgang soll autosomal dominant sein, die Penetranz, das heisst, das sich Auswirken der Mutation, ist jedoch sehr unterschiedlich. Zudem fanden die Genetiker in 40 % der Zellen von Melanokarzinomen Mutationen im CDKN2A-Gen. Die Produkte (p15/INK4b, p16/INK4a und p14/ARF), welche diese Gene herstellen, sollen jedoch als Tumorsuppresoren wirken, das heisst, als Schutz gegen die Umwandlung zu Krebs, indem sie den Vermehrungszyklus der Zellen in der G1-Phase anhalten. Weitere Mutationen sollen den RAS- und PI3K/AKT-Signalweg beeinträchtigen, der das Zellwachstum kontrolliert und reguliert.

Es gibt verschiedene Arten von Melanomen. *Wenn braune Flecken dunkel sind und die feinen Härchen darin fehlen, ist es ganz wichtig, den Arzt aufzusuchen.* Es gibt aber auch eine Art des Melanokarzinoms, bei dem die Zellen so stark entartet sind, dass sie kein Pigment bilden können, so dass sie farblos sind.

Man unterscheidet vier Stadien des malignen Melanoms, je nach der Grösse, dem mikroskopischen (histologischen) Befund und der Ausbreitung des Tumors:

Stadium I
Primärtumor ≤ 2 mm dick bzw. ≤ 1 mm und Geschwürsbildung oder Mitosen in der Histologie.

Stadium II
Primärtumor > 2 mm dick bzw. > 1 mm und Ulzeration oder Mitose.

Stadium III
Absiedelung in die nächstgelegenen Lymphknoten oder Hautmetastasen in der Umgebung.

Stadium IV
Metastasen in weiter entfernten Lymphknoten oder anderen Organen.

Das maligne Melanom kann in irgendein Organ metastasieren, am häufigsten in die Leber, die Haut oder die Lunge. Eine Besonderheit des Melanoms ist, dass es in das Herz metastasieren kann.

Die allgemein übliche Therapie des malignen Melanoms

Wegen der Streuungsgefahr darf man keine Biopsien entnehmen. Das Wichtigste ist eine unverzügliche chirurgische Entfernung des Primärtumors, 1 bis 2 cm im gesunden Gewebe, je nach Dicke des Tumors und bis zur Faszie (Bindegewebshülle) der darunter liegenden Muskulatur. Im Gesicht oder an den Fingern ist dies nicht möglich. Da wird der Tumor durch mikroskopisch kontrollierte Chirurgie entfernt, so dass man sicher sein kann, dass man ihn im gesunden Gewebe entfernt.

Ab einer Tumordicke von 1 mm wird empfohlen, zusätzlich den nächstgelegenen Lymphknoten („Wächterlymphknoten") zu entfernen und histologisch zu untersuchen. Ob dieser befallen ist, entscheidet sehr stark über die Prognose.
Ist er befallen, werden auch weitere nahegelegene Lymphknoten entfernt.

Sowohl bei Melanomen mit einer grösseren Tumordicke ohne weiteren Lymphknotenbefall (Stadium II), als auch nach erfolgter Entfernung der Lymphknoten (Stadium III) wird im Allgemeinen eine *adjuvante Therapie* mittels Interferon alpha über 18 Monate empfohlen, da man vermutet, dass diese gegen ein Rezidiv wirke. Dass dies die Prognose verbessert, ist aber wissenschaftlich nicht nachgewiesen. Als „adjuvante Therapie" bezeichnet man in der Medizin ergänzende oder unterstützende Therapiemassnahmen.

Beim Melanom wird oft der Primärtumor nicht erkannt, sondern erst die Metastasen.

Für Patienten, die zuvor einmal an einem malignen Melanom erkrankt waren, werden regelmässige Kontrolluntersuchungen empfohlen, um Rezidive früh zu erkennen. Dabei ist die seelische Betreuung der Patienten ganz besonders wichtig. Man versucht, die Patienten allmählich wieder in den Alltag einzugliedern. Wenn der Tumor bereits Metastasen in der Haut, den Lymphknoten oder in inneren Organen gebildet hat, ist die Chance auf eine Heilung gering. Dann überleben nur 10 bis 15 % der Patienten die folgenden fünf Jahre.

Palliative Therapien

An diesen Patienten wird eine ganze Reihe von Therapiealternativen erprobt, die in der Regel nur eine vorübergehende Besserungen bewirken, ohne Aussicht auf eine Heilung: die Chemotherapie mit DTIC oder Fotemustin, chirurgische Eingriffe zur Verringerung der Tumormasse oder eine Strahlentherapie.

Versuche, das Tumorwachstum zu hemmen

Neue Therapieansätze versuchen durch Medikamente die Signalübertragung in den Tumorzellen zu blockieren: Bei 50 % der Patienten enthalten die Tumorzellen eine so genannte BRAFV600E/K-Mutation. Ist dies der Fall, so wird versucht, mit so genannten BRAF-Inhibitoren, wie *Vemurafenib* und *Dabrafenib* das Tumorwachstum zu hemmen.

BRAF-Inhibitoren hemmen Signalwege der Krebszellen, die das Tumorwachstum fördern[25]. Doch werden die Tumorzellen nach ½ Jahr gegen diese Mittel resistent[26]. Mit so genannten MEK-Inhibitoren wie *Trametinib* oder *Cobimetinib* versucht man diesen Wirkungsverlust zu verzögern. Doch haben all diese Medikamente ein sehr hohes Nebenwirkungspotential.

Krebsimmuntherapie

Mit wieder anderen Medikamenten, zum Beispiel *Ipilimumab, Nivolumab, Opdivo* oder *Pembrolizumab* versucht man das Immunsystem zu stimulieren[27] (s. Seite 35).

Das Melanokarzinom und die Ernährung

Gerade beim malignen Melanom ist entscheidend, dass die diätetischen Möglichkeiten zur Krebsbekämpfung intensiv genutzt werden, wie sie in diesem Buch beschrieben sind (s. Seite 26, 40).

Das Vorkommen, die Inzidenz, von malignen Hautmelanomen hat, wie schon gesagt, trotz öffentlicher Bemühungen zur Förderung des Sonnenschutzverhaltens bei gefährdeten Bevölkerungsgruppen weiter zugenommen.

In mehreren wissenschaftlichen Arbeiten wurde nachgewiesen, dass die folgenden bioaktiven sekundären Pflanzenstoffe (s. Seite 61, 117) Traubenkern-Proanthocyanidine, Epigallocatechin-3-Gallat, Resveratrol, Rosmarinsäure, Lycopin und Feigenlatex, signifikante krebsbekämpfende Wirkungen gegen Melanokarzinome haben[28].

In den letzten Jahrzehnten haben Erkenntnisse aus epidemiologischen und experimentellen Forschungen bedeutende Zusammenhänge zwischen der Ernährung und dem Risiko an einem Melanokarzinom zu erkranken gebracht[29]. Die Bedeutung der mehrfach ungesättigten Fettsäuren, Niacin/Nikotinamid, Folsäure und Vitamin D, zur Verhütung und Bekämpfung von Melanomen, sind derzeit noch umstritten. Alkohol erhöht das Risiko. In einer gross angelegten Studie (D.I.E.T.-Projekt) wird derzeit versucht, die beste Diät gegen Krebs zu ermitteln. Besonderes Augenmerk wird dabei auf den Einfluss der Ernährung auf das Mikrobiom des Darms gelegt und auf dessen Einfluss auf das Immunsystem[30,31].

Der Insulin-ähnliche Wachstumsfaktor I (IGF-I) reguliert die Zellvermehrung und den Zelluntergang (Apoptose). Man vermutet, dass er bei der Tumorentwicklung eine Rolle spielt. In prospektiven Studien wurde gezeigt, dass eine hohe Konzentration an IGF-I im Blut mit einem höheren Risiko für Brust- und Prostatakrebs verbunden ist. Für das Melanokarzinom wurde dies in einer internationalen randomisierten Studie an 520000 Teilnehmern aus 10 europäischen Ländern untersucht und konnte nicht bestätigt werden[32]. Die grosse Bedeutung eines gesunden Milieus im Darm und einer gesunden Darmflora (Mikrobiom) für die Verhütung von Krebs ist heute wissenschaftlich anerkannt[33,34,35,36].

Eine Grossuntersuchung in Norditalien zeigte, dass Melanompatienten besonders viel Brot und Teigwaren aus raffiniertem Auszugsmehl und Zucker gegessen hatten und bedeutend weniger Hülsenfrüchte, Olivenöl und Eier[37]. Adipositas erhöht das Risiko an einem Melanokarzinom zu erkranken[38,39,40]. Ein hoher Gehalt an Antioxydantien wie Vitamin C, Vitamin E, gewisse Flavonoide, Carotenoide, besonders β-Caroten, Proanthocyanidine aus blauen Beeren, Auberginen, Lycopin und Lutein aus frischen Früchten und Gemüsen und Selen aus Nüssen, bewirkt einen hohen Schutz der Haut gegen die UV-A-Strahlung des Sonnenlichtes, welche für das Entstehen des Melanoms von Bedeutung ist[41,42,43].

Eine fettreiche Ernährung verstärkt das Wachstum des Melanokarzinoms. Durch den metabolischen Stress, den das Fett aus der Nahrung erzeugt, wird auch das Wachstum von Knochenmetastasen des Melanoms verstärkt, indem die Fettzellen des Knochenmarks sich vermehren und durch IL-6-JAK2-Osteopontin, sowohl das Wachstum der Tumorzellen, als auch der knochenabbauenden Zellen (Osteoklasten), aktiviert wird[44].

Eine Reduktion des Eiweisses in der Nahrung und der Gesamtmenge der Mahlzeiten verlangsamt das Wachstum verschiedener Krebsarten. Fütterte man Mäuse mit der gleichen Menge an Nahrungskalorien wie eine Gruppe von Vergleichstieren, die eine eiweissarme Diät erhielten, so verlangsamte die eiweissarme Diät das Wachstum bei drei Krebsarten. Die proteinarme Diät aktiviert in den Tumorzellen so genannte VIRE1α- und RIG1-Signale, so dass sie mehr ungefaltete Eiweisse herstellen. Dies bewirkt, dass Zytokine gebildet werden, die gegen den Tumor wirksam sind. Die Wissenschaftler schliessen daraus, dass eine eiweissarme Diät die Aktivität von CD-8 Suppressorzellen gegen den Tumor verstärkt[45].

Fasten bewirkt, dass Tumoren gegenüber einer Chemotherapie empfindlicher sind und schützt gleichzeitig die normalen Zellen gegen deren destruktive Wirkung, so dass auch die blutbildenden Stamm- und Immunzellen die Chemotherapie besser überleben. Zudem erhöht das Fasten die Aktivität der zytotoxischen, den Tumor-infiltrierenden CD8(+)-Lymphozyten (Killerzellen), welche die Tumorzellen angreifen. Beim Melanokarzinom bewirkt dies eine starke Verlangsamung des Wachstums[46,47]. All diese wissenschaftlichen Untersuchungen bestätigen die enorme Bedeutung der Ernährung für die Verhütung und Heilung maligner Tumoren.

Krebs bedeutet, wie schon erklärt, das Überhandnehmen eines Chaos im biologischen System. Nach unserer Erfahrung ist das „Frischsaftfasten" gegen verschiedene Krebsarten hoch wirksam. Die ganz frisch aufgeschlossenen Früchte und Gemüse enthalten das hohe Potential an Energie aus der Photosynthese der Pflanzen, die das biologische System der Zellen ordnet und ein Maximum an biologisch hochaktiven Substanzen, an so genannten sekundären Pflanzenstoffen, deren Wirkung gegen Krebs wissenschaftlich nachgewiesen ist. Diese Therapie ist in diesem Buch eingehend erklärt: Eine Therapie, die sich lohnt.

Infektionen als Krebsursache

Gewisse Krebsarten werden durch Viren ausgelöst, so Leberkrebs durch das Hepatitis-B-Virus, das Burkitt-Lymphom durch das Epstein-Barr-Virus und der Gebärmutterhalskrebs durch Papillomaviren, gegen die eine Impfung empfohlen wird. Dies wurde im Kapitel Präkanzerosen beschrieben (s. Seite 30). Am deutschen Krebsforschungsinstitut wurden in über 2600 Proben aus 38 verschiedenen Krebsarten zu 13 % Spuren von Viren gefunden. Die Mechanismen, wie Viren Mutationen auslösen, sind noch nicht voll entschlüsselt[48].

Auch können chronische Infektherde zu Krebs entarten. Sie bewirken eine Erschöpfung der zytotoxischen CD8-T-Zellen. Diese Zellen spielen eine zentrale Rolle bei der Kontrolle über chronische Infektionen und über das Entstehen von Krebs. Eine anhaltende Antigenstimulation führt zu einer Erschöpfung der T-Zellen. Erschöpfte CD8-T-Zellen funktionieren nur ungenügend und können sich weniger gut vermehren. Die Wissenschaftler erklären dies durch eine Erschöpfung der Produktion dieser Zellen und ihr vermehrtes Absterben durch den programmierten Zelltod.

Ernährung und Krebs

Dass gewisse Ernährungsfaktoren Krebs begünstigen und in Tierexperimenten Krebs auslösen, ist heute wissenschaftlich anerkannt. Bei Übergewicht ist das Krebsrisiko deutlich erhöht. Nitrite aus gepökeltem Fleisch und gespritztem Wintergemüse fördern Magenkrebs. Alkohol und reichliche tierische Nahrung fördert Brustkrebs, Prostatakrebs und Dickdarmkrebs. Eiweissreiche Nahrung und viel tierisches Fett sowie Kaffee, fördern Bauchspeicheldrüsenkrebs. Bei regelmässigem Alkoholkonsum ist das Risiko für einen Mund- oder Bauchspeicheldrüsenkrebs deutlich erhöht. Alkohol und Aflatoxine aus angegrauten Nüssen erhöhen das Risiko, an einem Leberzellkrebs zu erkranken. Kaffee fördert Blasenkrebs. Vegetarier erkranken nur halb so oft an Krebs wie Omnivoren[49].

Eine ganz wichtige Ursache für Krebs ist ein Mangel der Nahrung an lebendigen pflanzlichen Nahrungsmitteln (Rohkost). In lebendigen pflanzlichen Vegetabilien gibt es eine Vielzahl biochemisch aktiver

Substanzen, welche vor Krebs schützen und vorhandenen Krebs wirksam bekämpfen. Man nennt sie, wie schon gesagt, „sekundäre Pflanzenstoffe“ (Phytochemicals). Ganz besonders vor Krebs schützen: Brokkoli, Grünkohl, Karotten, Tomaten, Vollweizen, Vollgerste, frische Sojabohnen, Aprikosen, Zitronen, Knoblauch, Zwiebeln und Leinsamen, alle in möglichst rohem Zustand verzehrt, aber auch alle anderen Gemüse und Früchte[50,51,52].

Genistein aus frischem Soja, die Flavonoide aus frischem Obst und Gemüse, die Omega 3 Fettsäuren der kalt gepressten Pflanzenöle, Resveratrol aus den Häuten roter Trauben, frischen, ungerösteten Erdnüssen und dem Japanischen Staudenknöterich sowie das Epigallokatechingallat des Grüntees hemmen die FGF-2-induzierte Angiogenese und *bekämpfen dadurch die krankhafte Neubildung von Gefässen zur Umwandlung eines Mikrotumors in eine Krebsgeschwulst*[53]. Die meisten vor Krebs schützenden Pflanzenstoffe sind auch gegen eine bereits vorhandene Krebsgeschwulst wirksam. In der den Krebs bekämpfenden Diät müssen diese intensiv genutzt werden. Durch Kochen geht mehr als die Hälfte der vor Krebs schützenden Wirkung der vegetabilen Nahrung verloren[54], so dass diese bei Krebs überwiegend roh gegessen werden muss, um die volle Wirkung zu haben.

Durch einseitige Düngung leiden viele Menschen an Zink- und Selenmangel. Bei Menschen, die in den Niederungen leben, ist ein Vitamin-D-Mangel die Regel. Wissenschaftler des Deutschen Krebsforschungszentrums werteten europäische und US-amerikanische Studien über den Zusammenhang zwischen dem Vitamin-D-Spiegel und dem Sterberisiko an Krebs aus. Bei denjenigen Menschen mit dem niedrigsten Vitamin-D-Spiegel war die Sterblichkeit um mehr als die Hälfte (1,57-fach) erhöht[55]. Der Vitamin-D-Spiegel und die Vitamine A, C und E sowie die Spurenelemente Selen und Zink, müssen in jedem Fall an die obere Normgrenze gebracht werden. Sie sind für den Krebsschutz von grosser Bedeutung. Das Vitamin B12 darf aber nicht überdosiert werden, denn es wurde nachgewiesen, dass ein zu hoher Spiegel das Risiko für Lungenkrebs um 15 % erhöht[56,57].

Die Krebsgeschwulst hat ihre eigene biologische Energie und Information und wirkt mit dieser stark auf das biologische System des Menschen ein. Dies hat etwas Ähnliches mit einem infizierten Computerprogramm. Auch der gesunde Körper hat seine eigene lebendige Energie und seine eigene biologische Information. Die Information des Tumors dient seinem chaotischen Wachstum. Dies ist der Grund, warum, wenn immer möglich, das Tumorgewebe entfernt werden soll. Nur wenn die gesunde Information des Organismus stärker ist, als diejenige des Tumors, kann das Immunsystem den Tumor bewältigen. Die Information des gesunden Organismus kann durch eine Ernährungs- und Lebensweise, die sich genau nach den Bedürfnissen des biologischen Systems richtet, gestärkt werden. Hier geht es um Chaos und Ordnung. Krebs ist das grösste Chaos, das sich in einem Menschen ausbreiten will.

Die lebendige pflanzliche Nahrung hat durch ihren Gehalt an gespeicherten Photonen und deren Information aus der Photosynthese das höchste biologisch verfügbare Energiepotential. Vergleichen Sie hierzu das Kapitel „Zweierlei Nahrungsenergie“ dieses Buches (s. Seite 41). Die Aufgabe der Therapie ist eine maximale Unterstützung des biologischen Systems bei seiner Anstrengung die Ordnung wieder herzustellen, so dass es das entstandene Chaos besiegen kann. Dies ist Ordnungstherapie und ist das Ziel der Therapie, die in diesem Buch beschrieben ist.

Geopathische Teilursachen

Unterirdische Wasseradern, Klüfte und Verwerfungen führen zu lokalen Abweichungen im Magnetfeld der Erde, welche das biologische System des Menschen belasten können.

Diese Wirkung ist heute wissenschaftlich noch umstritten, aber trotzdem von Bedeutung[58].

Der deutsche Arzt Ernst Hartmann beobachtete, dass die Krankheiten von Patienten an gewissen Standorten ihres Krankenbetts im Spital schlechter heilten. 1954 veröffentliche er sein Buch „Krankheit als Standortproblem“. Darin beschrieb er ein Gitter von belastenden Linien in rund 2 Meter Abstand, die entsprechend dem Magnetfeld der Erde von Norden nach Süden reichen und von horizontalen Linien, die entsprechend den Breitengraden der Erde in rund 1,5 m Abstand von Osten nach Westen verlaufen. Die einzelnen Felder sollen dabei eine abwechselnde „Polarität“ besitzen. Die Gitterbreite variiert je nach dem Ort von 2,5 bis 4 Meter und die Ausrichtung variiert um bis zu 10 Grad. Diese Streifen werden heute Hartmannlinien genannt und sind 20 bis 30 Zentimeter breit. Hartmann untersuchte dies mittels eines kräftigen Chromstahldrahtes, den er in leicht gespanntem Bogen vor sich hielt. Bewegte er sich in Richtung eines Gitterstreifens hin, so drehte sich der gebogene Draht ganz von selbst nach unten, ohne dass man dies durch das Halten des Drahtes verhindern kann. Das Hartmann-Gitternetz ist ein natürliches erdmagnetisches Globalgitternetz.

Liegen Menschen nachts auf Stellen, an denen sich Hartmann-Linien kreuzen, oder an denen Hartmann-Linien und andere erdmagnetische Felder sich kreuzen, die von unterirdischen Wasserverläufen oder Verwerfungen ausgehen, so entstehen gesundheitliche Schäden und ist die Gefahr des Entstehens einer Krebsgeschwulst in einem Organ, welches jede Nacht stundenlang darüber liegt, erhöht.

Ernst Hartmann führte ab 1949 hauptsächlich an den Gitterkreuzungen geophysikalische Versuche durch: Messungen der Bodenleitfähigkeit, der Erdmagnetfeldstärke und UKW-Feldstärkemessungen, um die Art der Wirkung des Globalnetzgitters zu beweisen. In den Jahren 1969 bis 1980 erfolgten ebenfalls systematische Gammastrahlungs- bzw. Kernstrahlungsmessungen. Hartmann wies nach, dass an den Gitterkreuzungen die elektrische Leitfähigkeit des Bodens und der Luft und die elektromagnetische Feldstärke verändert sind. Das Hartmanngitter nimmt mittlerweile in baubiologischen Untersuchungen einen festen Platz ein. Inzwischen hat sich die Auswirkung solcher Hartmannkreuzungen auf die Gesundheit klinisch vielfach bestätigt. Oft stellt man beim Ausmessen von Schlafzimmern fest, dass jemand mit Prostatakrebs mit seiner Prostata oder eine Frau mit ihrer Brust, als Krebs entstand, genau über einem Gitterkreuz lag usw. Es lohnt sich, dies zu beachten und die Hartmann-Kreuzungen ausmessen zu lassen.

Mobilfunkstrahlung, DECT-Telefone, WLAN und Krebs

Durch die Einführung der fünften Generation (5G) der drahtlosen Kommunikation wird die Anzahl der hochfrequenzbetriebenen Basisstationen und anderer Geräte massiv erhöht. Dieser Mobilfunk arbeitet mit Millimeterwellen (MMW) in neuen Frequenzen von 6–100 GHz. Dass die elektromagnetische Strahlung von Mobiltelefonen wegen ihrer oszillatorischen Ähnlichkeit mit den Rhythmen des Gehirns die Signalverarbeitung des Gehirns stört, ist wissenschaftlich anerkannt. Dies hat Ähnlichkeit mit den „elektromagnetischen Interferenzen“, die man zwischen Handys und Steuersystemen von Flugzeugen beobachtet hat.

Bei hoher Leistungsdichte treten thermische Effekte auf, wie in einem Mikrowellenofen. Die nicht-thermischen Effekte sind weniger bekannt. Sie entstehen schon bei niedriger Leistungsdichte und bewirken keinen Anstieg der Körpertemperatur. Die derzeitigen Sicherheitsstandards sind politisch ausgehandelt und basieren lediglich auf den thermischen Effekten. Die ICNIRP 1998-Richtlinien beschränken für Mobiltelefone den räumlichen Spitzenwert der Mikrowellenexposition auf 2 W/kg SAR-Wert, gemittelt über 10 g Gewebe für 6 Minuten. Der SAR-Wert eines Mobiltelefons oder Tablets gibt an, wie viel Sendeleistung der Körper beim Telefonieren mit einem bestimmten Gerät maximal aufnimmt.

Für die nicht-thermische Wirkung der gepulsten Hochfrequenzstrahlung der Mobiltelefonie ist eine Häufung von Hirntumoren, männliche Unfruchtbarkeit und Immunschwäche mit Infektanfälligkeit wissenschaftlich vielfach nachgewiesen[59,60,61,62,63,64]. In den meisten Studien zum Risiko für Hirntumoren durch die Nutzung von Mobiltelefonen war die durchschnittliche Dauer der Nutzung zu kurz, im Verhältnis zur bekannten Latenzzeit bis solche Tumoren entstehen. Daher fand man in solchen Studien zum Teil zu Unrecht kein erhöhtes Risiko. In experimentellen Studien am Menschen wurden aber bedeutende Auswirkungen der Mobiltelefone auf das Gehirn erkannt, die vom thermischen Effekt unabhängig sind[65,66].

Pathophysiologisch sind zudem folgende bedeutende schädliche Wirkungen der Hochfrequenzstrahlung nachgewiesen: Sie verursacht einen Calciumausstrom an den Zellmembranen, eine Vermehrung von Stressmediatoren, schädigt die Verbindungskanäle, mit denen die Zellen miteinander kommunizieren, die Gap Junctions, erzeugt oxydativen Stress durch eine Überproduktion reaktiver Sauerstoffspezies (R.O.S.)[67], vermindert das Zellwachstum im ganzen Körper durch eine Aktivierung das Enzyms Ornithin-Decarboxylase, unterdrückt die Produktion des Schlafhormons Melatonin, reduziert die Aktivität des Enzyms Proteinkinase C, welches eine zentrale Rolle bei der Weiterleitung von Signalen der Zellen spielt, schädigt die Erbsubstanz durch Mutationen (DNA), verändert die Genexpression in Gehirnzellen, und schädigt die Blut-Hirn-Schranke.

Bei Fragen zum Mobilfunk sind enorme wirtschaftliche Interessen im Spiel. Kein Wunder, dass es widersprüchliche „Analysen“ zur Frage der Schädlichkeit für uns Menschen gibt. Eine unabhängige Überprüfung kommt aber zum Schluss, dass es genügend Daten gibt, um zu belegen, dass eine langfristige Exposition gegenüber der Hochfrequenzstrahlung auch bei geringer Intensität, deutlich unterhalb der ICNIRP-Richtlinien, die Krebsentstehung fördert.

Eine französische nationale Studie CERENAT hat ein stark erhöhtes Risiko für maligne Hirntumoren durch Hochfrequenzstrahlung nachgewiesen, und zwar besonders für maligne Gliome. Dies steht im Einklang mit mehreren anderen Studien, in denen ebenfalls ein hohes Risiko für maligne Gliome durch die Benutzung von Mobiltelefonen über 10 und mehr Jahre nachgewiesen wurde. Die CERENAT-Studie wies zudem ein bedeutendes Risiko für ein Meningeom (Krebs aus Gewebe der Hirnhäute) nach. Die Forscher der CERENAT-Studie nehmen an, dass das Risiko für maligne Gliome und Meningeome noch bedeutend höher ausgefallen wäre, wenn die Exposition der Menschen durch schnurlose DECT-Telefone und WLAN miterfasst worden wäre, welche in mehr als der Hälfte der französischen Haushalte verwendet werden. Die Internationale Agentur für Krebsforschung in Lyon hat auf Grund dieser Studie die Hochfrequenzfelder als „wahrscheinliches“ Risiko für Krebs eingestuft und gefordert, dass zusätzliche Daten zur Strahlenexposition durch die Mobiltelefone, schnurlose Telefone und WLAN-Router erhoben werden sollen, um die Gefährdung der öffentlichen Gesundheit besser zu beurteilen[68,69,70]. Die Verwendung von Mobiltelefonen erhöht auch das Risiko für ein Akustikusneurinom, einen gutartigen Tumor des Hörnerven, der zur Ertaubung führt[71].

In Berufsgruppen mit relativ hoher Exposition durch Hochfrequenzstrahlung wurde eine deutlich erhöhte Häufigkeit von Lymphosarkomen, Lymphomen und Leukämien nachgewiesen. Die Forscher betonen, dass in den epidemiologischen Studien zum übermässigen Risiko bei Handynutzern für Hirntumoren und andere Krebsarten eine eindeutige Dosis-Wirkungs-Beziehung besteht, genauso wie in den experimentellen Studien und dass die Hochfrequenzstrahlung als Karzinogen (IARC-Gruppe 1) eingestuft werden muss[72]. Dem entspricht die Tatsache, dass Angehörige des französischen Militärs in Abhängigkeit von der Dauer ihrer Exposition durch Hochfrequenzstrahlung gehäuft an Blutkrebs gestorben sind[73].

In der Literatur gibt es viele widersprüchliche Berichte. Eine Überprüfung vieler Studien fasst zusammen, dass es „genügend Daten gibt, um zu überzeugen, dass eine langfristige Exposition durch eine Hochfrequenzstrahlung auch bei einer geringen Intensität, die weit unterhalb der ICNIRP-Richtlinien liegt, die Krebsentstehung fördern kann“. Die Dauer der Exposition wurde auf mehr als 10 Jahre festgelegt[74].

Im Jahr 2007 wurde ein „Bio-Initiative Report“ veröffentlicht, basierend auf einer internationalen Initiative, um einen Überblick über die bekannten biologischen Auswirkungen elektromagnetischer Felder geringer Intensität (EMF) zu gewinnen. Nach diesem Bericht ist ein erhöhtes Risiko für folgende Krankheiten mit diesen Strahlenbelastungen assoziiert: Leukämie im Kindesalter, Hirntumoren, genotoxische Wirkungen (Genmutationen und Krebs), neurologische Wirkungen und neurodegenerative Erkrankungen, eine Deregulierung des Immunsystems, allergische und entzündliche Reaktionen, Brustkrebs, Fehlgeburten und einige kardiovaskuläre Auswirkungen[75].

Zunehmend werden auch Kleinkinder und Säuglinge elektromagnetischer Strahlung ausgesetzt. Kinder erkranken seither vermehrt an Leukämie. Ihr Gehirn lässt die Strahlung tiefer eindringen. Da ihr Nervensystem noch in Entwicklung ist, ist es hochsensibel[76,77]. Auch bewirkt die Verwendung von Smartphones, besonders bei Kindern und jungen Erwachsenen, Augenkrankheiten, wie Myopie, Asthenopie (Sehschwäche) und Augenentzündungen[78].

Der Mobilfunk arbeitet mit Skalarwellen. Im Gegensatz zu den Hertz’schen Transversalwellen, die nicht tief in den Körper eindringen können, sind Skalarwellen Longitudinalwellen, welche wie Presslufthämmer durch dicke Betonwände bis ins hinterste Kinderzimmer und bis in die untersten Kelleretagen von Parkgaragen eindringen. Darum kann man problemlos im 5. Untergeschoss mit dem Handy telefonieren. Im Gegensatz zu den Transversalwellen sind die Tesla’schen Longitudinalwellen durch einen metallenen Faradaykäfig nicht abschirmbar. Darum kann man auch in einem mit Metall umschlossenen Lift problemlos mit dem Handy telefonieren. Das Prinzip der Grundregulation und der Nervenleitung im menschlichen Körper funktioniert nach demselben Prinzip. Fatalerweise arbeitet das Gehirn ebenfalls mit Skalarwellen ähnlicher Frequenzen wie der Mobilfunk.

Der rasche Ausbau des Mobilfunks bis zu 5G, die Verbreitung von WLAN, deren Verstärker und der schnurlosen DECT-Telefone, ohne vorhergehende wissenschaftliche Abklärung der Auswirkungen der gepulsten Hochfrequenzstrahlung auf die Gesundheit der Menschen, ist eine Gewalttat verantwortungsloser Menschen gegen die Menschheit, vergleichbar mit kriegerischen Handlungen. Noch behaupten die Mobilfunkbetreiber und Politiker, dass eine Schädlichkeit für die Menschen, für schwangere Frauen und Feten, für Säuglinge und Kinder nicht nachgewiesen sei. Sie haben bereits den Tod tausender Menschen verursacht. Sie scheuen sich nicht, die Bevölkerung anzulügen, obschon sie genau wissen, dass die gravierenden Folgen längst nachgewiesen sind und dass niemand wirklich die Möglichkeit hat, sich vor den Skalarwellen der Mobilfunkstrahlung wirksam zu schützen.

Präkanzerosen

Unter einer Präkanzerose versteht man in der Medizin eine Gewebsveränderung, die ein erhöhtes Risiko hat, bösartig zu werden. Sie kann angeboren sein, wie zum Beispiel die familiäre adenomatöse Polyposis, bei der sich in den Schleimhäuten, besonders im Darm, unzählige Polypen bilden, die zu Krebs entarten, oder sie kann erworben sein, wie zum Beispiel die aktinische Keratose: eine Hautveränderung, die durch zu viel Sonnenbestrahlung entsteht. Je nach dem Grad des Entartungsrisikos werden sie in fakultative oder obligate Präkanzerosen eingeteilt. Bei einer fakultativen Präkanzerose ist es möglich, dass später daraus ein Krebs entsteht. Bei einer obligaten Präkanzerose wird dies mit Sicherheit geschehen.

Fakultative Präkanzerosen

Bei einer fakultativen Präkanzerose ist das Entartungsrisiko unter 30 % und es wird mindestens fünf Jahre dauern, bis Krebs entsteht. Beispiele für fakultative Präkanzerosen sind die Colitis ulcerosa, die Leberzirrhose, die aktinische Keratose und die Leukoplakie, in der Mundhöhle oder im Hals-Nasen-Rachenraums. Leukoplakien nennt man alle weissen, nicht abwischbaren Effloreszenzen der Schleimhaut. Es handelt sich um eine Störung der Keratinbildung mit zellulären Atypien, die durch Rauchen, Alkoholmissbrauch oder ständige mechanische Reize wegen Kanten an Zahnfüllungen oder Prothesen verursacht sind.

Obligate Präkanzerosen

Obligate Präkanzerosen entarten zu über 30 % mit einer Wahrscheinlichkeit von nahezu 100 % in relativ kurzer Zeit, jedenfalls in weniger als fünf Jahren, zu Krebs. Die familiäre adenomatöse Polyposis und das Gardner-Syndrom sind obligate Präkanzerosen für Darmkrebs. Die familiäre adenomatöse Polyposis (FAP) ist eine autosomal-dominante Erbkrankheit, die bei ca. jedem zehntausendsten Menschen vorkommt und die zu je 50 % an die Kinder weitergegeben wird. Dabei entstehen wegen einer geerbten Genmutation massenhaft Polypen im Darm, die leicht zu Krebs entarten. Das Gardner-Syndrom ist eine Variante der familiären adenomatösen Polyposis, bei der zusätzlich gutartige Tumoren an den Knochen, der Haut, der Unterhaut und im Bindegewebe (Atherome, Lipome, Fibrome, Leyomyome) entstehen. Atherome sind Talgzysten, Lipome sind gutartige Tumoren des Unterhautfettgewebes, Fibrome sind gutartige Knoten aus Bindegewebe und Leyomyome sind gutartige Tumoren aus glatter Muskulatur. Eine sehr seltene, tragische Form einer obligaten Präkanzerose ist das Xeroderma pigmentosum. Dies ist eine vererbte Hautkrankheit, bei der die Reparatursysteme der Chromosomen defekt sind, so dass kein Licht vertragen wird. Die Erythroplakie ist eine obligate Präkanzerose in der Mundschleimhaut.

Am Gebärmutterhals bildet sich aus dysplastischen Zellveränderungen des Grades III nach Papanikolau (PAP III) vorerst eine lokale Veränderung zu Krebs (Carcinoma in situ, die, wenn sie nicht entfernt wird, mit Sicherheit zu einem Gebärmutterhalskrebs ausartet.

Feigwarzen (Condylomata acuminata) sind die häufigste Präkanzerose. Dies sind kleine, weiche rosafarbene Warzen, die meistens an den Schamlippen, am Penisschaft oder auf der Vorhaut entstehen, seltener aber auch um den Enddarm oder in der Mundhöhle. Sie werden sexuell übertragen, durch das humane Papillomvirus (HPV): kugelförmige, unbehüllte, doppelsträngige DNA-Viren, von denen man 200 verschiedene Typen kennt und rund 40 anogenitale Typen. Die HPV-Typen 6 und 11 gelten als Niedrigrisikotypen und verursachen rund 90 % der Condylome. Diese entarten kaum je zu Krebs[79]. HPV 16 und 18 sind dagegen Hochrisikotypen für eine Entartung zu Krebs, meistens zu Gebärmutterhalskrebs, selten aber auch zu einem Peniskarzinom oder einem Krebs am Anus oder im Mund-Rachen-Raum. Auf anderem Weg angesteckt zu werden, z. B. in der Sauna, beim Baden oder sogar durch das Halten von Türklinken, ist möglich, aber höchst selten[80].

Kondome bieten keinen vollständigen Schutz gegen die Übertragung der HPV-Viren, reduzieren aber das Risiko, bei konsequenter Anwendung innert eines Jahres, um 70 %. Die Häufigkeit von Neuinfektionen steigt weltweit jedes Jahr an. Als Hauptrisikofaktor gilt aber die Zunahme der Promiskuität, der ungeschützte Geschlechtsverkehr mit mehreren Personen in jungen Jahren. Stress, Rauchen und immunsuppressive Therapien erhöhen das Risiko für Feigwarzen und damit für den Gebärmutterhalskrebs ebenfalls. Auch wird vermutet, dass die Intimrasur das Ansteckungsrisiko erhöht[81]. Es wird empfohlen, Unterwäsche mit mindestens 55 °C zu waschen, um die HP-Viren zu inaktivieren. Bei 5 bis 10 % der Menschen findet man subklinische HPV-assoziierte Läsionen im Anogenitalbereich, die mit blossem Auge nicht erkennbar sind, so dass sie nicht diagnostiziert werden. 60 % der Menschen haben bereits Antikörper gegen HPV-Viren erzeugt, durch eine Infektion, die irgendwann in ihrem Leben stattgefunden hat[82]. Das Risiko, im Laufe des Lebens angesteckt zu werden, beträgt 75 bis 80 %. Rund 70 % aller Frauen sind fünf Jahre nach Beginn ihrer sexuellen Aktivität mit mindestens einem anogenitalen HP-Virustyp infiziert und bei 64 bis 70 % aller Männer, die mit infizierten Frauen sexuell Kontakt haben, findet man HPV-assoziierte Läsionen am Penis.

Nach der Ansteckung kann es mehrere Monate dauern, bis erste Feigwarzen sichtbar werden. Zu rund 30 % heilen Feigwarzen von selbst wieder ab. Eine Entartung der häufigen Feigwarzen der Typen HPV 6 oder 11 zu Krebs ist, wie gesagt, selten. Nur wenn sie jahrelang bestehen, ohne Behandlung, können sie entarten, bei Frauen etwas häufiger als bei Männern. Ein Nachweis des Virustyps gehört nicht zur Routinediagnostik, da dies teuer ist.

Die zwei Hochrisikotypen 16 und 18 sind zu 70 % die Ursache des Cervixkarzinoms (Gebärmutterhalskrebs). In den USA sind heute 49,5 % der Mädchen und 37,5 % der Jungen im Alter von 13 bis 17 Jahren gegen das HPV-Virus geimpft. Die Häufigkeit des Cervixkarzinoms ist von 2008 bis 2014 um 21 % zurückgegangen. Doch werden die gefährlichen Typen HPV 16 und 18 heute seltener gefunden, was Epidemiologen mit „Herdenimmunität“ erklären, da inzwischen rund 60 % der Menschen Antikörper gegen HP-Viren gebildet haben. Darum wird erwartet, dass die Häufigkeit dieser Arten von Krebs in den nächsten Jahren noch weiter zurückgehen wird.

Die HPV-Impfung hat ein bedeutendes Potential für teils sehr gefährliche Nebenwirkungen: zu 78 % Störungen der geistigen Leistungsfähigkeit (kognitive Störung), zu 77 % Bauchschmerzen, zu 60 % Schmerzen beim Wasserlösen (Dysurie) und zu 60 % Schlafstörungen, Kopfschmerzen und Schwindel.[83,84,85]. Manche Fälle neurologischer Schäden, Gedächtnisstörungen, kognitive Leistungsstörungen und multiple Sklerose, welche durch diese Impfung ausgelöst wurden, sind gemeldet worden. In den USA gab es 259 Entschädigungsanträge wegen schwersten Nebenwirkungen mit bleibenden Schäden, darunter 12 Todesfälle. 73 Fälle wurden anerkannt und ausbezahlt.

Die Impfung bietet keinen vollständigen Schutz gegen das Cervixkarzinom. Deshalb sind bei sexuell aktiven Jugendlichen und Frauen, auch wenn sie geimpft sind, jährliche Kontrolluntersuchungen entscheidend, so dass Feigwarzen früh erkannt und behandelt werden können, bevor sie zu Krebs entarten.

Chemotherapie und Radiotherapie

Das aktuelle medizinische Paradigma befürwortet derzeit vor allem die Chemotherapie und die Radiotherapie und dokumentiert deren Wirkung in internationalen Protokollen. Diese Therapien sind ein gewalttätiger Versuch, die Tumorzellen zu vernichten. Diese Idee ist verständlich. Doch ist das Problem dieser beiden Therapien, dass sie nicht nur den Tumor schädigen, sondern fast ebenso stark die gesunden Zellen und das ganze biologische System des Menschen. Nur dieser kleine Unterschied der Empfindlichkeit der Tumorzellen, gegenüber derjenigen der gesunden Körperzellen, kann für diese Therapien genutzt werden und dieser ist sehr klein, besonders wenn die Krebszellen nicht allzu chaotisch entartet sind.

Die Wirksamkeit einer Chemotherapie hängt sehr stark von der Art des Tumors ab und von seinem Stadium der Ausbreitung. Es gibt relativ viele wissenschaftliche Studien zur Wirkung gewisser Zytostatika auf einzelne Tumorarten, diese werden gefordert, bevor ein Medikament zugelassen wird. Doch existiert bisher nur eine einzige, sich am Krebsregister orientierende Studie aus den USA und Australien, welche den Nutzen einer Chemotherapie gegen 22 Krebsarten wissenschaftlich untersucht hat. Diese hat ergeben, dass die Chemotherapie bei Erwachsenen die Fünfjahresüberlebenszeit seit der Diagnosestellung um lediglich 2,1 bis 2,3 % verlängert. Immerhin bestätigte diese Studie, dass bei gewissen Tumoren eine adjuvante, palliative Chemotherapie bei einem als unheilbar eingestuften Hodenkrebs, Hodgkin-Lymphom oder unheilbaren Gebärmutterhalskrebs, die Lebenserwartung seit der Diagnosestellung um 10 bis 40 Prozent verlängern kann[86]. Die besten Resultate zeigt die Chemotherapie bei der akuten lymphatischen Leukämie (ALL) der Kinder, da deren Lebenskraft viel grösser ist als diejenige der Erwachsenen. Bei ihnen verlängert die Chemotherapie das Überleben bei dieser Art von Blutkrebs um mindestens 15 Jahre.

Das Problem der im Allgemeinen unbefriedigenden Wirkung der Chemotherapie liegt in ihrer Toxizität, wodurch sie den Organismus, der sich nun erst recht kräftig gegen den Krebs wehren sollte, massiv schädigt. Dadurch entsteht oft grosses, zusätzliches Leid. Oft spricht der Tumor vorerst recht gut an, dann bricht die Abwehr zusammen, so dass er erst recht wächst. Viele Patienten sterben frühzeitig an der Vergiftung durch die Zytostatika. Wissenschaftlich ist aber nachgewiesen, dass die Chemotherapie bei einer strikt veganen Diät aus lebendigen Pflanzen (Rohkostdiät) wesentlich besser vertragen wird als bei der allgemein üblichen Normalkost[87,88].

Auch die Resultate der Radiotherapie sind oft enttäuschend. Die Zellen besitzen Reparatursysteme, die kleinere Defekte und Veränderungen, welche die Röntgenstrahlen an der Erbsubstanz der Zellen verursachen, wieder beheben. Lediglich der Unterschied, dass diese in gesundem Gewebe etwas effektiver arbeiten als im Tumorgewebe, kann sich die Radiotherapie zu Nutze machen. Die ionisierenden Strahlen schädigen also gesunde

Zellen ebenso stark wie die Krebszellen, doch können sich die Krebszellen etwas weniger gut reparieren als die Körperzellen, so dass sie etwas eher zu Grunde gehen.

Die Immuntherapie gegen Krebs

Tumorzellen haben auf ihrer Oberfläche charakteristische Antigene, gegen welche das Immunsystem mit Antikörpern reagieren kann. Manche Krebsgeschwülste sind aber fähig, auf ihre Umgebung eine immunsuppressive Wirkung auszuüben, so dass die Immunantwort gegen sie zu gering ist, um den Tumor zu zerstören. Seit vielen Jahren versuchen Wissenschaftler dies durch eine Kräftigung der Immunantwort gegen den Tumor zu beeinflussen, so dass das Immunsystem die Krebszellen zerstören kann.

Das hemmende System des Tumors gegen die Immunität des Körpers nennen die Wissenschaftler „Immun-Checkpoint“. Dies bezeichnet eine Gruppe von Molekülen, welche fähig sind, Tumorzellen abzusondern und die das Immunsystem hemmen. Man versucht also in der Immuntherapie die Blockade des Immunsystems des Körpers, welche die Moleküle des „Immun-Checkpoints“ bewirken, zu hemmen. Einige dieser Moleküle befinden sich auf der Tumoroberfläche und auf Lymphozyten, die in den Tumor eindringen. Man versucht also, die Moleküle des Immun-Checkpoints zu blockieren, damit sie nicht mehr wirksam sind.

Klinische Phase-III-Studien haben eine solche Wirksamkeit für *Ipilimumab* bestätigt. Dies ist ein Anti-CTLA-4-Antikörper, der nun zur Behandlung des fortgeschrittenen malignen Melanoms zugelassen ist. Auch sind Studien mit *Nivolumab*, einem Anti-PD-1-Antikörper, in der klinischen Phase-I erfolgreich verlaufen und ist dieses Medikament zur Behandlung des fortgeschrittenen Melanoms und von nicht-kleinzelligem Lungenkrebs zugelassen. *Pembrolizumab*, ein Anti-PD-L1-Antikörper – MPDL3280A, gilt als wirksam bei fortgeschrittenem Blasenkrebs. Weitere Immuntherapeutika werden derzeit untersucht. Der erfolgreiche Einsatz von Immun-Checkpoint-Inhibitoren gilt bei der Krebsimmuntherapie als grosser Durchbruch. *Nivolumab* und *Pembrolizumab* gelten als wirksam gegen viele fortgeschrittene, solide Tumoren, wie das maligne Melanom, das nicht-kleinzellige Lungenkarzinom und das Nierenkarzinom. *Mogamulizumab* gilt als wirksam gegen T-Zell Lymphome. Aus weiteren Studien zur Entwicklung einer wirksamen Krebsimmuntherapie erhofft man sich viele neue Erkenntnisse[89,90,91,92].

Gegen Krebs wirksame Heilpflanzen

Die Therapie von Krebs mit der Chemotherapie stösst wegen ihrer hohen Toxizität an ihre Grenzen. Zudem sind solide Tumoren im Allgemeinen resistent gegen die Chemotherapie, da in ihrem Gewebe Sauerstoffmangel herrscht und die Arzneimittel keinen Zugang zu hypoxischen Zellen haben. Zudem schädigen Chemotherapeutika, wie schon gesagt, auch die gesunden Zellen, besonders diejenigen, die sich schnell erneuern, wie die Schleimhäute des Magen-Darm-Trakts und die Zellen des Immunsystems. Viele Ärzte und Patienten auf der ganzen Welt hoffen auf ergänzende oder alternative Therapien zur Chemotherapie und Bestrahlung, mit geringeren Nebenwirkungen.

In den Pflanzen ist die Zellvermehrung und Zellteilung, wegen des ständigen Wachstums, unvergleichbar aktiver als in Tieren und im Menschen. Dadurch entstehen viel mehr Zellmutationen als bei uns Menschen. Darum benötigen Pflanzen, um zu überleben, hochwirksame Inhaltsstoffe, welche mutierte Zellen zerstören, ohne ihre gesunden Zellen anzugreifen. Darum ist es sinnvoll, von den Pflanzen zu lernen und ihre Wirkstoffe zu untersuchen statt weiter nach synthetischen chemischen Molekülen zu forschen, die Krebs bekämpfen.

In den letzten Jahren hat denn auch die Erforschung der Vielfalt der biologisch aktiven Inhaltsstoffe und ihrer Wirkung gegen Krebs, immer mehr an Bedeutung gewonnen. So erscheinen immer mehr wissenschaftliche Arbeiten zur Wirkung von Pflanzen aus der brasilianischen, mexikanischen, bhutanischen, thailändischen, südafrikanischen und indischen Volksmedizin[93,94,95,96,97,98,99,100]. Dabei zeigt sich, dass ihre Inhaltsstoffe eine hohe Potenz zur Bekämpfung verschiedener Arten von Krebs besitzen, bei zum Teil sehr geringen Nebenwirkungen.

So haben sich Pflanzenextrakte bei der Suche nach neuartigen Krebsmedikamenten als sehr wertvoll erwiesen. Beispiele sind die Vinca-Alkaloide, Taxane und Camptothecine, die aus der Madagascan-Immergrünpflanze Catharantus roseus, der Pazifischen Eibe Taxus brevifolia bzw. dem chinesischen Baum Camptotheca acuminata stammen. Das südamerikanische Institut für die Entwicklung von Krebsmedikamenten hat ein Grossprojekt zur Erforschung der Wirkungen von Extrakten aus südamerikanischen Heilpflanzen gegen Krebs in die Wege geleitet. Die gesammelten Proben werden getrocknet und zuerst mit einem organischen Lösungsmittel, dann mit destilliertem Wasser extrahiert. Diese Rohextrakte werden bei einer Konzentration von 50 Mikrogramm/ml auf ihre antiproliferative Aktivität gegen je eine Krebszelllinie untersucht. Extrakte, die das Wachstum der Tumorzellen bei relativ niedriger Konzentration signifikant hemmen, werden zur weiteren wissenschaftlichen und klinischen Untersuchung verwendet und teils dem US-amerikanischen National Cancer Institute übergeben. An einer Vielzahl von Tumormodellen und Labortechniken wird dann versucht, entsprechend wirksame Analoga zu entwickeln.

Extrakte aus folgenden in Brasilien beheimateten Pflanzen, zeigten in Labortests eine starke zytotoxische Aktivität: die Verbenacee Duranta repens Linné, das Strauchgewächs Himatanthus bracteatus (A.DC.), die Rankpflanze Ipomoea purga, die ursprünglich aus Asien stammende Rubinacee Ixara coccinea, die ursprünglich aus Costa Rica stammende Mabea piriri Aubl., das Lorbeergewächs Ocotea longifolia Kunth (Oreodaphne opifera Mart. Nees) und die Rubiacee Pschotria capitata U Ruiz & Pac. Derzeit wird ihr Einsatz für die Krebstherapie wissenschaftlich erforscht[101].

Als Cerrado oder Campos cerrados bezeichnet man die Savannen im Inland Südost-Brasiliens, die im Westen bis an die Grenze Boliviens und im Süden bis Paraguay reichen. Mit einer Fläche von zwei Millionen Quadratkilometern umfassen sie ein Gebiet von der Grösse Alaskas. 412 Extrakte aus Pflanzen der brasilianischen Campoos Cerrados wurden wissenschaftlich untersucht, die in der traditionellen Medizin Brasiliens gegen Krebs verwendet werden. Dabei wurde die Zytotoxizität der Extrakte gegen Zelllinien des Kolonkarzinoms (HCT-8), des malignen Melanoms (MDA-MB-435) und gegen Hirntumorzelllinien (SF-295) getestet. Die Resultate versprechen viel: 28 der 412 getesteten Extrakte zeigten eine starke krebshemmende Wirkung von mindestens 85 % gegen eine oder mehrere Zelllinien. Dies bedeutet, dass die Krebszellen zu 85 % zerstört wurden. Die wirksamsten Extrakte stammten aus verschiedenen Teilen von *Anacardiaceen, Annonaceen, Apocynaceen, Clusiaceen, Flacourtiaceen, Sapindaceen, Sapotaceen, Simaroubaceen, Zingiberaceen und Glaucarubinon.* 14 Extrakte von 13 Spezies zeigten schon in einer Konzentration von 0,1 bis 19,1 Mikrogramm/ml (tausendstel mg/ml) eine hohe Toxizität gegen alle getesteten Tumorzelllinien. Die stärkste Wirkung hatten Extrakte aus *Casearia sylvestris var.*, aus der *Lingua-Stammrinde* und der Wurzelrinde von *Simarouba versicolor.* Die Wissenschaftler arbeiten nun an weiteren Untersuchungen zur chemischen Charakterisierung der Wirkstoffe und deren biologischer Bewertung[102]. In der traditionellen Medizin Mexikos werden 39 Pflanzenarten aus 25 botanischen Familien zur Behandlung von Darmkrebs verwendet. Auch diese Pflanzen werden nun wissenschaftlich untersucht[103].

In einer weiteren Studie wurde die Krebs zerstörende Wirkung von *Saussurea costus* gegen menschliche Krebszelllinien von Brust-, Dickdarm- und Leberzellkrebs untersucht. Extrakte dieser Pflanze zeigten ebenfalls eine hohe zytotoxische Aktivität gegen diese Arten von Krebs[104].

In einer anderen Studie wurden vier Heilpflanzenarten aus der türkischen Provinz Kars auf ihr zytotoxisches Potenzial gegen sechs verschiedene Krebszelllinien und eine gesunde Zelllinie untersucht. Dabei zeigten Extrakte aus *Absinth (Artemisia absinthium)* und *Wegerich (P. major-Samen)* eine starke zytotoxische Wirkung, die nun weiter erforscht wird[105].

In Thailand wurden Extrakte des traditionell-medizinischen Rezeptes N040 aus den *Johannisbrotgewächsen Caesalpinia sappan* und *brasiliensis* in Labortests und an Tieren auf ihre zytotoxische Wirkung gegen den Gebärmutterhalskrebs untersucht. Diese bewirkten bei den Tieren eine rasche und starke Verkleinerung der Tumoren bei nur geringen Nebenwirkungen[106].

Das *Flavonoid Galangin* ist in der *Alpinia officinarum (kleiner Galangal)* und *Helichrysum aureonitens,* in der *Wurzel von Alpinia galanga* und in *Propolis* vorhanden. Seine Wirkung gegen Brustkrebs ist schon länger nachgewiesen worden[107]. In einer chinesischen Studie wurde gezeigt, dass Galangin mehrere Krebsarten, einschliesslich das maligne Gliom des Gehirns, wirksam bekämpft. Die Forscher konnten den molekularen Weg nachweisen, durch welchen das Flavonoid Galagin das Glioblastom bekämpft[108].

Viscum album

Auf Grund des krebsartigen Wachstums der Mistel auf artfremden Bäumen hat der Begründer der Anthroposophie Rudolf Steiner die Erforschung der Wirksamkeit dieser Pflanze gegen Krebs angeregt. In einer grossen Metaanalyse (Übersichtsstudie) wurden 82 kontrollierte wissenschaftliche Arbeiten untersucht bezüglich der Wirkung von fermentierten Mistelextrakten (Iscador) bezüglich der Überlebensdauer von Patienten mit Krebs. Gegen verschiedene Krebsarten wurde eine signifikante Wirkung gefunden. Die stärkste Wirkung zeigte die Mistel gegen den Gebärmutterhalskrebs, weniger stark gegen Lungenkrebs. Die Autoren zogen den Schluss, dass die Misteltherapie ein besseres Überleben der Krebskrankheit bewirken kann[109]. Dieses Resultat wurde von einer anderen gepolten Analyse 47 klinischer Studien bestätigt. Die Autoren regen an, dass sich zukünftige Studien auf ein transparentes Design und eine transparente Beschreibung der Endpunkte konzentrieren sollten, um einen besseren Einblick in die Misteltherapie zu erhalten, die von Kritikern häufig als unwirksam bezeichnet wird, obschon sie von Krebspatienten hoch geschätzt wird.

Diese Studien wurden erneut analysiert. Dabei zeigte sich, dass die in den veröffentlichten Daten gezeigten positiven Wirkungen, trotz unterschiedlicher Analysemethoden und unterschiedlicher Teilmengen, konsistent sind. Insgesamt überlebten nach diesen Studien wesentlich mehr Patienten die ersten 5 Jahre, wenn sie eine zusätzliche Misteltherapie mit Iscador erhalten hatten. Zudem besserte die Iscador-Therapie die „psychosomatische Selbstregulation“. Diese gilt als Mass für die seelische und körperliche Bewältigung der Krankheit[110].

Durch eine randomisiert kontrollierte Studie wurde nachgewiesen, dass Iscador klinisch eine positive Wirkung gegen Brustkrebs hatte, gemessen an der Überlebenszeit der Patientinnen und an der Latenzzeit, bei denjenigen, die an einem Rezidiv, oder an Lymphknoten- oder Fernmetastasen erkrankten und dass es den Patientinnen mit zusätzlicher Iscadortherapie seelisch und körperlich bedeutend besser ging[111].

Eine randomisierte und zwei nicht randomisierte Langzeitbeobachtungen zur Misteltherapie bei Gebärmutterhalskrebs mit 102 Patientinnen ohne Metastasen und 66 mit Metastasen, wurden Patientinnen mit Iscadortherapie mit Kontrollpatientinnen ohne diese verglichen. Für das Überleben wiesen die nicht randomisierten Studien eine signifikante Wirkung der Iscador-Therapie nach. Der seelische und körperliche Zustand (psychosomatische Selbstregulation) der Patientinnen verbesserte sich auch nach diesen Studien durch die Misteltherapie innert 12 Monaten signifikant. Die Autoren folgern daraus, dass die Misteltherapie bei Gebärmutterhalskrebs das Überleben der Patientinnen verlängert und den Allgemeinzustand deutlich verbessert[112].

Die Phytotherapie gegen Krebs ist eine grosse Hoffnung für eine erfolgreichere und weniger schädliche Krebstherapie. Pflanzen, deren Inhaltsstoffe Krebs bekämpfen gibt es in der Natur beinahe unbegrenzt. Durch deren weitere Erforschung können hoch wirksame Mittel gefunden werden mit nur geringen Nebenwirkungen.

Die Ordnungstherapie zur Verhütung und Behandlung von Krebs

Die Ordnungstherapie hat zum Ziel, alle Möglichkeiten zu nutzen, um die Ordnung im Organismus und im Immunsystem so gut wieder herzustellen und den Organismus so zu kräftigen, dass er dem sich ausbreitenden Chaos der Krebsgeschwulst Herr werden kann.

Hierzu gibt es folgende Therapieansätze:

- Das Beheben und Vermeiden der Ursachen
- Die Diät zur Bekämpfung von Krebs
- Die Lebensordnung
- Die antioxydative Therapie
- Die Phytotherapie
- Die Homöopathie

Das Beheben und Vermeiden der Ursachen

Mit dem Patienten gemeinsam suchen wir die Ursachen seiner Erkrankung, die in diesem Buch beschrieben sind. Die grösste Ursache ist oxydativer Stress und Schäden im Mikrobiom des Magen-Darm-Traktes und im Immunsystem durch die allgemein verbreitete Fehlernährung, Mangel an Sauerstoff und Bewegung, Belastung durch Pestizide, Schwermetalle, endogene und exogene Giftstoffe, Strahlenbelastungen im Haus und durch den Mobilfunk und das nächtliche Liegen auf Kreuzungsstellen der Hartmanngitter, elektromagnetische Belastungen durch elektrische Installationen beim Schlafplatz oder am Arbeitsplatz und seelische Traumen.

Durch sorgsames Zuhören kann der erfahrene Arzt schon vieles über mögliche Ursachen erfahren. Durch Labortests untersuchen wir den Zustand des Stoffwechsels und der Leber, die Spiegel der Vitamine A, D, E und $B_{12,}$ Die Spurenelemente Selen, Mangan und Zink. Wir suchen Schwermetallbelastungen durch die Serumspiegel von Aluminium, Arsen, Cadmium, Chrom, Nickel, Quecksilber und Zinn. In Zweifelsfällen führen wir eine Schwermetallausleitung mit Chelation (Dimaval), L Carnosin, und dem Vulkanerdepräparat Froximmun Toxaprevent durch und bestimmen die Schwermetalle im 24-Stunden-Urin. Wir erklären den Patienten die Diät, so dass wir sogleich damit beginnen können. Meistens ist eine hochdosierte antioxydative Infusionstherapie notwendig mit 1200 mg Glutathion, dann 15 g Vitamin C. Bei Patienten, welche eine Chemo- oder Radiotherapie hinter sich haben, ergänzen wir diese mit einer dritten Infusion mit 600 mg Alpha Liponsäure. Diese wirkt besonders gegen oxydative Schäden im Nervensystem. Oft sind die Schäden der Chemotherapie im Blutbild noch vorhanden. Erhalten sie täglich diese drei Infusionen, so normalisiert sich die Blutbildung in der Regel in wenigen Tagen. Zudem erhalten sie Coenzym Q 10 als Ubichinon und die antioxydativen Mittel zur oralen Einnahme. Die Serumspiegel der Vitamine A, C, D_3 und E sowie die Spiegel der Spurenelemente Zink und Selen bringen wir an die obere Grenze der Norm und den Eisenspiegel, gemessen am Ferritinspiegel, auf über 80 µg/l.

Von grosser Bedeutung ist die persönliche und die homöopathische Anamnese. Wenn die Patienten ihre Gefühle und

Empfindungen frei und möglichst unbeeinflusst durch die Fragen ausdrücken können, so tritt meistens das Grundgefühl der Krebskrankheit zu Tage, das Gefühl einer übermenschlichen Anstrengung gegen ein drohendes Chaos. Dieses Gefühl drückt sich immer auch in der Lebenssituation der Patienten aus. So lange dieses Gefühl da ist, zeigt es, dass die Bedrohung durch Krebs nicht überwunden ist. Dies entspricht dem Lebensgefühl, welches in Arzneimittelprüfungen der homöopathischen Arznei Carcinosinum zu Tage tritt. Carcinosin wird aus Gewebe mehrerer Krebsarten potenziert. Sorgsam erklären wir den Patienten den ganz anderen Therapieansatz der Naturheilkunde und zeigen ihnen die vielen Möglichkeiten auf, um dem Problem Krebs wirksam entgegenzutreten.

Die diätetische Therapie

Nicht nur in der Seele ist das Thema Chaos und Ordnung vorhanden. Dieser Kampf findet tief im Innern der Zellen statt. Auch alle Zellen des gesunden Menschen kämpfen ständig gegen ein drohendes Chaos an. Wir erinnern an den berühmten Satz aus Ilya Prigogines Rede zur Verleihung seines Nobelpeises: „We exist in direct proportion to the amount of Chaos, wie can sustain and dissipate. (Wir existieren in direkter Proportion zur Menge an Chaos, die wir aushalten und auflösen können.) Ordnung bedeutet Regeneration, Chaos bedeutet Degeneration. Dieser Kampf fängt an mit der Erhaltung des energetischen Potentials, das in den lebenden Zellen herrscht, in ihrem Gehalt an gespeicherten Photonen.

Das Problem der Nahrungsenergie

Die offiziell anerkannten Diätempfehlungen basieren auf einem Verständnis der Nahrungsenergie in Form reiner Wärmeenergie (Kalorien) und damit auf dem *ersten Hauptsatz der Thermodynamik*, der 1842 vom deutschen Arzt Julius Robert Mayer formuliert wurde. Er bildete 1847 die Grundlage für die Formulierung des Energieerhaltungsgesetzes von Hermann von Helmholtz. Dieses besagt, dass in einem geschlossenen System, bei allen mechanischen oder chemischen Prozessen, keine kalorische Energie verloren geht, sie bleibt erhalten.

1865 erkannte aber der deutsche Physiker Rudolf Clausius den Widerspruch des ersten Hauptsatzes zur Realität und formulierte den *zweiten Hauptsatz der Thermodynamik*, der besagt, dass wohl die thermische Energie in einem geschlossenen System nicht verloren geht, aber bei allen spontan ablaufenden, chemischen oder mechanischen Prozessen entsteht physikalisch gesehen Unordnung. Er nannte diese Unordnung Entropie und bewies damit, dass spontan ablaufende Prozesse nicht umkehrbar sind, so dass das Perpetuum mobile (ein Motor, der ohne Energiezufuhr läuft) nicht möglich ist.

Mit Clausius kam ein neues Verständnis der Qualität von Energien auf. Diese Erkenntnisse sind in die Wissenschaften der Chemie und Physik sofort aufgenommen worden, erstaunlicherweise aber bis heute nicht in die Medizin und die Ernährungswissenschaft. Maximilian Bircher-Benner hat dies in seiner 1905 in Berlin publizierten Ernährungslehre korrigiert und den zweiten Hauptsatz der Thermodynamik auf die Nahrungsenergie angewandt[113,114]. Damit bekamen die lebendigen Nahrungsmittel aus Pflanzen, welche über die Photosynthese verfügen, die höchste verfügbare Nahrungsenergie (vergleichen Sie hierzu das untenstehende Kapitel „Zweierlei Nahrungsenergie“). Bircher-Benners Verständnis der Nahrungsenergie nach ihrem qualitativen Wert, ist durch die neuen Forschungen der Biophysik, der Biophotonenforschung und der Molekularbiologie, in jeder Hinsicht bestätigt worden[115,116,117,118,119,120,121].

Die biophysikalische Qualität und Ordnung der Nahrungsmittel bildet die Basis der Diätetik, die diesem Buch zu Grunde liegt. Der erstaunliche Mangel des heutigen medizinischen Paradigmas an diesen Kenntnissen ist zum Beispiel der Grund, dass eine dauerhafte Heilung der Adipositas und des Diabetes des Typs 2, mit den allgemein üblichen Methoden reiner Kalorienreduktion, in der Regel nicht gelingt. Ganz anders sieht dies aus, wenn die in diesem Buch beschriebene Diät befolgt wird. Auch für die Verhütung und Heilung von Krebs sind diese Erkenntnisse von grosser Bedeutung.

Zweierlei Nahrungsenergie

Die Physiker unterscheiden zweierlei Energie, geordnete und chaotische Energie. Geordnete Energie speichert Information. Chaotische Energie kann nichts speichern. Wärmeenergie (Kalorien) ist chaotische Energie. Höchstgeordnete Energie ist das Sonnenlicht. Dessen komplexer Informationsgehalt gleicht einer grossen Symphonie. Hören wir eine Symphonie, so entsteht keine Wärme, aber sie vermittelt Informationen: ein hochgeordnetes Klanggebilde, das in uns präzise Empfindungen und Gefühle auslöst. Über seine komplexen Schwingungen vermittelt und ordnet das Sonnenlicht die genetisch vorgegebene Information, die für das Wachstum, die Differenzierung und Regeneration alles Lebendigen auf der Erde notwendig ist.

Ein grünes Blatt enthält rund hunderttausend Chlorophylltrichter. Der Trichter reflektiert das einfallende Licht hin zur Basis, wo zwei Chlorophyll-A-Moleküle, mit den Schwingungen der Sonnenlichtstrahlung synchron, in maximale Resonanz treten. Die Physiker nennen dies Kohärenz. Dabei werden die Wellen des Sonnenlichtes zu stehenden Wellen. Stehende Lichtwellen nennt man Photonen. Ihre Energie und damit die Information und Resonanz aus dem Sonnenlicht, durchströmt den ganzen Pflanzenkörper bis in die Wurzeln. Nur wenig davon wird als UV-Licht abgestrahlt, unsichtbar für unser Auge.

Alle lebendigen Zellen speichern in ihren Molekülen UV-Licht, ganz besonders in ringförmigen (aromatischen) Molekülen. Die weitaus stärkste Lichtspeicherung erfolgt aber in den Zellkernen, in der Doppelspirale der Erbsubstanz aus Desoxyribonukleinsäure (DNA). Diese Doppelspirale kann sich nach rechts oder nach links aufwinden oder sie kann kleeblattartige Ausstülpungen bilden, wobei sie ganz spezifische UV-Lichtspektren abstrahlt. Diese aufgewundene Doppelspirale der DNA dient als Hohlraumresonator für eine rhythmische Verstärkung des UV-Lichtes in den lebendigen Zellen. Die Verstärkung erfolgt nach dem LASER-Prinzip. Damit ein LASER zu arbeiten beginnt, muss er eine gewisse Basisenergie erhalten. Die Physiker nennen diese minimal notwendige Energie „LASER-Schwelle“. Forscher der internationalen Akademie für Biophotonenforschung haben in ihren Experimenten die LASER-Schwelle an pflanzlichen Zellgeweben gemessen[43].

Menschliche und tierische Zellen sind, genau wie die Pflanzen, Lichtgebilde, solange sie lebendig sind. Dies ist der Unterschied zwischen Leben und Tod. Auch sie speichern das Licht in ihrer Erbsubstanz, der Desoxyribonukleinsäure (DNA), als UV-Licht[40]. Aber uns fehlt die Fähigkeit zur Photosynthese und die direkte Sonnenbestrahlung der Haut genügt bei weitem nicht, um unsere Lichtspeicherung über der LASER-Schwelle zu halten.

Die Pflanzenzelle speichert die Photonen des Sonnenlichtes in ungeheurer Menge. Man konnte zeigen, dass die so genannte ultraschwache Zellstrahlung[41] eigentlich bloss eine Leckstrahlung ist, ein minimes Durchsickern des UV-Lichtes durch die Zellmembran. Messungen haben ergeben, dass die LASER-Amplifikation des Lichtes in der DNA 10^4-mal stärker ist als diejenige der besten technischen LASER-Geräte. So gleicht das Innere der Zellen einem gewaltigen Lichtraum. Man hat auch nachgewiesen, dass das Enzymsystem durch Licht 10^9-mal stärker aktiviert wird, als durch Wärme.

Unsere Photonenspeicherung muss täglich durch eine ausreichend grosse Menge an lebendigen, photonenhaltigen Nahrungsmitteln, an vegetabiler Frischkost, genährt werden.

Die Übertragung der Information der lebendigen Nahrungsmittel aus der Photosynthese auf unseren Organismus erfolgt, genau wie bei der Photosynthese, durch Informationsübertragung, durch Kohärenz. Dies bedeutet, dass unsere eigene Lebensempfindung, Lebensenergie und Lebensinformation, in den etwa 50 Billionen Zellen unseres Körpers, dadurch immer wieder erneuert und geordnet wird, dass sie bei der Übertragung der Photonen mit den Schwingungsmustern und der komplexen Information des Sonnenlichtes, in gemeinsame Resonanz treten.

Im Innern der Zellen bestehen ganz andere energetische Verhältnisse als in der unbelebten Natur. Die Biophysiker bezeichnen das Zellinnere als dissipatives System. Dissipative Systeme sind sich selbst ordnende Strukturen in Systemen, die fern vom thermodynamischen Gleichgewicht entstehen. Der Russisch-Belgische Forscher Ilya Prigogine hat für seine Arbeiten hierüber im Jahr 1977 den Nobelpreis erhalten.

Durch die intensive Photonenspeicherung ist die Energie im Zellinnern so weit vom thermodynamischen Gleichgewicht entfernt, dass der zweite Hauptsatz der Thermodynamik ungültig wird. Dadurch schlägt das Chaosprinzip, das ausserhalb alles Lebendigen gilt um, in ein ordnendes Prinzip. Prigogine nannte dies Kohärenzprinzip[49].

Fehlen die lebendigen Nahrungsmittel in unserer Nahrung, so vermindert sich der Photonengehalt in unseren Zellen. Der Lichtgehalt nimmt ab, bis die LASER-Schwelle unterschritten wird. Aus dem Ordnungsprinzip (Kohärenzprinzip nach Prigogine) verfallen die Zellen teilweise ins Chaosprinzip der Thermodynamik zurück und degenerieren.

Wir verstehen Krankheit als Verlust an Ordnung, Verlust an geordneter Information. Das Lebensprogramm gerät in Unordnung und durch den Mangel an lebendiger Nahrung kann es nicht mehr geordnet werden. Aus einer Vielzahl von Experimenten, die u.a. an der Universität Novosibirsk durchgeführt worden sind[122,123,124], geht hervor, dass die komplexen Vorgänge der Biochemie in unseren Zellen durch Information gesteuert sind. Bei Mangel an lebendiger Nahrung wird diese, durch die Gene der DNA vorgegebene Information, nicht mehr laufend erneuert und geordnet. Dadurch geraten die komplexen biochemischen Vorgänge unserer Zellen in Unordnung. Hier liegt die energetische Bedeutung der lebendigen pflanzlichen Frischkost (Rohkost): sie erneuert und kräftigt die ordnende Resonanz im biologischen System und verhindert dadurch dessen Degeneration.

Das Grundregulationssystem des zarten Bindegewebes (Matrix)

Im Körper sind alle Zellen der Organe in die Zwischenzellsubstanz des zarten Bindegewebes eingebettet. Dieses durchdringt alle Organe und Strukturen. Sie besteht aus einem dichten, molekularen Netzwerk (Matrix) aus Zucker-Eiweissmolekülen, die man Proteoglykane nennt und ist von einer reichhaltigen Flüssigkeit durchtränkt (Zwischenzellflüssigkeit). Das zarte Bindegewebe enthält spindelförmige Zellen, welche das Netzwerk der Zwischenzellsubstanz aufbauen und nach ihrer Notwendigkeit laufend anpassen. Die Blutkapillaren durchziehen diese Zwischenzellsubstanz mit ihrem Netzwerk, so auch die Nervenendigungen des vegetativen Nervensystems.

Ausserhalb des Gehirns und Rückenmarks sind die Kapillaren mit Absicht undicht. So können die Nährstoffe und Hormone des Blutes aus den Kapillaren in die Zwischenzellsubstanz hinaus austreten und durch das molekulare Netzwerk hindurch zu den Zellen gelangen. Dieses dient als Molekularsieb. Gleichzeitig ist es unser Leitungs- und Speichersystem für biologische Information, die Information in unserem lebendigen Organismus. Es gibt keinen direkten Kontakt der Blutkapillaren mit den Zellen unseres Körpers. Sie durchdringen die Zwischenzellsubstanz und machen dort ihre Schlaufe zu den abführenden Venen. Die Zwischenzellsubstanz wird durch das komplexe System der Lymphgefässe drainiert und in den Lymphknoten gereinigt. Dann wird sie als gereinigte Lymphe durch die grossen Lymphgefässe in das Venenblut zurückgeführt.

Die Nerven enden blind in der Zwischenzellsubstanz. Jede Information des Nervensystems zu den Zellen und von den Zellen zum Nervensystem, wird durch das molekulare Netzwerk der Proteoglykane hindurchgeleitet. Darum breitet sich jede Information immer im ganzen Körper aus: Das System reagiert immer als Ganzes, was sich zum Beispiel die Akupunktur zu Nutze macht. Dieses komplexe System ist unser „Grundregulationssystem“[125]. Alle Zellen unseres Körpers werden durch die Zwischenzellsubstanz und das Netzwerk aus Proteoglykanmolekülen hindurch mit biologischer Information, mit Hormonen, Nährstoffen und Sauerstoff versorgt.

Bei der allgemein verbreiteten Fehlernährung mit viel tierischem Eiweiss, Fett, mit industriell verkünstelter Nahrung, viel Zucker, Weissmehl, Kaffee und Alkohol, bilden sich durch anaerobe Fäulnisbakterien Toxine, die zusammen mit den sinnlos zugeführten Nährstoffen, über das Pfortadersystem in die Leber gelangen und diese massiv überfordern. Sie verschlacken auch die Zwischenzellsubstanz der Leber, so lange, bis die innersten Leberzellen der Leberläppchen zu Grunde gehen und durch Fettzellen ersetzt werden. So entsteht die Fettleber. Alles, was die Leber nicht entgiften und wasserlöslich machen kann, geht über die Gallengänge zurück in den Darm. Von dort bekommt sie es immer wieder zugewiesen, um wiederum zu versuchen, es zu entgiften. So zirkulieren die Fäulnistoxine, die überschüssigen Nahrungsstoffe und Stoffwechselschlacken, zwischen dem Darm und der Leber hin und her (Enterohepatischer Kreislauf). Dabei entstehen Hämorrhoiden durch Überlastung der Venen des Enddarmes, da diese mit dem Pfortadersystem verbunden sind.

Zudem fallen bei der allgemein verbreiteten Fehlernährung im Stoffwechsel Riesenmengen an organischen Säuren an, stark oxydierende Ketonsäuren und andere so genannte R.O.S. (reactive oxydative species). Diese überfordern unsere antioxydativen Systeme massiv (vergleichen Sie hierzu das Kapitel über den oxydativen Stress und seine Folgen). Oxydation bedeutet Degeneration. Durch Oxydation veränderte Eiweisse werden unlöslich und lagern sich als Amyloide überall, im ganzen Körper, in die Zwischenzellsubstanz ein. Die R.O.S. oxydieren das Cholesterin, das auf seinem Transport zu den Zellmembranen im Blut, innerhalb des LDL-Moleküls, durch ungesättigte Fettsäuren geschützt ist. Durch Oxydation wird es unlöslich und lagert sich in den Arterienwänden und im Herzen ein, an Stellen rascher Blutströmung (Fatty streaks). Dies geschieht als Beginn der Arteriosklerose heute schon in jungen Jahren.

Die durch die R.O.S. oxydierten Eiweisse werden unlöslich und lagern sich als Amyloide in die Netzstruktur der Zwischenzellsubstanz ein. Durch Einlagerung solcher β-Amyloide und TAU-Proteine in die Zwischenzellsubstanz des Gehirns entsteht die Alzheimerkrankheit, in den Arterienwänden die Arteriosklerose, der Herzinfarkt, der Hirnschlag, in den Venen die Krampfadern, in der Synoviaschicht der Gelenke die Arthritis, in den Knäuelchen der Nierenkapillaren (Glomerula) die Nephrose, bis hin zum diabetischen Nierenversagen, in der feinen, bindegewebigen Struktur der Knochen und Knorpel die Osteoporose und die Arthrose, in der Schilddrüse die Hashimoto oder die Basedowsche Entzündung, in den Augen das Glaukom, der graue und grüne Star, bis hin zur Erblindung durch die Degeneration der Netzhaut (Makuladegeneration). Bricht die Regulationsfähigkeit des biologischen Systems zusammen, so entsteht Krebs, da das Immunsystem die täglich entstehenden Krebszellen nicht mehr erkennen und eliminieren kann.

Jede degenerative Entartung von Molekülen erkennt das Immunsystem als fremd, so dass Autoimmunreaktionen hinzukommen, als missglückter Versuch des Immunsystems, die fremdartig erscheinenden Substanzen zu zerstören, so dass die degenerativen Phänomene, zusätzlich durch Autoimmunentzündungen, beschleunigt werden.

Zum System der Grundregulation gehört auch das Milieu im Innern des Darms mit dem immensen Ökosystem der Darmflora. Wir haben gesehen, dass Autoimmunprozesse durch ein krankes Milieu im Darm und eine entartete Darmflora begünstigt werden, weil die Immunzellen unter solchen Bedingungen die notwendige Immunkompetenz nur mangelhaft erwerben können, um Fremd und Eigen, Nützliches von Schädlichem zu unterscheiden. Ein krankes Milieu im Darm ist ein riesiges Störfeld, das im ganzen Organismus die Grundregulation stark beeinträchtigt.

Oxydativer Stress im Zentrum der Ursachen degenerativer Krankheiten, Demenz und Krebs

Oxydativer Stress steht im Zentrum der Ursachen degenerativer Krankheiten, Demenz und Krebs. Durch ungeeignete Ernährung, durch Reizmittel, Umweltbelastungen und ungeordnete Lebensweise, ionisierende, UV-A- und elektromagnetische Strahlung, häufige hohe Blutzuckerspiegel und Verzuckerung, sowie Versalzung der Gewebe erleidet der Organismus oxydativen Stress. Dabei entsteht eine Stoffwechsellage, bei der eine das physiologische Ausmass überschreitende Menge an reaktiven Sauerstoffverbindungen (R.O.S. = reactive oxygen species) anfällt. Diese hochreaktiven oxydierenden Substanzen sind Moleküle mit mindestens einem ungesättigten Elektronenpaar, wodurch sie besonders reaktiv sind. Sie entstehen in den Mitochondrien, den die Glukose abbauenden „Kraftwerken" der Zellen, durch Elektronenübertragungen und das Enzym Cytochrom P 450-Oxydase. Dabei bilden sich das Superoxydanionenradikal (O_2^-), Wasserstoffsuperoxid (H_2O_2), das Hydroxydradikal (OH*) und Nitroxygen (NO*).

Gesunde Zellen können dadurch, dass sie neutralisierende Substanzen bereithalten, diese hochreaktiven Sauerstoffverbindungen neutralisieren. Die wichtigste antioxydative Substanz, die der Körper hierfür bereitstellt, ist Glutathion, ein Peptid, das er aus den drei Aminosäuren Glutaminsäure, Cystein und Glycin herstellt. Weitere wichtige Antioxidantien sind Ubichinon (aktiviertes Coenzym Q 10), die Vitamine A, C und E sowie Selen und eine Vielzahl bioaktiver sekundärer Pflanzenstoffe aus vegetabiler Nahrung.

Bei oxydativem Stress im Stoffwechsel sind diese Reserven erschöpft. Dann kann oxydiertes Glutathion nicht mehr genügend in seine aktive, reduzierte Form zurückverwandelt werden, da auch das Enzym Glutathionreduktase erschöpft ist, wie auch andere Entgiftungsenzyme, so die Peroxyddismutase und die Katalase. Dadurch bleiben die hochreaktiven Oxydantien (R.O.S.) im Stoffwechsel liegen und beschädigen grosse Moleküle (Makromoleküle) in- und ausserhalb der Zellen.

Dies hat gefährliche Folgen. Die ungesättigten Fettsäuren der Zellmembranen werden oxydiert (Lipidperoxydation), was zum Untergang von Mitochondrien führt, so dass die Zellen sich erschöpfen, und viel mehr Energie aufwenden müssen zur Erhaltung ihres elektrischen Membranpotentials. Hinzu kommt die Beschädigung der lipidhaltigen Myelinscheiden der rasch leitenden Nervenfasern im Gehirn und Rückenmark und in den Nerven ausserhalb des zentralen Nervensystems durch die Lipidperoxydation. Hinzu kommt weiterhin die Beschädigung von Eiweissen (Proteinperoxydation) und der Erbsubstanz (DNA-Peroxydation), was zur Spaltung der DNA-Moleküle der Erbsubstanz (Genmutationen) und dadurch zur Umwandlung gesunder Zellen zu Tumor- oder Krebszellen führt.

Besteht oxydativer Stress, so bedeutet dies, dass sich der Organismus in einem vorzeitigen Alterungsprozess befindet, der die Lebenserwartung arg beeinträchtigt. Im Traubenzuckerabbau (Glukoseabbau in der so genannten Atmungskette der Mitochondrien) entsteht im gesunden Zustand als Endprodukt Wasser. In etwa 2 % geschehen dabei Fehler, so dass z.B. ein Sauerstoffatom sich mit nur einem, statt mit zwei Wasserstoffatomen verbindet. Dadurch entsteht immer ein hochreaktives Spaltprodukt des Wassers, das Hydroxidradikal (OH*). Dieses freie Radikal ist so reaktiv, da das Sauerstoffatom des OH*-Radikals mit grosser Kraft nach einem zusätzlichen Elektron aus irgendeinem anderen Molekül sucht. Weitere Radikale sind das Stickoxydradikal (NO*), das Chloridradikal (Cl*), das Bromradikal (Br*) u.a.

Die Bedeutung der freien Radikale liegt derzeit in grossem wissenschaftlichem Interesse im Zusammenhang mit der Erforschung der Ursachen verschiedener degenerativer Krankheiten und besonders neurodegenerativer Krankheiten, wie der Alzheimerkrankheit (AD), der multiplen Sklerose (MS), der amyotrophischen Lateralsklerose (ALS), der Chorea Huntigton, der Parkinsonschen Krankheit, der diabetischen Neuropathie und der Entartung zu Krebs. Oxydativer Stress erhöht die Mutationsrate bedeutend und damit die Wahrscheinlichkeit, dass Mutationen für die Krebsentstehung entscheidende Gene treffen, so genannte Onkogene, so dass Krebszellen entstehen.

Reaktive Sauerstoffspezies (ROS) entstehen als Folge von Stoffwechselreaktionen in den Mitochondrien, der Kraftwerke der Zellen. Krebszellen haben einen beschleunigten Stoffwechsel und sind, im Vergleich zu gesunden Zellen, wesentlich resistenter gegen ROS. Diese Resistenz kommt durch alternative Wege des Glukoseabbaus zustande, mit welchen wesentlich geringere Mengen an reaktiven Sauerstoffprodukten (ROS) entstehen, ohne dass dadurch die energetische Versorgung der Krebszellen beeinträchtigt wird. Das wichtigste Beispiel hierfür ist der so genannte Warburg Effekt, der anaerobe Glukoseabbau im Pentosephosphatzyklus, welcher der Krebszelle erlaubt, die Glukose ohne Sauerstoff zu Milchsäure abzubauen. Darum vertragen Krebszellen Sauerstoffmangel viel besser als gesunde Körperzellen. Die vegetabile Rohkostdiät erhöht die Sauerstoffspannung im Blut sehr stark, da sie bewirkt, dass die Membranen der roten Blutkörperchen wieder elastisch werden, so dass sie sich beim Durchgang durch die Kapillaren einrollen können. Durch dieses Einrollen nehmen sie in den Lungen viel mehr Sauerstoff auf und geben im ganzen Körper mehr Sauerstoff ab, so dass die Sauerstoffspannung im arteriellen Blut und in den Geweben sich an 100 % nähert. Dies begünstigt die gesunden Zellen gegenüber den Krebszellen ganz wesentlich.

Die Resistenz von Krebszellen gegen oxydativen Stress (ROS) wird auf eine kleine Anzahl Proteine des Komplementsystems (CDC) zurückgeführt. Diese vermindern im Tumor die Bildung reaktiver Sauerstoffspezies, verhindern, dass die Glukose aerob abgebaut wird und fördern den anaeroben Glukoseabbau zu Milchsäure im Pentosephosphatzyklus. Die meisten radio- und chemotherapeutischen Behandlungen erzeugen massiven oxydativen Stress, so dass auch in den Tumorzellen grosse Mengen an reaktiven Sauerstoffspezies (ROS-Induktion) entstehen, welche die Tumorzellen schädigen, leider aber auch die gesunden Körperzellen.

In verschiedenen Arten von Krebsgeschwülsten ist die Produktion reaktiver Sauerstoffspezies (ROS) erhöht und diese spielen mehrere Rollen. Sie bewirken weitere Mutationen in der Erbsubstanz der Tumorzellen, genetische Instabilität und können Signale aktivieren, welche die Vermehrung der Tumorzellen und die Erzeugung neuer Krebszellen fördern. Reaktive Sauerstoffspezies können aber auch im Gegenteil die Signalübertragung zur Bekämpfung der Krebszellen und durch den oxidativen Stress den programmierten Tod (Apoptose) der Tumorzellen auslösen. Tumorzellen erzeugen mehr antioxidative Proteine als gesunde Körperzellen, um reaktive Sauerstoffspezies (ROS) zu entgiften und gleichzeitig die krebserzeugende Signalübertragung und die Resistenz gegen den Zelltod aufrechtzuerhalten.

Tumorzellen haben ein anderes Redoxgleichgewicht als gesunde Zellen. Die Krebstherapie zielt darauf hin, die ROS-Signalwege der Krebszellen zu manipulieren, so dass sie Schaden nehmen[126,127,128,129,130].

Das Integralgesetz der Nahrung[131]

Die von der Natur vorgegebenen pflanzlichen Nahrungsmittel entsprechen in der Zusammensetzung ihrer Inhaltsstoffe am genauesten dem biologisch vorgegebenen Bedarf. Dabei muss beachtet werden, dass die verschiedenen Teile der Pflanzen, die Blüten, Früchte, Kerne, Nüsse, Blätter, Stiele und Wurzeln unterschiedliche Inhaltsstoffe haben. Manche Pflanzen schützen sich durch Toxine vor dem Tierfrass. Toxische Anteile müssen gemieden werden. Berücksichtigt man dies, so wird man der Forderung nach einer Nahrungsökonomie am ehesten gerecht, wenn man die Pflanze als Integral betrachtet und in seiner Ernährung alle Anteile berücksichtigt.

Die Lebendigkeit der Nahrung

Wie wir gesehen haben, ist ein hohes Energiepotential, ein hoher Anteil an lebendiger Nahrung aus Pflanzen, welche zur Photosynthese fähig sind, wegen ihrer regenerativen Wirkung durch den hohen Gehalt an gespeicherten Photonen, der komplexen, das biologische System ordnenden Information aus dem Sonnenlicht, von grösster Bedeutung zur Bekämpfung aller degenerativen Krankheiten und Krebs. Zur Heilung von Krebs, Hautkrankheiten, Adipositas und ihrer Folgekrankheiten ist ein hoher Anteil an lebendiger, vegetabiler Frischkost (Rohkost) von mindestens 70 % und am Anfang jeder Mahlzeit genossen, entscheidend. Dabei muss das Vitamin B12 ergänzt werden, das in Pflanzen nicht vorkommt. Ist die Krankheit tief eingedrungen und sind Autoimmunphänomene beteiligt, so ist eine reine Rohkostdiät aus lebendigen Vegetabilien, Pflanzenmilch und Nüssen, über mehrere Monate, am wirksamsten. Sie enthält auch die Pflanzenstoffe mit pharmakologischer Wirkung, die so genannten sekundären Pflanzenstoffe (Phytochemicals), in reinster Form.

Die Bedeutung der Nahrungsökonomie[132]

Maximilian Bircher-Benner führte diesen Begriff in die Ernährungswissenschaft ein. Er bedeutet, dass die Nahrung in ihrer molekularen Zusammensetzung dem Bedarf des Organismus möglichst genau entsprechen muss. Ist dies nicht der Fall, steigert sich der Appetit und entsteht trotz grosser Nahrungsmenge ein Mangel an gewissen Nährstoffen.

Der Stoffwechsel ist erstaunlich leistungsfähig. In den Leberzellen ist er zudem um ein Vielfaches gesteigert. Dennoch hat seine Leistungsfähigkeit ihre Grenzen. Sind diese erreicht, so können die sinnlos zugeführten Nährstoffe nicht mehr ausgeschieden werden und bleiben im zarten Bindegewebe (Matrix) liegen, das wie ein Nährboden den ganzen Körper durchdringt. Durch die allgemeine Übersäuerung und den oxydativen Stress, werden sie in unlösliche Formen verwandelt und lagern sich überall im Körper um die Kapillaren herum ab, als organische Säuren und degenerative Eiweisse (Amyloide). Diese Einlagerungen sind auch an der Beschaffenheit der Haut und des Unterhautfettgewebes als knotige Ablagerungen sichtbar, landläufig als „Zellulitis“ bezeichnet. Durch diese Einlagerungen entsteht auch eine Resistenz gegen Insulin und die anderen Hormone, welche den Appetit und den Energiehaushalt regulieren, was zu unkontrollierter Gewichtszunahme und Diabetes des Typs II führt.

Nahrungsökonomie bedeutet, dass die Ernährung in ihrer Zusammensetzung dem Bedarf unserer Biologie genau entsprechen muss, so dass nichts zu viel und nichts zu wenig zugeführt wird. Der Körper braucht sehr wenig Nahrung, aber deren Zusammensetzung muss möglichst genau auf den biologisch vorgegebenen Bedarf abgestimmt sein. Ein Übermass an sinnlos zugeführten Nahrungsstoffen kann unser biologisches System nicht bewältigen. Dies erzeugt die ganzen „Zivilisationskrankheiten“, die unsere Spitäler und Arztpraxen füllen.

Die Nahrungsökonomie und die Nahrungsenergie sind für die Gesunderhaltung der komplexen Zwischenzellsubstanz und unseres Grundregulationssystems entscheidend, sowohl im Körper, in der Haut, als auch im zentralen Nervensystem, jenseits der Blut-Hirn-Schranke. Sinnlos und im Übermass zugeführte Nährstoffe und Giftstoffe aus einem kranken, überlasteten, übersäuerten Stoffwechsel und einem kranken Milieu in Magen und Darm, können nicht bewältigt, nicht ausgeschieden werden. Darum bleiben sie, wie schon gesagt, als degenerative Stoffwechselschlacken im komplexen System der Zwischenzellsubstanz liegen. Dort behindern sie nach und nach den lebenswichtigen Austausch an Stoffen, Gasen sowie die Speicherung und den Fluss der biologischen Information. Die Zwischenzellsubstanz, auch Matrix genannt, ist der Ort, wo die ganze Morbidität des „zivilisierten Menschen“, seine „Zivilisationskrankheiten“, entstehen.

Sekundäre Pflanzenstoffe (Phytochemicals)

Nur in Pflanzen gibt es bioaktive chemische Stoffe mit natürlicher, pharmakologischer Wirkung. Für die Verhütung und Heilung von Krebs und die Schäden durch die allgemein üblichen Krebstherapien, sind diejenigen mit antiinfektiöser, antioxydativer, immunsteigernder, immunmodulierender und Krebs bekämpfender Wirkung besonders wichtig.

Nahrungsmittel gegen Krebs

Krebs ist kein Zufall. Wissenschaftlich anerkannt ist, dass bestimmte Ernährungsfaktoren Krebs begünstigen und ihn in Tierexperimenten auslösen. Bei Übergewicht ist das Krebsrisiko erhöht. Nitrite aus gepökeltem Fleisch und gespritzten Wintergemüsen fördern Magenkrebs. Alkohol und reichliche tierische Nahrung fördert Brustkrebs, Prostatakrebs und Dickdarmkrebs. Eiweissreiche und an tierischen Fetten reiche Nahrung, sowie Kaffee, fördern Bauchspeicheldrüsenkrebs. Bei regelmässigem Alkoholkonsum, auch in moderater Menge, ist das Risiko für Mund- und Speiseröhrenkrebs deutlich erhöht. Aflatoxine aus angegrauten Nüssen erhöhen das Risiko, an einem Leberzellkrebs zu erkranken. Kaffee fördert Blasenkrebs.

Wichtig ist auch zu wissen, dass Vegetarier nur halb so oft an Krebs erkranken wie Omnivoren[133]. Ganz besonders vor Krebs schützende Nahrungsmittel sind: *Brokkoli, Grünkohl, Karotten, Tomaten, Vollweizen, Vollgerste, frische Sojabohnen, Aprikosen, Zitronen, Knoblauch, Zwiebeln und Leinsamen, alle möglichst in rohem Zustand*. Etwas weniger stark, aber dennoch entscheidend kräftig wirken aber auch *alle anderen Gemüse und Früchte* gegen Krebs[134,135,136]. *Die Vitamine A, C, D und E und die Spurenelemente Selen und Zink* sind für den Krebsschutz ganz wichtig. Die Werte müssen in den oberen Normbereich gebracht werden. *Die so genannten Ballaststoffe* der Pflanzennahrung binden im Darm krebserregende Substanzen an sich, so dass sie durch den Stuhl ausgeschieden werden. Sie vermindern wirksam deren Aufnahme ins Blut. *Die Rohkostdiät erhöht den Sauerstoffgehalt* aller Gewebe, was Krebszellen, gegenüber gesunden Zellen, benachteiligt. Fette sind zu vermeiden und durch hochwertige ungesättigte Pflanzenöle zu ersetzen.

Bei Krebsgefahr oder Krebs ist das Immunsystem erschöpft. Der informierte Arzt erkennt dies am Blutbild, an zu tiefen Lymphozyten im Verhältnis zu erhöhter Zahl der neutrophilen Granulozyten. Dabei ist die Bildung der Lymphzellen der Th1-Schiene erschöpft. Hier ist es wichtig, das einfach ungesättigte Olivenöl mit viel frischem *Leinöl (Omega 3)* zu kombinieren, um die Lymphozyten der Th2-Schiene dazu zu veranlassen, die Aktivität der Zellen der Th1-Zellbildung zu mässigen, damit sich das Immunsystem erholen kann (Immunmodulation). Die *Phytinsäure der Hülsenfrüchte und Getreide* stimuliert ebenfalls die Aktivität der Killerzellen und wirkt dadurch stimulierend auf das Immunsystem. *Knoblauch und Zwiebeln* modulieren das Immunsystem in idealer Weise, indem sie es kräftigen und gleichzeitig entzündungshemmend wirken. Dies alles zu beachten ist für die Verhütung und Bekämpfung der verschiedenen Arten von Krebs von grosser Bedeutung. Im Bircher-Benner Handbuch Nr. 4: „Frischsäfte, Rohkost und Früchtespeisen“ und im Anhang dieses Buches, finden Sie Nahrungsmitteltabellen zu diesen Wirkungen.

Zur Ernährung und dem schwarzen Hautkrebs, dem Melanokarzinom sind in letzter Zeit besonders viele epidemiologische und experimentelle Forschungsresultate publiziert worden, welche bedeutende Erkenntnisse über die Zusammenhänge zwischen der Ernährung und dem Risiko an einem Melanokarzinom zu erkranken gebracht haben[137]. Die Bedeutung der mehrfach ungesättigten Fettsäuren, Niacin/Nikotinamid, Folsäure und Vitamin D für das Entstehen von Melanomen sind derzeit noch umstritten. *Alkohol* erhöht das Risiko. In einer gross angelegten Studie (D.I.E.T.-Projekt) wird derzeit versucht, die beste Diät gegen Krebs zu ermitteln. Besonderes Augenmerk wird dabei auf den Einfluss der Ernährung auf das Mikrobiom des Darms gelegt und auf dessen Einfluss auf das Immunsystem[138,139].

Der Insulin-ähnliche Wachstumsfaktor I (IGF-I) reguliert die Zellvermehrung und den Zelluntergang (Apoptose). Man vermutet, dass er bei der Tumorentwicklung eine Rolle spielt. In prospektiven Studien wurde gezeigt, dass eine hohe Konzentration an IGF-I im Blut mit einem höheren Risiko für Brust- und Prostatakrebs verbunden ist. Für das Melanokarzinom wurde dies in einer internationalen randomisierten Studie an 520 000 Teilnehmern aus 10 europäischen Ländern untersucht und konnte nicht bestätigt werden[140]. Die grosse Bedeutung eines gesunden Milieus im Darm und einer *gesunden Darmflora (Mikrobiom)* für die Verhütung von Krebs ist heute wissenschaftlich anerkannt[141,142,143,144].

Eine Grossuntersuchung in Norditalien zeigte, dass Melanompatienten besonders viel Brot und Teigwaren aus raffiniertem Auszugsmehl und Zucker gegessen hatten und bedeutend weniger Hülsenfrüchte, Olivenöl und Eier[145]. *Adipositas erhöht das Risiko* an einem Melanokarzinom zu erkranken[146,147,148]. Ein *hoher Gehalt an Antioxydantien*, wie Vitamin C, Vitamin E, gewisse Flavonoide, Carotenoide, besonders β-Caroten, Proanthocyanidine aus blauen Beeren, Auberginen, Lycopin und Lutein aus frischen Früchten und Gemüsen und Selen aus Nüssen bewirken einen hohen Schutz der Haut gegen die UV-A-Strahlung des Sonnenlichtes, welche für das Entstehen des Melanoms von Bedeutung ist[149,150,151].

Eine *fettreiche Ernährung* verstärkt das Wachstum des Melanokarzinoms. Durch den metabolischen Stress, den das Fett aus der Nahrung erzeugt, wird auch das Wachstum von Knochenmetastasen des Melanoms verstärkt, indem die Fettzellen des Knochenmarks sich vermehren und durch IL-6-JAK2-Osteopontin, sowohl das Wachstum der Tumorzellen, als auch der knochenabbauenden Zellen (Osteoklasten), aktiviert wird[152].

Eine Reduktion des Eiweisses in der Nahrung und der Gesamtmenge der Mahlzeiten verlangsamt das Wachstum verschiedener Krebsarten. Fütterte man Mäuse mit der gleichen Menge an Nahrungskalorien, wie eine Gruppe von Vergleichstieren, die eine eiweissarme Diät erhielten, so verlangsamte die eiweissarme Diät das Wachstum bei drei Krebsarten. Die Proteinarme Diät aktiviert in den Tumorzellen so genannte VIRE1α- und RIG1-Signale, so dass sie mehr ungefaltete Eiweisse herstellen. Dies bewirkt, dass Zytokine gebildet werden, die gegen den Tumor wirksam sind. Die Wissenschaftler schliessen daraus, dass eine eiweissarme Diät die Aktivität von CD-8 Suppressorzellen gegen den Tumor verstärkt[153].

Fasten bewirkt, dass Tumoren gegenüber einer Chemotherapie empfindlicher sind und schützt gleichzeitig die normalen Zellen gegen deren destruktive Wirkung, so dass auch die blutbildenden Stamm- und Immunzellen die Chemotherapie besser überleben. Zudem erhöht das Fasten die Aktivität der zytotoxischen, den Tumorinfiltrierenden CD-8 (+)-Lymphozyten (Killerzellen), welche die Tumorzellen angreifen. Beim Melanokarzinom bewirkt dies eine starke Verlangsamung des Wachstums[154,155]. All diese wissenschaftlichen Untersuchungen bestätigen die enorme Bedeutung der Ernährung für die Verhütung und Heilung maligner Tumoren.

Nahrungsmittel zur Bekämpfung der Infektionskrankheiten

Zur Immunschwäche als Ursache der Krebskrankheit gesellt sich oft auch eine vermehrte Anfälligkeit für Infektionen, besonders nach einer Chemo- oder Radiotherapie. Antimikrobiell (antibiotisch) und zwar auch gegen Viren, wirken ganz besonders *Knoblauch, Kresse, Senf, Meerrettich, Vollgetreide, Tomaten, frisches Obst und Gemüse.* Wir verweisen hier auf das Bircher-Benner Handbuch Nr. 5: „Zur Steigerung der Abwehrkräfte gegen Infektionen."

Nahrungsmittel zur Kräftigung und Modulation des Immunsystems

Ein erschöpftes Immunsystem erhöht das Risiko für Krebs. Dagegen kann mit der *vegetabilen Frischkostdiät* kräftig entgegengewirkt werden. Eine Mangelernährung oder die allgemein verbreitete Fehlernährung mit viel tierischem Fett und Eiweiss, schwächt das Immunsystem. *Die Carotinoide, besonders β-Carotin aus rohen Früchten und Gemüsen,* stimulieren die Vermehrung der Monozyten und Makrophagen (Fresszellen), die Bildung von Zytokinen, Tumor-Nekrosefaktor-α und Interleukin 1-β. β-Carotin erhöht auch die im Blut zirkulierenden natürlichen Killerzellen. Auch die *Vitamine A, C und D* stimulieren das Immunsystem. Die *Flavonoide Quercetin und Tangeretin der Früchte und Gemüse* modulieren das Immunsystem eher im Sinne einer vorübergehenden Dämpfung und wirken dadurch sowohl der Erschöpfung des Immnsystems, als auch allergischen Reaktionen und Autoimmunkrankheiten entgegen. Gewisse Flavonoide hemmen auch die Prostaglandinbildung. Die Sulfide von *Knoblauch und Zwiebeln* wirken stark stimulierend auf die Immunabwehr, sowohl gegen Krebs, als auch gegen Infektionen.

Die Lebensordnung

Unser Leben ist eingebettet in den Tag-Nachrhythmus der Natur. Die hormonelle Regulation richtet sich nach dem Sonnenstand. Auch die Jahreszeit beeinflusst unser Sein. Im Frühling ist die Stoffwechselaktivität gesteigert. Da ist alles auf Erneuerung eingestellt, auf Regeneration. Ist der Stoffwechsel überlastet und ist die Zwischenzellsubstanz angefüllt mit sauren Stoffwechselschlacken und Amyloiden (degenerativ veränderten Eiweissen), so fehlt uns im Frühling die Aufbruchsstimmung und die frische Lebenslust und wir sprechen von Frühlingsmüdigkeit. Im Sommer sind wir offen für alles Neue, für andere Menschen, da ist das Herz und ist der Kreislauf gefordert. In der Erntezeit, im Herbst werden wir ruhiger, nachdenklicher und wir suchen auch nach mehr Ruhe. Im Winter suchen wir Geborgenheit und nach inneren Werten. Menschen, welche die Verbundenheit mit der Natur und ihrem eigenen Leben verloren haben, können das alles nicht mehr erleben. Sie bleiben das ganze Jahr über in Anspannung und sinnloser Hektik. Noch findet man die Weisheit der Jahreszeiten in alten

Volksfesten. Sie stammen aus einer Zeit, als die Menschen diese Werte noch lebten.

Sinnlose Hast durch die Jagd nach vermeintlichem Wohlstand raubt vielen Menschen die Ruhe, erlaubt keine Besinnung auf andere, auf sich selbst. Oft sprachen die Menschen in der Sprechstunde von Liebe. Dann stellte sich immer die Frage, was denn Liebe eigentlich ist. Sie gaben die verschiedensten Antworten und niemand wusste, was Liebe denn eigentlich ist. Einst schrieb der deutsche Dichter Matthias Claudius: „Wir sind nicht dort zu Hause, wo unser Domizil ist, wir sind dort zu Hause, wo wir verstanden werden". So wurde es allmählich klar: Liebe kann nur eines sein: Wir lieben, wenn wir verstehen und wir sind geliebt, wenn wir verstanden werden, mehr bedarf es nicht.

Viele Menschen werden nicht verstanden, leiden unter Ungerechtigkeiten, werden benachteiligt, werden gekränkt. Doch am unglücklichsten waren immer die ganz Reichen. Voller Ängste horteten sie ihr Geld, als Ersatz für verpasstes Leben. Sie konnten sich alles leisten, teuerste Restaurants, Hotels, Reisen, Autos, Jachten und Häuser und doch hatten sie nie genug. Schwer ist es, in dieser Welt eine Gerechtigkeit zu finden. Wann man aber den Menschen gut zuhört, so gibt es doch eine Gerechtigkeit: nicht die Reichen, nicht die Berühmten, nicht die Erfolgreichen die wir kennen lernen durften, waren glücklich. Glücklich waren diejenigen, die nur wenig hatten, gerade genug für ein einfaches Leben und die bereit waren die Not anderer zu sehen und ihnen zu helfen. Das Leben hatte ihnen gelehrt, andere zu verstehen, dadurch wurden sie glücklich.

Oft ist es am schwierigsten, sich selber zu verstehen. Eingespannt in die Hektik übernommener Vorstellungen von vorgegaukeltem Glück und Wohlstand, in der Hast nach vermeintlichem Glück, das sich doch nie erfüllt. Viele Menschen leben gefangen in einem Spinnennetz von Beziehungen und Ex-Beziehungen, in Hass und Schuldgefühlen. Wenn wir unsere Schuldgefühle verdrängen, wandeln sie sich um zu Hass und Neid auf jene, die uns ethisch überlegen sind. Schliesslich wurde in den Jahrzehnten ärztlicher Sprechstunde eines klar: Im Grunde haben alle Menschen, ob reich, ob arm, nur zwei tiefe Bedürfnisse: das Bedürfnis nach Sicherheit und das Bedürfnis, verstanden sein. Mehr bedarf es nicht.

Und plötzlich kommt der Krebs, raubt uns die Sicherheit. Warum gerade ich? Alles sieht jetzt anders aus. Bisherige Werte werden sinnlos. Wie kann uns jemand trösten, der selber nicht in Lebensgefahr ist? Unvorstellbar, Abschied nehmen zu müssen von denen die uns lieb haben, die uns verstehen. Dann ist nur eines wichtig: Überleben, wieder gesund werden. Noch ist das Leben nicht abgeschlossen, noch ist es nicht erfüllt. Plötzlich erscheint so Vieles sinnlos, woran wir glaubten. Nun gewinnt das Leben ganz neue Werte und es beginnt ein übermenschlicher Kampf gegen das drohende Chaos, ein Kampf für das Überleben. Zur Ordnungstherapie gehört, dass wir unsere Beziehungen neu ordnen, dass wir zu neuer Einfachheit und zu einem neuen, gesunden Verhältnis zur Zeit finden können, so dass wir nun endlich für andere und für uns selbst Zeit haben, dass wir uns zurücknehmen können und anderen verzeihen. Damit wird viel Energie frei, die wir nötig haben, für die Heilung unserer Krankheit.

Die Wissenschaft der Chronobiologie untersuchte die Rhythmen des Menschen. Der Tag-Nacht-Rhythmus steuert die täglichen Funktionen unseres Seins. Er richtet sich nach der inneren Uhr, nach dem Sonnenstand. Rhythmen, die länger als eine Woche dauern, oft mehrere Wochen, bei denen sich Symptome immer wieder melden, zeigen an, dass eine chronische Krankheit am Entstehen ist. Ein Wochenrhythmus zeigt dagegen an, dass die Heilung in Gang gekommen ist. Regelmässig erscheint die Wochenrhythmik bei unseren Frischsaftdiätkuren, mit einer Krise um den dritten Tag und besonderem Wohlbefinden um den siebten Tag.

Die Menschen sind Opfer sinnloser Hektik geworden. Sie haben den heilenden Wochenrhythmus verlernt, den die Babylonier mit dem Sonntag als Ruhetag eingeführt hatten. Will man Krebs heilen oder verhüten, so ist es ganz wichtig, einen geordneten Tages- und Wochenrhythmus einzuführen und damit aufzuhören, die Nacht zum Tag zu machen. Der erholende, der tiefe NON-REM Schlaf, findet fast nur vor Mitternacht statt. Dabei gibt es fast keine Träume. In der zweiten Hälfte der Nacht, im REM-Schlaf, sind wir unruhig und träumen intensiv, auch wenn wir uns nicht immer daran erinnern. Während des Träumens sind wir teilweise gelähmt, ausser den Augen und der Atmung, damit wir nicht nachtwandeln. Der REM-Schlaf dient der seelischen Verarbeitung dessen, was wir erlebt haben und der Vertiefung der Erinnerung dessen, was wir soeben gelernt haben. Er ist notwendig zur Erhaltung der seelischen Gesundheit.

Schlaf kann durch nichts anderes ersetzt werden. Während eines gesunden Schlafs schüttet die Zirbeldrüse (Epiphyse) das Hormon Melatonin aus. Melatonin ist ein natürliches Indoleamin mit vielfältiger Wirkung. Es reguliert den zirkadianen Rhythmus. In einer Vielzahl von wissenschaftlichen Arbeiten wurde eine starke Wirkung von Melatonin gegen viele Krebsarten nachgewiesen. Melatonin stört viele Fähigkeiten der Krebszellen[156]. Melatonin hemmt Krebsgeschwülste in allen Phasen ihrer Ausbreitung, in der Initiations-, Progressions- und Metastasierungsphase, durch Wirkungen auf Membranrezeptoren der Krebszellen. Aber es greift auch tiefer in das Krebsgeschehen ein. Am Anfang entdeckte man seine Wirkung gegen Brustkrebs. Dann wurde nachgewiesen, dass es auch bei vielen anderen Arten von Krebs das Tumorwachstum hemmt. Hinzu kommt, dass das Melatonin die Wirkung der üblichen Krebstherapien verbessert. Krebserkrankungen, die zuvor völlig resistent gegen diese waren, wurden durch eine zusätzliche Gabe von Melatonin empfindlich, ohne dass die Art der Therapie geändert wurde. Melatonin hindert Krebszellen auch daran, in das Gefässsystem einzudringen und hemmt dadurch die Bildung von Metastasen. Weiter wurde nachgewiesen, dass Melatonin die toxischen Folgen der Chemotherapie vermindert, bei gleichzeitiger Verbesserung der Wirksamkeit. Darum wird dieses Hormon zunehmend zusätzlich zur Chemotherapie gegeben[157,158,159]. In Tierversuchen wurde nachgewiesen, dass eine nächtliche Beleuchtung mit künstlichem Licht das Fortschreiten von Krebsgeschwülsten fördert[160]. Krebszellen mögen keine Dunkelheit. Wer die Nacht zum Tag macht, unterdrückt die Produktion von Melatonin und fördert dadurch das Entstehen und die Ausbreitung von Krebs. Auch die Einnahme von Schlafmitteln unterdrückt die Produktion des Melatonins und fördert dadurch das Entstehen und die Ausbreitung von Krebs.

Schlaf ist essentiell für unsere Gesundheit. Damit sich unsere 50 Billionen Zellen, unser Herz, unser Kreislauf erholen können, benötigen wir mindestens 3 Stunden Vormitternachtsschlaf und 5 Stunden Nachmitternachtsschlaf. Auch am Mittag ist eine halbe Stunde Schlaf notwendig, damit wir uns entspannen können und unser Herz sich erholen kann. Eine Studie der Harvard-Universität hat ergeben, dass dies die Leistungsfähigkeit am Nachmittag um 35 % verbessert.

Zur Lebensordnung gehört viel Bewegung. Ruhiges Wandern, leicht kühl gekleidet, kräftigt unsere Konstitution mehr als Leistungssport. Mindestens zweimal ½ Stunde pro Tag sollten wir in frischer Luft gehen und am Wochenende längere Wanderungen unternehmen. Es liegen viele wissenschaftliche Beweise vor, dass regelmässige körperliche Aktivität gegen Krebs wirksam ist und zwar auch während einer Krebsbehandlung[161]. Sind wir von Krebs bedroht, so fühlen wir uns gefordert und angespannt. Das Herz schlägt schneller, der Blutdruck steigt, die Atmung wird kurz und flach, der Körper ist bereit zu kämpfen. Dies behindert aber die Vorgänge einer gesunden Regulation. Damit verbunden ist die Veränderung unserer Atmung. Sie wird flach und schnell. Wenn wir zu wenig frische Luft atmen, entsteht Sauerstoffmangel in unserem Körper. Dieser begünstigt Krebszellen in ihrem Wachstum wegen ihrer besonderen Fähigkeit, im Pentosephosphatzyklus Glukose ohne Sauerstoff zu verwerten. Moderne Fenster schliessen uns luftdicht ein, so dass immer ein Sauerstoffmangel entsteht. Tag und Nacht frische Luft zu atmen ist für die Verhütung und Heilung der Krebskrankheit ganz wichtig. Wandern und ruhige körperliche Tätigkeit holt uns aus der Anspannung heraus, so dass eine gesunde Körperregulation und Anpassungsfähigkeit zurückkommen kann. Auch haben positive Kontakte mit anderen Menschen diese Wirkung. Es ist ganz wichtig, sich nicht in die Einsamkeit zurückzuziehen. Auch dies ist für die Heilung der Krebskrankheit von grosser Bedeutung.

Die antioxydative Therapie

Oxydativer Stress steht im Zentrum des Entstehens von Krebs. Zahlreiche epidemiologische Studien zeigen Zusammenhänge zwischen einem geschwächten antioxydativen System und einem hohen Risiko für Krebs, grauen Star, Herz-Kreislaufkrankheiten, Arteriosklerose. Multiple Sklerose und andere degenerative Leiden[162]. Die vegetabile Rohkost ist das wichtigste Therapeutikum gegen oxydativen Stress. Ein hoher Anteil an Gemüse und Obst in der Nahrung, besonders in Form von Rohkost, ist der wirksamste Schutz gegen Krebs und degenerative Leiden. Die Empfehlungen der Deutschen Gesellschaft für Ernährung DGE wurden dieser Erkenntnis angepasst. Flavonoide gehen durch das Schälen von Gemüse und Obst zum Teil verloren. Die schützende Wirkung der sauerstoffreichen Carotinoide (Alpha und Betacarotin Lycopin, Lutein und Zeaxanthin) geht durch Kochen ganz verloren. Wir verweisen hier auf das Bircher-Benner Handbuch Nr. 4: „Frischsäfte, Rohkost und Früchtespeisen“. Die antioxydative Wirkung der verschiedenen Nahrungsmittel ist in alphabetischer Reihenfolge aus der Tabelle auf Seite 117 ersichtlich.

Bei Krebs oder Rezidivgefahr ergänzen wir die antioxydative Wirkung der Diät durch die Einnahme von 2x täglich je 600 mg Glutathion, 5x 1 g Vitamin C und 3x 1 Esslöffel Leinöl pro Tag. Nach einer Chemotherapie geben wir zusätzlich 1x täglich 600 mg Alpha Liponsäure. Die Spiegel der Vitamine D_3 und B_{12}, sowie der Spurenelemente Selen und Zink müssen an die obere Normgrenze gebracht werden.

Bei Patienten mit Krebs und besonders, wenn sie sich zu einer Chemo- oder Radiotherapie entschliessen, führen wir anfangs täglich, später wöchentlich, eine antioxydative Infusionstherapie durch mit 1,2 g Glutathion, anschliessend 15 g Vitamin C und danach 600 mg Alpha-Liponsäure. Dadurch erholt sich die Zellbildung im Knochenmark in der Regel relativ schnell und gehen auch andere Nebenwirkungen zurück.

Die Phytotherapie

Die südamerikanische Pflanze *Sutherlandia fruteszens* ist von der Firma „Big-Tree“ aus den U.S.A. erhältlich. In der Dosierung von 3 x 1 Kapsel/Tag wird sie ohne Nebenwirkungen vertragen.

Alkoholextrakte der brasilianischen *Babassu-Palme (Attalea speciosa Mart. Ex Spreng)* zeigen bei Leukämien ein positive, selektive zytotoxische Wirkung gegen die Krebszellen[163,164].

Besonders bei Leukämien und Brustkrebs hat sich dies bewährt. Babassu-Öl ist in vielen kosmetischen Produkten erhältlich. Babassu-Extrakte sind aber in Europa schwer erhältlich.

Symphytum officinale L. (Beinwell) gehört zur Pflanzenfamilie der Wegerichgewächse (Plantaginaceae). Die Pflanze ist in den meisten Gegenden Europas sowie in Nord- und Zentralasien beheimatet, hat sich aber auch anderswo auf der Welt weitgehend eingebürgert. Für Symphytum wurde eine bedeutende Wirkung gegen verschiedene Arten von Krebs nachgewiesen[165]. Symphytum Tinktur ist zum Beispiel bei WALA erhältlich.

Zur selektiven zytotoxischen Wirkung von *Calendula officinalis*-Extrakten gegen Zelllinien verschiedener Arten von Krebs gibt es viele Studien. Auch in Tierversuchen wurde eine krebsbekämpfende Wirkung nachgewiesen. Bisher wurde es eher zur Verringerung der Nebenwirkungen der Chemotherapie und Bestrahlungen eingesetzt[166]. Calendula ist bei Weleda erhältlich. Seine Anwendung können wir sehr empfehlen.

Myracrodruon urundeuva („aroeira-do-sertão“) ist ein Baum, der häufig zur Bienenzucht verwendet wird. Er stammt aus Argentinien, Brasilien, Bolivien und Paraguay und ist typisch für die Vegetation der Gegenden Caatinga, Cerrado und Pantanal in Brasilien. Dieser Baum ist aufgrund anthropogener Ausbeutung vom Aussterben bedroht. Die phytochemische Analyse von Rinden-, Zweig- und Blattextrakten ergab einen reichen Gehalt an Flavonoiden, Phenolen, Tanninen, Quercetin-Derivaten und Anacardsäuren. Die Extrakte zeigten eine starke Krebs bekämpfende Wirkung gegen Dickdarmkrebs, gegen das Glioblastom des Gehirns und gegen zwei verschiedene Leukämie-Zelllinien[167]. Extrakte können in Brasilien bestellt werden. In Europa sind sie nicht erhältlich.

Extrakte der südamerikanischen Pflanze *Forsteronia refracta* wurden an der Universität von Virginia untersucht. Sie blockieren das Zellwachstum von Brustkrebs-Zelllinien vollständig, ohne die gesunden Brustzellen zu beeinflussen. Diese selektive Wirkung ist viel versprechend und wird nun auch klinisch erforscht[168]. Diese Extrakte sind leider in Europa schwer erhältlich.

Himatanthus articulatus (Vahl) Woodson (Apocynaceae) ist ein Baum des Amazonasgebietes. Die lokale Bevölkerung setzt ihre Rinde gegen äussere Tumoren und Krebs ein. Seine krebshemmende Wirkung wurde wissenschaftlich nachgewiesen[169]. Himatanthus articulatus Kapseln sind bei Raintree Forest in Miami erhältlich.

Der rote Lapacho, Pau d’arco (Tabebuia impetiginosa oder Tabebuia avellanedae). Aus der inneren Rinde kann ein Tee namens Lapacho hergestellt werden. Pau d’arco hemmt das Wachstum von Krebszelllinien verschiedener Tumorarten im Labortest. Wissenschaftliche Studien zeigten, dass Beta-Lapachon bei bestimmten Arten von Krebszellen den programmierten Zelltod auslöst. Es gibt noch keine klinische Studien, die beweisen, dass Pau d’arco-Extrakte Krebs verhindern oder behandeln können.

Der rote Lapacho gilt als eines der „wundersamen“ Heilmittel gegen Krebs und Tumore. Pau d’arco heisst auf Portugiesisch „Bogenbaum, weil es von den Einheimischen Brasiliens zur Herstellung von Pfeil und Bogen verwendet wird. Der Baum ist auch als Taheebo und Ipé Roxo bekannt. In den 1960er-Jahren erlangte er in Brasilien und Argentinien beträchtliche Aufmerksamkeit als „Wunderdroge“ gegen Krebs. In der traditionellen Medizin Brasiliens wird Lapacho als Abkochung der inneren Rinde des Baumes eingenommen, um zahlreiche Erkrankungen wie Magen- und Darmkrebs, Bakterien- und Pilzinfektionen, Fieber, Syphilis, Malaria, Trypanosomiasis und Blasenstörungen zu behandeln. Bereits 1873 wurde über die biomedizinische Anwendung von Red Lapacho („Pau d’arco“) berichtet. 1967 kam er in der brasilianischen Presse wieder ins Licht der Ärzte Brasiliens und der Öffentlichkeit. Das Nachrichtenmagazin O’Cruzeiro berichtete über „wundersame“ Heilungen bei Krebspatienten in einem Krankenhaus. Das Heilmittel wird aus der inneren Rinde mehrerer Arten von Tabebuia-Bäumen hergestellt. Pau d’arco-Extrakt ist als Nahrungsergänzungsmittel weit verbreitet und enthält Quercetin und Naphthochinone. Das naturwissenschaftliche Interesse an dieser Pflanze begann in den 1960er-Jahren, als das United States National Cancer Institute (NCI) mit der Erforschung begann, um nach Wirkstoffen gegen Krebs zu suchen. Dabei wurden zwei bioaktive Hauptkomponenten isoliert: Lapachol und Beta-Lapachon. Beta-Lapachon wird als wichtiger angesehen. In Laborversuchen wurden starke Wirkungen gegen Krebszellen nachgewiesen. Das Medikament aus Beta-Lapachon gilt als sicher. Nur mit Vitamin K wurden Wechselwirkungen festgestellt. Die Arznei ist im internationalen Markt verfügbar, allerdings in unterschiedlicher Qualität und Zusammensetzung. Qualitätskontrollen sind notwendig. Eine Dosierung von 3 × 700 mg/Tag kann empfohlen werden[170]. In einer Dosis von mehr als 1,5 Gramm (1500 Milligramm) kann Pau d’arco giftig sein und die Nieren oder die Leber schädigen. Eine starke Überdosierung kann starkes Erbrechen, Bauchschmerzen, Ohnmacht und blutigen Stuhl verursachen[171]. Pau d’arco Kapseln können bei NOW bestellt werden.

Silybum marianum (Mariendistel) ist ein Kraut, das in der onkologischen Forschung zunehmend auf ihre Verwendung gegen Krebs bei Erwachsenen und Kindern untersucht wird. Seit Jahrtausenden wurde es zur Behandlung von Leber- und Gallenstörungen und zur Entgiftung verwendet. Grosse Bedeutung hat es zur Entgiftung nach der Chemotherapie erlangt, um die Leber vor der toxischen Wirkung der Chemotherapeutika und der Radiotherapie zu schützen und danach zu regenerieren. Mariendistel kann auch zur Verbesserung der langfristigen hepatischen und kardiovaskulären Wirkungen der Krebsbehandlung eingesetzt werden. Vorläufige Studien untersuchen seine Verwendung als chemopräventives Mittel und möglicherweise zur direkten Behandlung von Krebs. Eine zunehmende Anzahl klinischer und tierexperimenteller Studien bestätigt seine Wirkung gegen Krebs[172]. In einer randomisierten Doppelblindstudie an Kindern mit akuter lymphatischer Leukämie und hoher Lebertoxizität durch die Chemotherapie verringerte die zusätzliche Gabe von Mariendistel die Lebertoxizität signifikant, ohne die Wirkung der Chemotherapeutika zu verringern[173]. Wechselwirkungen zwischen dem Gerinnungshemmer Warfarin und der Mariendistel sind möglich. Silybum marianum ist in Kapseln erhältlich. Die Dosierung sollte 3 × 500 mg/Tag nicht überschreiten. Man kann stattdessen auch täglich 1 Teelöffel Mariendistel-Samen kauen. Zu hoch dosiert, kann die Pflanze aber auch Bauchschmerzen oder Blähungen verursachen. Bei Krebs sollte sie nicht ohne ärztliche Aufsicht angewendet werden[174].

Tecoma violacea (-stans)-Extrakte wurden in Labortests in ihrer Wirkung gegen Zelllinien von Lungenkrebs untersucht. Ein methanolischer Extrakt von Tecoma stans wies in höherer Konzentration eine stärkere antioxydative Wirkung auf als Ascorbinsäure und zerstörte Krebszellen dosisabhängig durch den programmierten Zelltod. Die Wirkung dieser Pflanze wird derzeit wissenschaftlich weiter untersucht[175]. Tecoma violacea Extrakt kann bei Flower Essence Services u.a. Anbietern übers Internet bestellt werden.

Hancornia speciosa Gomes ist ein Baum aus der Familie der Hundsgiftgewächse aus Paraguay, Bolivien, Peru und Brasilien. Dort ist er bekannt als Mangaba oder Mangabeira.
Zum Früchteextrakt dieses Baumes wurde eine bedeutende Wirkung gegen Zelllinien von Brustkrebs nachgewiesen[176]. Samen sind erhältlich, aber Fruchtextrakte sind schwer erhältlich.

Himatanthus obovatus (Himatanthus drasticus) (FPLJ) ist in Nordbrasilien eine beliebte Heilpflanze zur Behandlung von Lungenkrebs, malignen Lymphomen, Wurmbefall und Magengeschwüren. Toxikologische Studien haben eine nur sehr geringe Toxizität nachgewiesen[177]. Himatanthus obovatus-Extrakt ist schwer erhältlich.

Maytenus obtusifolia ist ein immergrüner, 25 m hoher Baum. Die Blätter sind eine beliebte Kräuterarznei in Brasilien, wo sie zur Behandlung von Krebs, tiefen Geschwüren, Entzündungen, auch gegen äussere Geschwüre auf der Haut eingesetzt wird. Wissenschaftliche Untersuchungen haben gezeigt, dass diese Pflanze eine sichere Behandlung gegen Geschwüre ermöglicht, obwohl der Wirkungsmechanismus noch nicht geklärt wurde[178]. Maytenus obovatus ist in Europa schwer erhältlich.

Der Ameisenbaum Cecropia hololeuca wird in der Volksmedizin Brasiliens besonders bei geschwürigem Krebs verwendet. Dessen positive Wirkung gegen Krebs wurde wissenschaftlich bestätigt[179]. Cecropia hololeuca-Extrakte sind in Europa schwer erhältlich.

Cnidoscolus obtusifolius ist eine Euphorbiacee. Ihre zytotoxische Aktivität gegen verschiedene Krebszelllinien wurde wissenschaftlich nachgewiesen[180]. Cnidoscolus obtusifolius Extrakte sind ebenfalls schwer erhältlich.

Im Mato Grosse Staat von Brasilien wird der Drachenblutbaum *„Sangra d'água"*, eine euphorbiacee mit Namen Croton urucurana Baill gegen Leukämien verwendet.
Der Croton urucurana-Extrakt zeigte in Laborversuchen eine starke zytotoxische Aktivität gegen menschliche Leukämiezellen der Linien U937 und THP-1. Die Wissenschaftler sind voller Hoffnung, dass aus diesem Baum ein gegen Leukämie hochwirksames Medikament entwickelt werden kann.[181]. Sangra d'água ist in Europa auch schwer erhältlich.

Senna occidentalis (Cassia occidentalis L.) ist eine tropische und subtropische Pflanze von rund 1 m Höhe mit einer Pfahlwurzel. Die dunkelolivgrünen Samen der Pflanze werden in Brasilien als Kaffeeersatz verwendet. Die Pflanze wird hauptsächlich zur Entgiftung der Leber, zur Heilung innerer Bakterien- und Pilzstörungen sowie gegen Parasiten und Viren verwendet. Sie stärkt das Immunsystem und fördert das Schwitzen. Die Samen sind reich an Eiweiss, Öl und Galactomannan. Stearin-, Palmitin-, Öl- und Linolsäure und Alpha-Tocopherol. Für Senna wurde eine bedeutende Wirkung gegen Krebszellen nachgewiesen[182]. Senna occidentalis ist bei Nature's way erhältlich und kann empfohlen werden.

Aloe arborescens Mill, Aloe soccotrina und Aloe vera: Aloe ist eine der wichtigsten Pflanzen gegen Krebs. Ihre antineoplastische Eigenschaft beruht auf mindestens drei verschiedenen Arten der Wirkung: einer antiproliferativen, immunstimulierenden und antioxidativen Wirkung. Die antiproliferative Wirkung wird durch anthracenische und antrachinonische Moleküle erklärt, während die immunstimulierende Aktivität hauptsächlich auf Acemannan zurückgeführt wird. Eine randomisiert, kontrollierte Studie mit 240 Patienten mit einem metastasierenden soliden Tumor, die mit Chemotherapie behandelt wurden, eine Gruppe mit und die andere ohne Aloe. Je nach dem klinischen Status und der Histochemie wurden Lungenkrebspatienten mit Cisplatin und Etoposid oder wöchentlich mit Vinorelbin behandelt. Darmkrebspatienten erhielten Oxaliplatin und 5-Fluorouracil (5-FU). Magenkrebspatienten wurden wöchentlichen mit 5-Fluorouracil behandelt und Patienten mit Bauchspeicheldrüsenkrebs erhielten wöchentlich Gemcitabin. 10 ml Aloe wurden dreimal täglich oral verabreicht. Der Prozentsatz und die objektive Tumorregression war bei Patienten, die gleichzeitig Aloe erhielten, signifikant höher als bei alleiniger Chemotherapie und sie überlebten häufiger während mehr als 3 Jahren[183]. Aloe soccotrina wird besonders gegen Leukämien empfohlen. Aloe vera-Extrakt ist bei Fairvital erhältlich und kann empfohlen werden.

Extrakte aus Abutilon indicum und *Blumea mollis* zeigen eine von der Konzentration und Dauer der Anwendung abhängige hemmende Wirkung auf Krebszellen und eine starke antioxidative Wirkung. In höheren Konzentrationen zeigen diese Extrakte gute Hemmraten, die sich als wirksam zur Krebsprävention erweisen könnten[184,185]. Abutilon indicum-Extrakt ist bei Sanogarden erhältlich.

Die Anwendung von *Echinacea angustifolia und purpurea* zur Immunsteigerung hat sich weltweit durchgesetzt, ohne wissenschaftliche Beweise am Menschen. Bei alternden Mäusen verlängert Echinacea die Lebensdauer und verringert das Risiko einer Leukämie signifikant. Echinacea verlängert die Überlebensdauer von Mäusen, wenn sie an Leukämie erkrankt sind[186]. Beim Menschen mit Krebs ist Echinacea umstritten, denn es bestehen Hinweise, dass einige der Inhaltsstoffe das Tumorwachstum eher fördern könnten. Eine wissenschaftliche Abklärung tut Not.

Die *Boerhavia diffusa* wächst weltweit in den Tropen und Subtropen. Sie wird gegen Leukämie und Gebärmutterhalskrebs empfohlen, da sie gegen entsprechende Zelllinien wirksam ist und sich klinisch bewährt hat[187]. Boerhavia diffusa-Extrakt kann bei KAN-Phytochemicals aus Indien bestellt werden.

Lafoensia pacari A. St. Hill wurde in der traditionellen Medizin als entzündungshemmend eingesetzt. Menschliche und murine Lungenkrebszelllinien wurden in vitro gezüchtet und mit unterschiedlichen Konzentrationen von Lafoensia pacari behandelt. Labornsia zeigte eine dosisabhängige zytotoxische Wirkung, wobei Lungenkrebszellen viel empfindlicher waren als nicht-neoplastische Zellen[188]. Lafoensia pacari wird auch als Antidepressivum verwendet. In Europa sind seine Extrakte schwer erhältlich.

Piper Regnelli wird in der Volksmedizin seit Jahrhunderten gegen Krebs angewandt. Ihre zytotoxische Wirkung wurde in Laborversuchen nachgewiesen[189]. Sie wird auch gegen Uterusmyome und Warzen empfohlen. Piper Regnelli ist in Europa schwer erhältlich.

Methanolische Extrakte von sieben *Spitzwegerich-Arten (Plantago)* werden in der traditionellen Medizin zur Behandlung von Krebs verwendet. Ihre selektive zytotoxische Aktivität gegen drei Krebszelllinien wurde bestätigt. Da Flavonoide die Proliferation menschlicher Krebszelllinien stark hemmen können, wurde das Luteolin-7-O-beta-Glucosid, als Hauptflavonoid identifiziert, das in den meisten Plantago-Arten vorhanden ist. Die Ergebnisse rechtfertigen die traditionelle Verwendung der Plantago-Arten gegen Krebs[190]. Plantago ist bei WALA erhältlich. Die Anwendung von Plantago kann empfohlen werden.

Die Ballonrebe *(Cardiospermum halicacabum),* auch *Herzsame* genannt, gehört zur Familie der Seifenbaumgewächse (Sapindaceae). Sie ist im tropischen und subtropischen Afrika, in Amerika, auf dem indischen Subkontinent und auf Malakka beheimatet. Für *Cardiospermum halicacabum* wurde in Laborversuchen eine starke krebsbekämpfende Wirkung gegen Brustkrebs nachgewiesen[191]. Cardiospermum-Extrakt ist bei Heidak erhältlich. Seine Verwendung kann empfohlen werden.

Auch für verschiedene Arten der *Nachtschattengewächse, Solanum nigrum, Solanum panicularum, Solanum americanum* wurden bedeutende krebshemmende Wirkungen nachgewiesen[192]. Solanum nigrum wird besonders zur Rückbildung von Uterusmyomen empfohlen. Für Solanum nigrum-Extrakt gibt es viele Anbieter.

Die *Turnera ulmifolia,* oder gelbe Erle, ist eine Pflanzenart der Familie Passifloraceae, die in Mexiko und Westindien heimisch ist. Eine kürzlich durchgeführte Studie ergab, dass die gelbe Erle die antibiotische Aktivität gegen Methicillin-resistenten Staphylococcus aureus potenziert und dass sie gegen Brustkrebs wirksam ist[193,194]. Für Extrakte aus Turnera ulmifolia gibt es viele Anbieter.

Die Verbanacee *Stachytarpheta cayennensis* wurde mit Kupfernanopartikeln beladen. Dadurch wurden sowohl bei In-vitro- als auch in Tierversuchen bedeutende Wirkungen gegen das maligne Melanom nachgewiesen[195].

Auch für Extrakte aus der Veilchenart *Viola odorata* wurde eine starke krebsbekämpfende Wirkung gegen Zelllinien von Brustkrebs nachgewiesen. Die Daten legen nahe, dass der Extrakt aus Viola odorata selektiv ist, so dass sie hauptsächlich Krebszellen angreift und nicht normale Zellen, es sei denn in sehr hoher Konzentration[196]. Viola odorata-Extrakt kann bei Archeopatico bestellt werden. Die Verwendung kann empfohlen werden.

Die krebshemmende Wirkung der *Mistel (Viscum album)*wurde bereits beschrieben (s. Seite 38). Die Misteltherapie wurde von der anthroposophischen Medizin gut entwickelt. Es bestehen ausgearbeitete Dosierungsrichtlinien und viel Erfahrung. Die Wirkung und Verträglichkeit ist gut nachgewiesen. Diese Therapie kann uneingeschränkt empfohlen werden.

Die Welt ist voller Heilpflanzen mit Krebs bekämpfender Wirkung und der Wissensschatz ist bereits sehr gross. Vieles tut sich in deren Erforschung, denn mit der mangelnden Selektivität der Chemotherapie, welche den gesunden Körper massiv angreift, ist niemand wirklich zufrieden. In der weiteren Erforschung Krebs bekämpfender Pflanzen liegt heute viel Hoffnung der Onkologen. Wir haben hier dreissig Pflanzen mit nachgewiesener selektiver Wirkung gegen Krebs herausgegriffen. Obschon alle in der Volksheilkunde verwendet werden, sind noch nicht alle soweit erforscht, dass man sie uneingeschränkt empfehlen kann. Die Anwendung folgender Pflanzen können wir aber sehr empfehlen:

- Sutherlandia fruteszens
- Die brasilianische *Babassu-Palme (Attalea speciosa Mart. Ex Spreng)*
- Symphytum officinale L. (Beinwell)
- Calendula officinalis
- Myracrodruon urundeuva („aroeira-do-sertão"), wobei schwer erhältlich in Europa
- Forsteronia refracta
- Himatanthus articulatus (Vahl) Woodson (Apocynaceae)
- Silybum marianum
- Der rote Lapacho (Tabebuia impetiginosa, syn. Tabebuia avellanedae)
- Himatanthus obovatus (Himatanthus drasticus) (FPLJ)
- Maytenus obtusifolia
- Aloe arborescens Mill, Aloe soccotrina und Aloe vera
- Boerhavia diffusa
- Plantago-Arten
- Piper Regnelli
- Cardiospermum halicacabum
- Solanum nigrum
- Viola odorata
- Viscum album (Mistel)

Für die Echinacea-Arten und die übrigen Pflanzen müssen noch weitere Forschungsresultate abgewartet werden, obschon sie sich alle in der Volksmedizin über Jahrhunderte bewährt haben.

Wir arbeiten vor allem mit Sutherlandia fruteszens, Symphytum officinale, Silybum marianum, Aloe vera, und Viscum album, deren Anwendung und Dosierung gut etabliert ist. Es ist denn auch nicht sinnvoll, zu viele Präparate gleichzeitig anzuwenden, besser eines oder zwei auf einmal, um den Überblick über deren Wirkung und allfällige Nebenwirkungen zu behalten. Dies kann im wöchentlichen Wechsel mit anderen zwei Mitteln geschehen. Die Hoffnung liegt in der weiteren Erforschung der Phytotherapie gegen Krebs, so dass auch mehr Information über die geeigneten Dosierungen und allfällige Nebenwirkungen vorliegen werden.

Die homöopathische Therapie

Über die homöopathische Therapie der Krebskrankheit wurde schon berichtet (s. Seite 9). Sie ist eine hohe ärztliche Kunst. Die Mittel müssen für jeden Patienten individuell ergründet und gewählt werden und müssen dem richtigen Bezug zum befallenen Organ und zur Konsistenz und Wachstumsart des Tumors entsprechen. Dann ist die Homöopathic eine bedeutende, wertvolle Ergänzung, die sich lohnt. Besonderen Bezug zum Leberzellkarzinom haben Lycopodium clavatum und Chelidonium majus. Der gefleckte Schierling, Conium maculatum, hat starken Bezug zu Karzinomen der Schilddrüse, zu Brustkrebs, Eierstockkrebs und Prostatakrebs. Das aus der Tintenfischtinte potenzierte Sepia hat ebenfalls starken Bezug zu Brustkrebs und Karzinomen der Geschlechtsorgane. Barium carbonicum ist oft das wirksame Mittel gegen Hirntumoren, besonders gegen das Astrozytom. Das aus Lavagestein potenzierte Mittel Hekla lava ist ein ganz wichtiges Mittel bei Leukämien und Knochenkrebs. Carcinosium wird aus dem Gewebe mehrerer Krebsarten potenziert. Das Thema übermenschlicher Anstrengung gegen das Chaos tritt in Arzneimittelprüfungen von Carcinosium deutlich zu Tage. Diese Arznei hat zu allen mittelhart wachsenden Krebsknoten Bezug und wird gerne im Wechsel mit der auf die Person individuell abgestimmten Arznei gegeben. Szirrhinum wird aus ganz harten Brustkrebsknoten potenziert und wird ebenfalls oft im Wechsel mit der individuell auf die Person abgestimmten Arznei gegeben, gegen die ebenfalls sehr harten Knoten des Leberzellkarzinoms oder harte Brustkrebsknoten. Thuja occidentalis wird bei weichem, geschwürigem Krebs eingesetzt. Die Wahl der richtigen Arznei muss individuell erfolgen. Dies ist eine hohe ärztliche Kunst. Dr. Ramakrishnan, der seine ganze Familie an Krebs verloren hat, führt in Mumbay eine Ambulanz mit 10 Ärzten, die ausschliesslich Krebspatienten behandeln. Er konnte die Wirkung der Homöopathie gegen Krebs durch ein spezielles Verfahren deutlich steigern, bei welchem die Patienten die Arznei in Hochpotenz jeden Tag durch Verdünnen und mechanische Aufschüttelung schrittweise weiter hinaufpotenzieren. Die Homöopathie ist in der Hand des in der Therapie der Krebskrankheit erfahrenen Arztes wirksam und eine wertvolle Ergänzung zur Diätetik, zur Phytotherapie, zur Ursachentherapie und zur antioxydativen Therapie. Eine Therapie, die sich lohnt.

Die Durchführung der Diät

Die derzeit immer häufiger werdende Krebskrankheit ist eine grosse menschliche Tragödie. Die Rohkostdiätbehandlung dieser Krankheit geht auf Bircher-Benner zurück. Nach ihm forschten und arbeiteten Zabel[197,198] und Issels[199], Salzborn[200], Gerson[201], Leroi und Garland und andere an der krebsfeindlichen Diät weiter. Noch vor 20 Jahren hatte sich die amerikanische Krebsgesellschaft gegen einen Zusammenhang zwischen der Ernährung und Krebs ausgesprochen. Inzwischen steht in sehr vielen guten wissenschaftlichen Arbeiten die Meinung da, dass den frischen Vegetabilien eine krebshemmende Eigenschaft zukommt[202,203,204]. Darüber haben wir im Kapitel über die Ursachen berichtet (s. Seite 25).

Die Indikation zur Diät mit vegetabiler Frischkost (Rohkost)

Bei sachkundiger ärztlicher Leitung und vollem Verständnis des Patienten und seiner Umgebung kann es, auf Grund sorgfältiger Diagnose der Ausgangslage und mit Hilfe der übrigen Möglichkeiten moderner Ganzheitsbehandlung, zu einer ans Wunderbare grenzenden Heilung und Besserung von Krebs und anderen Leiden kommen, auf Leiden, die auf andere Weise nicht mehr beeinflussbar wären: Herz- und Kreislaufkrankheiten, Bluthochdruck und Arteriosklerose, Migräne, Gicht, Rheumatische Krankheiten, Arthrose, Arthritis, Leber- und Gallenleiden, Nierenkrankheiten, Diabetes mellitus, Basedow'sche Krankheit, Myxödem (Schilddrüsenunterfunktion), Multiple Sklerose, Hautkrankheiten wie Neurodermitis und Psoriasis, Asthma bronchiale, Heuschnupfen, Fettsucht, Magersucht, Magen-Darmkrankheiten, Morbus Crohn, Colitis ulcerosa. Viele neue Studien über bioaktive Stoffe in frischer pflanzlicher Nahrung belegen deren Wirkung zur Verhütung von Krebs und ihrem ganz wichtigen Beitrag zu dessen Heilung.

Beim Gesunden bewirkt diese Diät immer eine rasche und effiziente Umstellung des Stoffwechsels und Reinigung, eine Korrektur des Säure-Basen-Haushaltes, ein Abbau des oxydativen Stresses, eine Korrektur des Körpergewichtes, eine Normalisierung der Laborwerte (Cholesterin-, Triglycerid- und Harnsäurespiegel, C-reaktives Protein). Die Haut als Spiegel des Inneren reinigt sich und verjüngt sich. Eine kräftige Harnausscheidung setzt ein, welche die Nieren entlastet, das Milieu und die Bakterienflora im Magen und Darmtrakt stellen sich um und eine geordnete Darmtätigkeit setzt ein. Das Gemüt hellt sich auf und es erwacht eine neue, schon lange nicht mehr dagewesene Sensibilität für andere Menschen und für sich selbst. Besonders um den dritten Tag der Diät können auch verdrängte Traumen, Ängste oder traurige Erlebnisse in Erinnerung kommen. Diese sollen dem Arzt mitgeteilt werden. Es ist die Gelegenheit, sie besser zu verstehen und zu verarbeiten.

Die Grenzen der Wirksamkeit sind selten. Sie bestehen natürlich da, wo endgültige Veränderungen vorhanden sind, zum Beispiel ein fortgeschrittenes, metastasiertes Karzinom, ein völliger Knorpelschwund bei einer Arthrose, oder eine vollständige

Verkalkung der Wirbelsäule bei einer „ausgebrannten" Bechterew'schen Krankheit oder bei schon vor längerer Zeit aufgetretenen Lähmungen bei multipler Sklerose. Doch lohnt sich diese Therapie auch in diesen Fällen, da sie trotz der bleibenden Schäden zu einer allgemeinen Verbesserung des Befindens und des Zustandes des Organismus führt.

In jedem Fall soll die Diät mit Ihrem Arzt besprochen werden und, wenn möglich, von ihm begleitet werden. Je wirksamer eine Diätform ist, desto notwendiger ist die ärztliche Überwachung und die richtige Dosierung.

Leicht unterschätzt man die in Gang gesetzten Heilungsprozesse: Es kann nach einigen Tagen zu Beobachtungen kommen, die für den Patient und den Arzt gleich bedeutsam sind und die Entwicklung verläuft umso intensiver, je strenger die Kostform ist. Oft ereignet sich eine Reihe von Wellen der Ausscheidung, wobei meist jene Stoffe zuerst ausgeschieden werden, die den Organismus am meisten belasten, z.B. Kochsalz, Harnsäure, Triglyceride, oxydiertes Cholesterin u.a.m. Solche Ausscheidungswellen können sich mehrmals wiederholen und begründen die sogenannte Heilkrise. Bei dieser erscheint es oft, als meldeten sich alte Organerkrankungen wieder, um in zeitgerafftem Tempo und glücklicherweise meist nur stark abgeschwächt, die früher versäumte Ausheilung nachzuholen. Oft halten sie sogar deutlich die „historische" Reihenfolge ein, nur umgekehrt: die letzten zuerst und die ersten zuletzt. Symbolisch wird die Krankengeschichte rückwärts abgerollt, bis sich nach einigen Wochen ein neues, stabileres Gleichgewicht einspielt und ein gesundes Terrain geschaffen ist.

Wissen Arzt und Patient über diese Vorgänge Bescheid und wird die Diät- und der Heilplan folgerichtig durchgeführt, so ist es immer ein faszinierendes Erlebnis, an sich selber zu beobachten, wie systematisch der Organismus die ihm gestellte Aufgabe der Genesung übernimmt und durchführt. Es ist aber auch wichtig, vom in dieser Therapie erfahrenen Arzt begleitet zu sein, der die Wandlungen dieser Umstimmung überwacht und die Form der Zubereitung und die Dosierung der Diät wählt und wenn nötig, rechtzeitig mit zusätzlicher Hilfe zur Seite steht.

Ist ein Krebs bereits entstanden, so ist es wichtig, Rezepte mit dem höchsten Gehalt an bioaktiven Substanzen, welche ihn bekämpfen, auszuwählen. Im Anhang finden Sie eine Tabelle zur Stärke der krebsbekämpfenden Wirkung der verschiedenen Nahrungsmittel, in alphabetischer Anordnung.

Die Diät mit lebendiger vegetabiler Frischkost (Rohkost)

Die Diätstufe I

Die Frischsaft-/Pflanzenmilchdiät

Diese strenge, aber sehr wirksame und gut verträgliche Diätstufe kann bei voller Arbeitstätigkeit im Allgemeinen nicht länger als 1–2 Tage durchgeführt werden.

Um den dritten Tag setzt eine gewisse Heilkrise ein, eine erste Umschaltreaktion des Stoffwechsels und der hormonellen Regulation. Die Reaktionen sind manchmal unangenehm, aber sie sind die Zeichen eines ersten Erwachens der Selbstheilungskräfte. Chronische, oft während Jahren unterdrückte Krankheitserscheinungen, müssen erfahrungsgemäss zu einem gewissen Grad aufleben können, damit der Körper in der Lage ist, sie auszuheilen.

Bei vorhandenem Krebs ist es wichtig, die Frischsaft-/Mandelmilchdiät über mehrere Wochen durchzuführen. Dies ist in der Klinik oder zu Hause gut möglich. Dabei muss man viel ruhen, im Wechsel mit Spaziergängen. Die Frischsäfte erhöhen die Sauerstoffspannung in den Geweben und bekämpfen den oxydativen Stress im ganzen Körper, was Krebszellen benachteiligt. Zu den Säften soll man frische, ungesalzene und ungeröstete Mandeln und Nüsse essen und dreimal täglich 1 Esslöffel frisches, kalt gepresstes Leinöl zu sich nehmen.

Ist man beruflich engagiert, so kann man trotzdem eine Frischsaftdiät erfolgreich über längere Zeit zu Hause durchführen. Man beginnt dann am Montag und Dienstag mit Frischsaft-/Mandelmilchdiät und geht ab Mittwoch auf die Diätstufe II über. Dann wiederholt man diesen Rhythmus wöchentlich. Ist es mittags nicht möglich, nach Hause zu gehen, so kann man mittags statt der Säfte frisches Obst, Nüsse und Mandeln essen und Kräutertee trinken. Der Wochenrhythmus hilft, die biologisch vorgegebene Wochenrhythmik des Heilungsgeschehens in Gang zu bringen.

Wer jedoch eine tage- bis wochenlange Rohsaftdiät zuhause durchführen möchte, sollte Bettruhe einhalten mit zweimal täglichem kurzem Durchbewegen des Körpers. Dies ist gegen Krebs hoch wirksam. Unerlässlich ist dabei die Betreuung durch einen in dieser Methode erfahrenen Arzt.

Die Heilungskrise

Durch das oft plötzliche Absinken des Insulinbedarfs treten am dritten Tag oft hypoglykämische Reaktionen auf, wie Schwäche, Schwindel, Zittern, Herzklopfen und eventuell Schweissausbrüche. Sie sind bei allen Menschen, die nicht an einer Zuckerkrankheit leiden, völlig harmlos. Durch das Einnehmen einiger bereitgelegter Rosinen können diese Symptome rasch zum Verschwinden gebracht werden. Kopfschmerzen zeugen von der Ausschwemmung saurer Stoffwechselprodukte aus dem Gewebe in die Blutbahn. Kopfschmerzen erscheinen in aller Regel nur in der ersten Diätwoche. Im Allgemeinen kann man sie mit einem wechselwarmen Arm- oder Fussbad (evtl.

Umschlägen) in erträglichen Grenzen halten. Es ist ganz wichtig, keine Kopfschmerztabletten zu nehmen! Bei Menschen, die zuvor noch täglich Kaffee oder viel Schwarztee getrunken hatten, können auch stärkere Kopfschmerzen als Entzugssymptome des Coffeins auftreten, die nach 1 – 2 Tagen von selbst wieder verschwinden.

In der Heilkrise des dritten Frischsaft-Diättages stellt sich oft eine Verstimmung ein, die am vierten Tag von selbst wieder verschwindet. Nach besonderem Wohlbefinden um den siebten Tag kehrt diese Verstimmung abgeschwächt meist um den zehnten Diättag wieder zurück. Auch diese Verstimmung ist der Ausdruck des Erwachens einer zircaseptanen (wöchentlichen) Heilungsrhythmik. Längere als wöchentliche Perioden würden – wie weiter oben beschrieben – bedeuten, dass der Organismus wegen tiefsitzender chronischer Krankheitsherde den Heilungsweg noch nicht finden kann. Diese Situation erfordert weitere Untersuchungen durch den in dieser Hinsicht geschulten Arzt.

Die seelische Verstimmung des dritten Saftdiättages äussert sich meistens in Form von Traurigkeit und Angst. Denken wir doch dabei an die Aufforderung C.G. Jungs: „Die Depression ist eine schwarze Dame. Geleiten Sie sie zu sich an den Tisch und hören Sie zu, was sie Ihnen zu sagen hat!“ Es ist dies der wichtige Augenblick einer seelischen Öffnung, wo die Schutzmauer, die wir während Jahren um uns aufgebaut haben, um Verletzungen zu entgehen, unsere eigene Um- und Einmauerung, aufzubröckeln beginnt. In dieser Diätphase treten intensive Träume auf, als Ausdruck des in Gang kommenden Heilungsvorganges. Alle tiefen Träume, auch Angstträume zeigen den Heilungsvorgang an; man braucht sich nicht vor ihnen zu fürchten.

Mit dem Träumen öffnet sich die Seele unserem Bewusstsein. In unserer ärztlichen Praxis haben wir die Erfahrung gemacht, dass jeder Heilungsvorgang des Körpers von Träumen begleitet ist. Versuchen Sie nicht, Ihre Träume mit Symboldeutungen zu ergründen. Symbole sind nicht Sie, sie sind nicht individuell. Bleiben Sie dagegen bei jedem Erwachen aus einem Traum einen Moment still und fragen Sie sich, wie Sie sich fühlen. Träume sind keine Prophezeiungen. Wenn Sie zum Beispiel von Ihrer Beerdigung träumen, so bedeutet dies nicht, dass Sie sterben werden, sondern nur, dass tief unter dem Bewusstsein eine Angst da ist, dass Sie sterben könnten, eine Angst, die sich Ihrem Bewusstsein mitteilen möchte. Nicht der Inhalt des Traumes, sondern das Gefühl, das er hinterlässt, ist seine wahre individuelle Deutung. Neue Träume werden, wenn Sie das zu Grunde liegende Gefühl verstehen, weitere Antworten bringen. Für die Rohsaftdiät ist eine starke antidepressive Wirkung belegt, sie folgt den Heilungskrisen nach. Sie brauchen sich also keine Sorgen zu machen. Selten treten heftige Ängste auf. In diesem Falle ist eine geeignete Hilfe sinnvoll (Gespräch mit Ihrem Arzt, evtl. eine homöopathische Therapie).

Verschiebungen des Monatszyklus während der strengen Rohsaftdiät kommen vor und können Empfängnisverhütungsmittel unsicher werden lassen. Geben Sie sich bei einer notwendigen Empfängnisverhütung zusätzliche Sicherheit. Ist ein Krebs vorhanden, so sollten hormonelle Empfängnisverhütungsmittel abgesetzt und durch eine natürliche Empfängnisregelung nach Professor Rötzer ersetzt werden. Bei sorgsamer Durchführung gibt diese mindestens so viel Sicherheit wie die hormonellen Mittel. Zur Durchführung gibt es praktische Programme, die man aufs Handy laden kann. Man muss aber auch bei der natürlichen Empfängnisregelung berücksichtigen, dass die Diät eine Neueinstellung der hormonellen Regulation bewirkt.

Alleinlebende Menschen sollten eine erstmalige, langdauernde Rohsaftdiät eher in der Klinik durchführen. Mitgefühl und Verständnis der begleitenden Personen sind bei dieser Diätform äusserst wichtig. Die Rezepte für die Rohsaftdiät finden Sie im Rezeptteil. Bewährt haben sich 3 ganz frisch zentrifugierte Saftmahlzeiten mit je 2 dl Frischsaft und je 2 dl frisch zubereiteter Mandel-, Sesam- oder Pinienkernmilch. Deren Zubereitung finden Sie im Rezeptteil. Die Reihenfolge, in welcher die einzelnen Säfte genossen werden, darf instinktiv gewählt werden. Geniessen Sie die Säfte langsam, Schluck für Schluck oder mit dem Löffel.

Saure Fruchtsäuren reagieren im Stoffwechsel alkalisch, so dass auch saure Früchte zur Korrektur der Übersäuerung beitragen. Menschen, deren Magenschleimhaut Fruchtsäuren noch nicht verträgt, sollten stark saure Früchte wie Orange, Zitrone und Kiwi anfangs vorsichtig einsetzen und diesen Säften ⅓ säurebindenden Reisschleim und etwas geschlagene Banane dazugeben. Vergleichen Sie hierzu den Rezeptteil und das Bircher-Benner Handbuch Nr. 14 für Magen- und Darmkranke.

In jedem Fall darf und soll zusätzlich beliebig viel Tee getrunken werden. Goldrautentee und Brennnesseltee unterstützen die Ausscheidung der anfallenden Stoffwechselschlacken durch die Nieren. Bittertees fördern die Ausscheidung über die Leber und die Galle. Schon am Ende des ersten Safttages beginnt in der Regel eine Harnflut, verbunden mit einem bedeutenden, wohltuenden Gewichtsverlust, als Ausdruck der Entquellung des weichen Bindegewebes und dessen Zwischenzellsubstanz. Spätestens am 7. Tag setzt im Allgemeinen ein deutliches Wohlbefinden ein, das am 10. Tag einer zweiten, meist schwächeren und rasch vorübergehenden Heilkrise Platz macht.

Nach individueller Dauer der Frischsaftdiät kann auf die Diätstufe II übergegangen werden. Dauerte die Frischsaftdiät aber weniger als drei Tage, so empfehlen wir deren wöchentliche Wiederholung im Wechsel mit Stufe II. Berufstätige fühlen sich bei diesem Vorgehen kräftig und wach, so dass sie diese Diät im Wochenrhythmus, wenn nötig über viele Wochen und Monate, durchführen können.

Vereinfachter Menuplan für die Diätstufe I

Es ist sehr wichtig, dass Sie die allgemeinen Ratschläge und die detaillierten Erklärungen zu dieser Frischsaftdiätstufe beachten, um in den vollen Genuss ihrer Heilwirkung zu kommen.

Vollsafttag
Am Morgen
2 verschiedene Fruchtsäfte, je 200 g
200 g Mandelmilch, Sesammilch oder Pinienkernmilch

Am Mittag
2 verschiedene Fruchtsäfte, je 200 g
ein Gemüsesaft, 200 g
200 g Mandelmilch, Sesammilch oder Pinienkernmilch

Am Abend
wie am Morgen

Die Mengen dürfen bei Bedarf auch erhöht werden. Frucht- und Gemüsesäfte nach dem Zentrifugieren sofort und langsam trinken. Jedes Stehenlassen bedeutet einen empfindlichen Wertverlust. Wertvolle und genauere Angaben zum Diätplan finden Sie im Kapitel Speisezettel dieses Buches, die unbedingt sorgsam studiert werden sollten.

Vorschläge für Frucht- und Gemüsesäfte (ungemischt oder schmackhafte Mischungen) sowie das Rezept für die Mandelmilch oder evtl. Schleim-Abkochungen für die Säurebindung finden Sie im Rezeptteil.

Die Diätstufe II

In dieser Diätstufe ist das ganze, reiche Angebot der pflanzlichen Frischkost enthalten. Die Mahlzeiten sollten, wenn möglich, mit einem Frischsaft oder mindestens mit Früchten begonnen werden. Geeignet sind drei Mahlzeiten, denn es ist wichtig, dass das Verdauungssystem dazwischen etwa vierstündige Ruhepausen erhält. Verspürt man dazwischen Hunger, so ist es besser, die Mengen der Mahlzeiten etwas zu erhöhen, als Zwischenmahlzeiten einzulegen. Einzig bei Diabetes mellitus sind zwei Zwischenmahlzeiten notwendig. Vergleichen Sie dazu unser Bircher-Benner Handbuch Nr. 7: „Für Diabetiker". Da die vegetabile Frischkostdiät für den Organismus ökologisch (schonend) ist, fehlt hier die so genannte „spezifisch dynamische" Verschleisswärmebildung durch einen Abbau nutzloser Nahrungseinheiten. Die Diät wirkt dadurch kühlend. Vorübergehend kann es zu einer verminderten Körpereigenwärme kommen, die einer spontanen, periodisch einsetzenden Aufwärmung des Organismus durch eine Art Umschaltreaktion im Stoffwechsel und Hormonsystem weicht. Wer bei der Rohkostdiät friert, kann ohne Weiteres eine aus frischen Gemüsen zubereitete Gemüsebouillon zu sich nehmen, wie sie im Rezeptteil angegeben ist.

Werden würzige Gemüsesorten wie Wirz, Sellerie und Zwiebel verwendet, so wird das Salzen unnötig.

Die Rohgemüse dürfen mit einer feinen Salatsauce angerichtet werden, die aber keine tierischen Produkte und möglichst wenig Salz enthalten soll. Dabei soll je nach Rohgemüse oder Salat eine andere, passende Sauce zubereitet werden. Auch hier finden Sie geeignete Rezepte und eine Tabelle in diesem Buch auf Seite 90. Müssen Sie kein Gewicht verlieren, so empfehlen wir den Genuss von mehr Mandeln und ungerösteten und ungesalzenen Nüssen verschiedenster Art sowie von Sonnenblumen- Pinien- und Kürbiskernen.

In der ersten Zeit kommen oft periodisch Salzgelüste auf, die sich mit der frischen Gemüsebouillon leicht stillen lassen. Bei starkem Verlangen nach Brot und Backwaren kann das Knabbern von Mandeln helfen. Süssgelüsten kommt Obst, allenfalls etwas Dörrobst entgegen. Doch verschwinden diese Gelüste in aller Regel nach ein bis zwei Wochen ganz und machen einem viel differenzierteren Geschmacksempfinden Platz. Bei Einladungen kann bei dieser Diätstufe schon einiges mitgegessen werden, und die gelegentliche Ausnahme wird meistens gut vertragen, wenn auf die tierischen Produkte verzichtet werden kann. Ältere Menschen sollten nach 2 Wochen den Natriumspiegel kontrollieren lassen, da manchmal die Nieren dieses nicht mehr vollständig zurückresorbieren können. Sinkt er ab, so kann etwas mehr Salz an die Salatsauce gegeben werden.

Die Diätstufe II kann zur Heilung von Krebs und anderen chronischen Krankheiten über viele Monate eingehalten werden, ohne dass ein Mangel an irgendeinem Nahrungsstoff entsteht. Sie ist vollständig und hochwertig, ausser dass das Vitamin B12 ergänzt werden muss und bringt ein besonderes Wohlbefinden und grosse geistige und körperliche Leistungsfähigkeit hervor. Speisepläne und alle Angaben zur Zubereitung finden Sie im Kapitel Speisezettel auf Seite 79 dieses Buches.

Formen vegetabiler Frischkost

Zubereitungsformen	Behandlungs- formen	Wirkung	Dauer	Menge
Saftförmig: Obst, Rohgemüse, Pflanzenmilch (Mandel-, Soja-, Sesam-, Pinienkernmilch), Vorzugsmilch* (roh, nicht homogenisiert), wenn verordnet, sonst wenn verordnet: Zusätze von Vollgetreide- oder Leinsamenschleim (immer ⅓ des Saftes) oder Rahm* und etwas Zitronensaft.	Krebs oder Rezidivrisiko, allgemeine Stoffwechselüberlastung (Fastenindikation), Übergewicht, Herz- und Kreislaufversagen, Magen-Darm-Entzündungen, Nierenentzündungen, Leberentzündungen, akute Infektionen, Grippe (Fieber)	Entgiftend, antioxydativ, krebshemmend, entwässernd (Herz- und Kreislaufentlastung), gefässabdichtend, entzündungshemmend, antiinfektiös, basenüberschüssig, Förderung der Nahrungsökonomie, Sanierung des Darmmilieus und der Darmflora, gewichtsreduzierend	1–28 Tage je nach ärztlicher Verordnung, bei Krebs oft länger. Bei längerdauernden Fastenkuren: 1–3 Tage	1200–1400 g Frischsäfte (6–7 Gläser), 450–500 g Pflanzenmilch und Kräutertee. 500–600 Kalorien
Püriert: (leichte Mengenvermehrung, Ölzugabe): Obst und Gemüse im Mixer gemixt (Gemüse mit Sauce, siehe Rezeptteil), Baumnüsse, Mandeln, Haselnüsse oder Mandeln fein gerieben, Zusatz: Pflanzenmilch, Sesammilch oder nicht homogenisierte Vorzugsmilch*, Buttermilch*, Sauermilch*, Molke*, Joghurt*, Vollgetreide*, fein geschrotet oder gekeimt	Entzündungen im Verdauungssystem, Krebs und dessen Verhütung, während Chemo- oder Radiotherapie, Rekonvaleszenz	Wie unter „saftförmig“, plus Zellulosegehalt (Anregung der Peristaltik), Verbesserung der Darmflora, antikarzinogen, antioxydativ	3–14 Tage, je nach ärztliche Vorschrift, manchmal auch viel länger	Ca. 1200 Kalorien s. Tagesmenu
Feingehackt: Obst und Gemüse fein geschnitten, gehackt (Saucen siehe Rezeptteil), Baumnüsse, Mandeln, Haselnüsse, fein gerieben. Zusatz: Pflanzenmilch oder rohe, nicht homogenisierte Vorzugsmilch*, Buttermilch*, Sauermilch*, Molke*, Joghurt*, Vollgetreide*, fein geschrotet oder gekeimt	Wie bei „püriert“, weitere Rekonvaleszenz	Wie unter „püriert“, antikarzinogen, fermentativ, peristaltische Wirkung durch Zellulose in gröberer Form. Mehr Volumen, grössere Sättigung, Darmanregung	3–21 Tage, je nach ärztlicher Verordnung	Ca. 1200 Kalorien s. Tagesmenu

*Nur nach Absprache mit Ihrem Arzt

Zubereitungsformen	Behandlungsformen	Wirkung	Dauer	Menge
Normale Rohkost: Obst und Früchte ganz oder zerkleinert (Bircher-Müesli), mit Mandelpüree zubereitet (siehe Rezeptteil), Baumnüsse, Mandeln, Haselnüsse, Pinienkerne ganz, Vollgetreide* geschrotet, gekeimt oder Flocken, Vorzugsmilch* roh, nicht homogenisiert, Buttermilch*, Sauermilch*, Molke*, Joghurt*	Krebs und Rezidivrisiko. Während Chemo- oder Radiotherapie. Allgemeine Umstimmung der Stoffwechsel-Reaktionslage, Verstopfung. Ekzeme, alle allergischen Erkrankungen. Migräne, Akne, Furunkulose, chron. Infektion und Infektanfälligkeit, Arteriosklerose, hoher Blutdruck, Vorbereitung und Nachbehandlung von Operationen, Rheuma	Während Wochen und Monaten anwendbar, zwingt als gröbere Form zu vermehrtem Kauen und regt die Speicheldrüsentätigkeit an, mechanische Reinigung der Zähne	Durchschnittlich 1–6 Wochen oder 1–3 Tage pro Woche im Turnus mit Frischsaft-/Mandelmilchdiät. Bei Krebs während Monaten. Rohkost mit *Zulagen (s. Seite 82), Vollkost, vegetabile Vollwertkost nach Ausheilung	Ca. 1200 Kalorien s. Tagesmenu

*Nur nach Absprache mit Ihrem Arzt

Reaktionen auf die Umstellung auf die vegetabile Frischkostdiät und ihre Behandlung

Hier finden Sie die häufigen Reaktionen auf die Stoffwechselumstellung zu Beginn der Diät zusammengestellt und erklärt.

1. Kopfschmerzen:
Sie treten besonders als Entzugssymptom des Coffeins auf, wenn vorher noch Kaffee oder viel Schwarztee getrunken worden war oder wenn viel Harnsäure aus den Geweben ausgeschieden werden muss und diese im Blutserum kolloidal gebunden war. Dies ist der Fall, wenn vorher die Ernährung noch ziemlich viel Fleisch enthielt. Durch die Entgiftung des Bindegewebes wird die Leber vorerst zusätzlich belastet. Dabei kann es zu Energiestauungen im Gallenblasenmeridian kommen, zu seitlich von hinten am Nacken ausgehende Kopfschmerzen. Chemische Schmerzmittel und die üblichen Migränemittel sollten vermieden werden, da sie die Symptomatik nur unterdrücken, neue Entzugssymptome erzeugen und damit die Ausheilung hinauszögern. Wichtig ist hier die Bettruhe. Durch einen warmen Leberwickel oder eine Ganzkörperpackung, durch Wechselfussbäder, eine heisse Dusche mit anschliessenden kurzen kalten Schenkelgüssen und Armgüssen und kurzem Nackenguss kann viel Erleichterung erzielt werden. Sollte dies nicht genügen, so ist eine homöopathische Therapie sehr wirksam. Sie unterstützt regulativ die Heilung. Die Mittel müssen durch einen in klassischer Homöopathie ausgebildeten, erfahrenen Arzt, Heilpraktiker oder Therapeuten gewählt und in der dreissigsten oder zweihundertsten Potenz eingesetzt werden. Besonders häufig indizierte Mittel sind: Belladonna, bei ste-

chenden, berstenden oder pulsierenden Kopfschmerzen und Hitzestauung im Kopf mit kalten Füssen, Scheu vor Licht und Lärm, Kopfschweiss. Aconitum ist ähnlich aber mit Unruhe und Angstgefühl verbunden und ohne Schweiss. Lachesis bei dunkelrotem Blutstau in den Kopf und Linksseitigkeit indiziert, Coffea kann bei Kaffeeentzugskopfschmerz gut wirken, wenn die übertriebene Wachheit des Kaffees vorhanden ist. Wohl können Kopfschmerzen sehr unangenehm sein, aber sie sind nicht gefährlich. Hier lohnt es sich, mit dem Körper Geduld zu haben und daran zu denken, dass er daran ist, für Sie zur Entgiftung viel zu leisten.

2. Oft wird die Zunge stark belegt. Vorübergehend kann sogar ein dunkler bis schwarzer Belag entstehen, was nach der ersten Entgiftung wieder verschwindet. Dabei kann es wohltun, die Zunge mit einer weichen Zahnbürste zu bürsten.

3. Hunger und Durst werden höchstens am ersten Nachmittag empfunden, danach nicht mehr. Dabei darf man ohne Weiteres viel Lindenblüten-, Pfefferminztee oder Wasser trinken.

4. Je nachdem, wie krank das Milieu im Darm zuvor war, können anfangs Blähungen auftreten und Verstopfung. Hier kann mit einem warmen Leibwickel oder einem Kamillenteeeinlauf von 1 Liter geholfen werden. Auch ohne Einlauf beginnt durch die Rohkostdiät der Darm zu arbeiten, so dass vorübergehend auch mehrmals täglich dünne Entleerungen möglich sind. Die Darmflora vermindert sich anfangs. Pathologische Keime verlieren ihr „Heimatrecht“ durch die Umwandlung des Milieus im Darm, das von alkalisch auf sauer umschlägt. Dadurch nisten sich allmählich gesunde Bakterien der Darmflora ein und vermehren sich, besonders Enterokokken, Lactobazillen und zuletzt Escherichia coli-Arten, welche den Stuhl ocker oder gelb färben. Die Qualität der Galle bessert sich eindrücklich, denn die Leber produziert zunehmend gesunde, gelbgrüne Galle, die den Stuhl zusätzlich gelb färbt.

5. Immer tritt am Anfang der Diätumstellung eine starke Entwässerung des Körpers auf, die sich als Harnflut bemerkbar macht. Dabei sinkt der Blutdruck und das Körpergewicht nimmt ab.

6. Anwandlungen von Niedergeschlagenheit, Müdigkeit, Heftigkeit, Gereiztheit, Unruhe, Affektausbrüchen können besonders um den dritten Tag auftreten. Am 4. Tag sind sie in aller Regel wieder verschwunden. Manchmal erscheinen sie um den 10. Tag nochmals, aber viel schwächer. Dabei muss man daran denken, dass dies Heilungsreaktionen sind. Es kommt seelisch zu neuer Öffnung, zu neuer Sensibilität, zu einem besseren Zugang zu eigenen Gefühlen und Empfindungen, auch gegenüber anderen Menschen. Es entsteht ein neuer Zugang zu den Folgen traumatischer Erlebnisse, die wir verdrängt hatten. Wer bereits an einem Krebs leidet, ist durch diese Bedrohung mit Ängsten sehr belastet. Man fühlt sich oft damit allein gelassen. Da ist es wichtig, sich dem Arzt mitzuteilen. Auch hier kann die Homöopathie oft helfen. Es lohnt sich, die Gefühle, die aufkommen, zu beachten. Ist noch kein Krebs entstanden, so ist es wichtig auch daran zu denken, dass es keinen Grund zur Verzweiflung gibt, denn die begonnene Therapie ist wirksam und bietet viel Schutz. Andere Gefühle, die aufkommen mögen, gehören meist der Vergangenheit an. Da lohnt es sich, daran zu denken, dass sie mit heute nichts mehr zu tun haben. Notieren Sie sich, was kommt, auch Träume. Besprechen Sie diese mit Ihrem Arzt. Nach diesen Reaktionen folgt ganz besonderes Wohlbefinden, neue Leichtigkeit und Heiterkeit.

7. Schlafstörungen können während zwei bis fünf Nächten auftreten, danach folgt

ein grosses Schlafbedürfnis und besonders tiefer Schlaf in den frühen Stunden der Nacht. Darum ist es ganz wichtig, sich um 21 Uhr schlafen zu legen. Diese vorübergehende Schlafstörung muss man unterscheiden von den Entzugssymptomen von Schlafmitteln, die vor dieser Therapie eingenommen worden waren. Chemische Schlafmittel sind Schlaflosigkeitsmittel durch ihre Langzeitwirkung. Sie zerstören die Fähigkeit zu natürlichem Schlaf aufs Empfindlichste und bedürfen oft einer ärztlichen Entzugsbehandlung, bis der natürliche Schlaf wieder möglich wird. Mit dieser darf nicht zugewartet werden. Wurde eine Chemotherapie durchgeführt, so ist diese oft auch eine Ursache für Schlafstörungen. All dies gehört in die ärztliche Sprechstunde. Schlafstörungen können durch regulative Infusionstherapien und die Homöopathie in der Regel erfolgreich behandelt werden.

8. Vorübergehende Gelenk-, Glieder-, Lenden- oder Muskelschmerzen, manchmal auch Muskelkrämpfe oder Unruhe in den Beinen, sind ebenfalls Ausdruck der Entgiftungsvorgänge und legen sich bald wieder, es sei denn, es liege eine Pathologie vor, die ärztlicher Behandlung bedarf. Muskelkrämpfe zeugen von der Umstellung des Mineralstoffwechsels. Sie verschwinden von selbst wieder. Sind sie quälend, so ist es sinnvoll, sie mit dem homöopathischen Mittel Magnesium phosphoricum in der zwölften Potenz oder dem entsprechenden Schüsslersalz zu behandeln, welches mithilft, den Magnesiumstoffwechsel zu regulieren.

9. Häufig erscheint die Periodenblutung verfrüht, seltener verspätet, was sich danach rasch ausreguliert.

10. In den Wechseljahren verstärken sich manchmal am Anfang Hitzewallungen, Herzklopfen oder auch Herzschmerzen, gefolgt von einem auffallenden Rückgang aller klimakterischen Erscheinungen. Herzschmerzen müssen unbedingt sofort mit Ihrem Arzt besprochen werden.

11. Am Anfang der Diät, besonders um den dritten Tag, kann es sein, dass man etwas fröstelt, mit kalten Händen und Füssen. Auch Benommenheit kommt vor, wobei der Kopf als „leer“ empfunden wird, mit Verträumtheit und rascher Ermüdbarkeit, fehlendem Schwitzen oder unvermutetem Schweissausbruch oder heissen Handflächen und Fusssohlen. Diese Erscheinungen zeugen vom raschen Absinken des Insulinbedarfs durch die Diät. Durch Einnahme einiger Rosinen, die man immer bei sich haben sollte, können sie rasch behoben werden.

Begleitende, allgemeine Empfehlungen zur vegetabilen Frischsaftdiät

Es kann sich lohnen, sich vor dem ersten Frischsafttag am Samstag zum Beispiel einen Fasten-Ruhetag zu gönnen, an welchem man nur Kräutertee trinkt, zum Beispiel Fencheltee und am Sonntag den ersten Frischsafttag zu beginnen mit Bettruhe, etwas abgedunkeltem Zimmer. Bei Blähungen Fencheltee, bei Bauchbeschwerden heisse Leberkompresse oder Heublumensack, Bittertee, Kamillentee, schlückchenweise verdünnter Zitronensaft, kalte Leibwickel, heisse Nackenkompresse (oder Heublumensäckchen). Bei schwerem in Gang kommen der Darmtätigkeit können am Tag der Kostumstellung einmal morgens früh nüchtern 30 g Bittersalz getrunken und ein warmer Kamillenteeeinlauf (1 Liter) gemacht werden. Dies alles ist viel leichter bei liebevoller Pflegehilfe.

Bei starken seelischen Reaktionen muss eine ruhige, sichere, vertrauende Atmosphäre herrschen. Orangenblütentee oder Malventee mit Honig und einige Rosinen helfen mit, Ruhe zu bewahren. Auch ein längeres warmes Bad mit Lavendelessenz beruhigt seelisch. Wadenwickel, Wassertreten (in kaltem Wasserbecken) helfen mit, im Kopf Ruhe zu finden. Gibt es liebevolle Pflege, so tut eine Bein- oder Nackenmassage sehr wohl. Wertvolle Hilfen sind auch Kräuterbäder (zum Anregen Fichtennadel oder Rosmarin, zum Beruhigen Lavendel) und Kräutertees, Silbermanteltee. In der Klinik sind ein mildes Lichtbogenbad zur Durchwärmung, Wechselabreibungen, bei Bedarf eine periodenableitende oder -anregende Bindegewebsmassage, ein Heublumensitzbad, ein Reibesitzbad nach Kuhne, ein aufsteigendes Armbad nach Hauffe, Hand- und Fussbäder, auch Atemschulung und in der Früh ein täglicher Morgenspaziergang mit Tautreten von grosser Hilfe.

Die neue Gleichgewichtslage

Das Folgende entspricht sehr häufig gemachter Beobachtung, wird aber je nach Zustand des Patienten in verschiedenen Varianten und Graden zu erwarten sein: Wenn man gut durchhält, findet der Organismus nach 1–2 Wochen in der Regel eine neue Gleichgewichtslage, deren Kennzeichen auf Grund langer Erfahrung etwa so aussehen werden:

Allgemeiner Eindruck

Haltung und Gang sind straffer, die Gesichtsfarbe frischer, Gesichts- und Körperformen entquollen. Die Stimmungslage ist entspannt und freudig. Es besteht eine neue, lebhafte Assoziations- und Beziehungsfähigkeit. Als persönlicher Eindruck des Patienten wird neue Leichtigkeit empfunden, ein „freierer Kopf" und geringere Ermüdbarkeit, sowie geistige Frische.

Bei der Untersuchung stellt der Arzt fest, dass die Gewebe fester geworden sind, die Haut reaktionsfähiger mit Rückgang von Talgfluss oder Trockenheit, von nässenden oder juckenden Hautausschlägen am Haarboden. Quincke-Ödeme (allergische Wassereinlagerungen) verschwinden auffallend rasch. Pickel oder Akne bilden sich zurück, auch im Pubertätsalter. Die Kapillardurchblutung hat sich gebessert und Venenstauungen haben sich zurückgebildet.

Der allgemeine Rückgang von Schwellungen durch die Entquellung der Gewebe ist besonders eindrücklich zu sehen an zuvor vorhandenen Schwellungen von Lymphdrüsen, Gaumen- und Rachenmandeln, Schilddrüsen- und Zahnfleischschwellungen, Gelenksergüssen, entzündlichen Ergüssen in Körperhöhlen, bei Ödemen und Infiltraten. Die Zunge ist gereinigt, mit feinem weisslichem Belag, der Mundgeruch verschwunden. Die Darmträgheit ist einer lebhaften Peristaltik gewichen und Darmkrämpfe sind verschwunden. Übermässige Magensäurebildung hat sich normalisiert, zu geringe Magensäue ist langsam angestiegen. Appetitlosigkeit ist gewichen, übermässiger Heisshunger ist verschwunden. Das Herz zeigt eine ruhigere Tätigkeit. Rückgang von Ödemen und Atemnot bei Herzinsuffizienz. Bessere Leistungsfähigkeit. Der Schlaf erscheint früher und hat sich vertieft. Seelisch besteht eine bessere Zugänglichkeit, Entschlussfähigkeit, Aufgeschlossenheit und ein Rückgang depressiver Stimmung.

Dies alles bedeutet, dass im Gesundheitszustand und in der Reaktionslage des Organismus ein Wendepunkt eingetreten ist, eine Belebung, Normalisierung. Die Genesung ist auf allen Ebenen in Gang gesetzt worden, ein neues Lebensgefühl ist erwacht.

Ist Krebs vorhanden oder wurde er entfernt und Chemo- oder Radiotherapie durchgeführt, so müssen die Diätstufen I und II lange durchgeführt werden, da es lange dauern kann, bis sich der gesamte Regenerationsvorgang stabilisiert. Erst wenn die Heilung abgeschlossen ist, kann vorerst auf die III. Diätstufe, eine vegane Diät mit 30 % gekochten Speisen, übergegangen werden und etwas später auf unsere IV. Diätstufe, eine Vollwertkost mit weiterhin mindestens 70 % Rohkost und 30 % gekochten Speisen mit geringer Zugabe von Vollgetreide, Frischmilch, Sauermilch, Buttermilch und ganz wenig Butter und Ei. Dabei ist es wichtig, immer wieder Rohkostwochen einzuschalten. Der weitere Verzicht auf alle Reiz- und Suchtmittel und auf alle nicht unabdinglichen Medikamente und eine geordnete Lebensweise bleiben ganz wichtige Voraussetzungen für die Gesundheit. Hier verweisen wir auf das ganz wichtige Buch von Dr. Maximilian Bircher-Benner: „Ordnungsgesetze des Lebens als Wegweiser zur echten Gesundheit."

Den Kern der Rohkostwirkung sehen wir im Anstieg der Zellenergie durch Neueinstimmung und Neuordnung des Energiepotentials unserer Zellen durch die Wirkung der lebendigen Zellen in dieser Nahrung und deren Photonengehalt, die Kräftigung der gemeinsamen Resonanz mit den Informationen des Lichtes aus der Photosynthese, das durch die lebendigen Pflanzenzellen der Nahrung auf unser biologisches System übertragen wird. Diese enorme ordnende Kraft wird durch Kohärenz (gemeinsame Resonanz) über das Grundregulationssystem des zarten Bindegewebes[205] auf die verbliebene und im Krankheitsfalle abgeschwächte und gestörte energetische Resonanz des dissipativen Systems[206] unserer Körperzellen übertragen. Dies bewirkt, dass alle biochemischen Vorgänge in den Zellen energetisch vom thermodynamischen Gleichgewicht weit entfernt bleiben und somit nach dem ordnenden und regenerierenden Kohärenzprinzip[6] ablaufen können.

Hinzu kommt die Entschlackung und Reinigung des molekularen Netzwerkes der Grundsubstanz des zarten Bindegewebes in allen Organen, das nun zunehmend wieder in der Lage ist, die Informationen des Lebens zu leiten und seine Funktion als Molekularsieb zu übernehmen. Die Sauerstoffsättigung wird in allen Geweben verbessert, da die roten Blutkörperchen wieder fähig sind, sich in den Kapillaren einzurollen und dadurch viel mehr Sauerstoff zu transportieren als zuvor[207]. Dadurch wird der Stoffwechsel der Krebszellen gegenüber den gesunden Körperzellen benachteiligt.

Auch die Zufuhr hochwertigster Nahrungsstoffe wird in höchst ökonomischer Weise gewährleistet. In der Rohkost sind die Vitamine in reichlicher Menge und überdies in ausgewogenem Verhältnis enthalten, so dass sie sich gegenseitig unterstützen. Ihr hoher Gehalt an Vitamin E schützt die hitzeempfindlichen Vitalstoffe vor ihrer Entwertung und macht sie wirksamer, so die Vitamine A, C, P (Permeabilitätsfaktor), das Karotin und die Frischzellenzyme, die trotz der Passage durch den Darm grösstenteils aktiv bleiben. Der Reichtum an ungesättigten Fettsäuren der bei der Rohkost verwendeten hochwertigen Pflanzenöle und das weitgehende Fehlen gesättigter Fettsäuren wirkt der Arteriosklerose und der Alzheimer-Degeneration der Neurone des Gehirns entgegen, und die Antioxidantien bekämpfen oxydativen Stress und schützen die Erbsubstanz der Zellen vor Mutationen und Krebs. Hinzu kommt die regulierende Wirkung der pflanzlichen Frischkost auf den Mineralstoffwechsel und den Säure-Basen-Haushalt. Krankhafte Darmbakterien und Pilze einer gestörten Darmflora, wie sie bei der allgemein verbreiteten Ernährungsweise die Regel ist, leben parasitär auf Kosten des menschlichen Organismus und schädigen ihn, indem sie Vitamine rauben, Gifte produzieren und die Ökonomie des Stoffwechsels verschlechtern. Die grosse Wirkung dieser Diät auf das Milieu im Darm und die Darmflora ist für die Heilung auch der Krebskrankheit essentiell. Durch deren Gesundung kann das Immunsystem sich erholen, und die Allergielage bessert sich stetig. Dazu kommt die Wirkung der Enzyme, ätherischen Öle, Quell- und Schleimstoffe, der natürlichen antibiotischen Stoffe und der Spurenelemente mit mannigfachen günstigen Wirkungen auf den Gesundheitszustand. So wächst die Ordnung im Inneren des Körpers als Ausdruck der Genesung.

Die lebendige pflanzliche Frischkost ist die einzige Diät, welche alle diese Faktoren gleichzeitig in besten natürlichen Korrelationen zuzuführen vermag, so dass sie einander ergänzen, fördern und beschützen. Mit künstlich zusammengestellten Kombinationen kann das, auch durch ein raffiniertes industrielles Nahrungs-Engineering, niemals erreicht werden.

Die moderne Physik bestätigt die Auffassung, dass die grösste Wirkung der vegetabilen Frischkost mit der lebensfrischen Qualität der Nahrung zusammenhängt, da nicht die Nähr- und Vitalstoffzufuhr, sondern die Zufuhr höchster Energieordnungen, wie sie in lebensfrischer Nahrung enthalten sind, den Kern des Ernährungsvorganges ausmacht[208,209,210,211,212]. So kennzeichnet dies die Aussage des Nobelpreisträgers Erwin Schrödinger[213] zur Rohkostwirkung treffend: „Lebendigkeit der Nahrung ernährt die Lebendigkeit des Körpers." Ein Weg, der sich lohnt.

Die verjüngende Wirkung der vitalen vegetabilen Frischkost

Durch die Rohkosttherapie geschieht eine echte Verjüngung der Gewebe unseres Körpers. Ein wohldosiertes Frischsaftfasten (Diätstufe I) gibt dem Körper einen Anreiz, den Abbau überalterter Zellen zu beschleunigen, und der nachfolgende Diätaufbau zur Rohkost (Diätstufe II) veranlasst unseren Organismus zur Neubildung junger Zellen, welche durch diese Diät energetisch hochwertig und „lebendig" sind. Das Frischsaftfasten nötigt den Körper, teilweise von sich selbst zu leben, so dass ein Grossteil überalterter oder entarteter Gewebszellen abgebaut und ein intensiver Reiz zu gesunder Zellneubildung entsteht.

Aus diesem Grunde sollte bei der Rohkostbehandlung stets mit der strengsten und knappsten Diätstufe, die der Patient verträgt, begonnen werden, um dann stufenweise aufzubauen. Auf diese Weise setzt man zuerst die Entgiftung in Gang, dann den Verjüngungsreiz und legt danach, wenn dieser sich auszuwirken beginnt, schrittweise lebendige pflanzliche Nahrung zu, um die nachgebildeten jungen Körperzellen energetisch und biochemisch auf das Beste auszustatten. Für die meisten Patienten können wir mit Frischsaftfasten beginnen (250 Kalorien), gehen dann über auf Frischsaftvolldiät (Frischsaft mit Pflanzenmilch, Diätstufe I, 600–700 Kalorien) und nach unterschiedlich langer Zeit auf die volle Rohkostdiät (Diätstufe II, 1200–1700 Kalorien). Viel später geben wir Rohkost mit Zulagen (1500–2000 Kalorien), und dann steigern wir auf unsere vegane Vollwertkost mit 70 % Rohkostanteil (1800–2400 Kalorien, Diätstufe III). Bei der Bekämpfung von Krebs oder der Gefahr eines Rezidivs, sowie nach bestimmten anderen Krankheiten, wie zum Beispiel entzündlichen rheumatischen Krankheiten, schweren Magendarmkrankheiten (Colitis ulcerosa, Crohnsche Krankheit), Neurodermitis u. a. ist es ratsam, über einige Jahre diese Diätstufe beizubehalten. Ist der Krebs besiegt und sind die Zeichen einer Rezidivgefahr nicht mehr vorhanden, so kann nach längerer Zeit auf unsere vegetarische Vollwertkost (1800–2400 Kalorien, Diätstufe IV) übergegangen werden, mit vorsichtiger Zugabe von Frischmilchprodukten und etwas Ei.

Spitzensportler und Kraftathleten, die sich ausschliesslich von Rohkost ernähren, beweisen immer wieder, dass gerade sie Höchstleistungen erbringen (Rohkostdiät kann problemlos auf 3400 Kalorien erhöht werden). Wissenschaftler der Sportdiätetik warnen immer wieder vor dem zu hohen Konsum an tierischem Eiweiss bei Spitzensportlern und vom Mythos, dass Fleisch Muskelkraft erzeuge. Ein Sportarzt fragte seinen Patienten: „Was frisst ein Büffel? Und was ein Gorilla, um so kräftig zu sein?“ Gras, Kräuter, Rüben!

Die richtige Anfangsdosierung

Gerade nach grösseren Operationen, antibiotischen Therapien und besonders nach einer Chemotherapie sind Patienten besonders empfindlich und kann die Leber und die Niere sehr geschwächt sein, so dass sie die plötzliche, grosse Ausscheidung enormer Mengen an Stoffwechselschlacken und Toxinen nicht vertragen. Bei ihnen muss der Übergang zur Frischsaftdiät allmählich gestaltet werden. Man beginnt mit Diätstufe III, nach 5 Tagen geht man auf die Diätstufe II über und erst nach 10 Tagen auf das Frischsaftfasten.

Gerade für diese Patienten ist diese Therapie ganz besonders wertvoll, da nach dieser vorsichtigen Anfangsdosierung die Leber und die Niere durch die Nahrungsökonomie sehr geschont werden und die Zellen dieser Organe sich durch das hohe Energiepotential regenerieren.

Das Thema der so genannten „Rohkostintoleranz“

Viel Polemik gibt es derzeit um die Rohkost, besonders seit der Giessener Rohkoststudie von 1998. Die Vielfalt der Formen und Gruppierungen von „Rohköstlern“ zeigt, wie leicht Ernährungsfragen zu Glaubenstragen werden, sei man nun Wissenschaftler oder nicht. Die Art und Weise sich zu ernähren ist eine so intime Sache, dass jegliche Empfehlung riskiert, als Einmischung in persönlichste Glaubensfragen empfunden zu werden. Immerhin zeigt die ständige Zunahme der Krebskrankheit und aller anderen häufigen Krankheiten in den Statistiken der WHO[214] wie die Adipositas, Diabetes, Bluthochdruck, Arteriosklerose, Herzinfarkt, Hirnschlag, Magen-Darmkrankheiten, allergischer Phänomene, Asthma und Lungenemphysem, Thromboembolien, multipler Sklerose und anderer degenerativen Krankheiten des Nervensystems, in allen Ländern, wo unsere „zivilisierte“ Lebens- und Ernährungsweise zu finden ist, dass ein grundlegendes Missverständnis besteht zwischen dem Paradigma unserer modernen medizinischen Wissenschaft und Ernährungslehre und der Biologie des Menschen.

Manche Menschen sagen mit Recht, dass sie Rohkost nicht vertragen. Durch Blähungen geplagt, weichen sie auf Gekochtes aus. Dies liegt aber nicht an der Rohkost, sondern am gestörten, krankmachenden, alkalischen Milieu im Inneren des Darmes, der durch die gestörte Darmflora beschädigten Schleimhautbarriere mit unvollständigem IgA-Antikörpergehalt der Schleimschicht, der Überwucherung mit pathogenen Arten von Kolibazillen und Hefepilzen. Ein solcher Darm verliert immunologisch die Toleranz für die uns gesund erhaltenden Keime, wie Enterococcus faecalis, Lactobazillen und bestimmten gesunden Escherichia coli-Stämme und reagiert allergisch auf verschiedenste, teils auch auf gesündeste Nahrungsmittel.

Die Umstellung auf Rohkost als Heilnahrung muss gekonnt sein. Bei anfänglicher Unverträglichkeit gelingt sie am besten, wenn man mit der Diätstufe I beginnt, mit ganz frisch zentrifugierten Obst- und Gemüsesäften und immer frisch zubereiteter Mandelmilch über 7–10 Tage. Danach wird die Rohkost in aller Regel problemlos vertragen, bis auf seltene Fälle, die weiterer Abklärung bedürfen. Eine Ausnahme sind die entzündlichen Darmkrankheiten, die Colitis ulcerosa und der Morbus Crohn. Für diese Patienten ist die Frischsaftdiät in ihrer Wirkung zu stark und muss mit pürierter Rohkost begonnen werden. Damit wird die Umstellung auf eine moderne Ernährung mit einem Anteil an lebendigen Vegetabilien von 70 %, die allein uns vor dem Untergang im Abgrund der Zivilisationskrankheiten und Krebs bewahrt, für jedermann möglich. Ein Weg, der sich lohnt.

Empfehlung für notwendige Laboruntersuchungen für den behandelnden Arzt

Vor dem Diätbeginn:
Grosses Blutbild, Na, K, Selen, Zink, Serum Albumin GOT, GGT, ALP, Pankreasamylase, LDH, Vitamin D3, Vitamin B12, TSH, Quecksilber, Kupfer, Blei.

Im Verlauf:
Na bei älteren Patienten, Vitamin B12 und was substituiert werden musste.

Die Zubereitung der Rohkost

Folgende Grundsätze müssen beachtet werden

1. Die Frische
Frischkost soll so kurz wie nur möglich vor der Mahlzeit zubereitet und so gartenfrisch, keller- oder kühlraumfrisch wie möglich beschafft werden. Weder ein Welken oder Auslaufen von Saft darf vorkommen. Sobald die Nahrungsmittel zerkleinert sind, dürfen sie so wenig wie nur möglich mit der Luft in Kontakt kommen (rasches Vermischen mit der Sauce). Sind schwarze Stellen an Wurzel- oder Knollengemüse, auch noch so klein, vorhanden, so müssen diese tief ausgeschnitten oder das ganze Stück weggeworfen werden, denn in diesen schwarzen Stellen bilden Bafilobakterien ihre Bafilotoxine, welche im Menschen die Insulin bildenden Inselzellen der Bauchspeicheldrüse angreifen können und dadurch Diabetes auslösen können. Auch muss die Verwendung von braunen Stellen an Obst, Salaten und Gemüse unbedingt vermieden werden. Sie dürfen nicht einfach ausgeschnitten werden, denn in diesen braunen Stellen sind Polyphenole durch das Enzym Polyphenoloxydase in toxische Chinone umgewandelt worden, die für den Menschen sehr giftig sind.

2. Die Qualität
Am besten sind sonnengereifte Früchte und Gemüse aus biologisch-dynamischem Anbau. Andere Nahrungsmittel sollten nur mit Kompost, nicht mit chemischem Dünger gedüngt und in humusreichem Boden angebaut worden sein. Solche Produkte sind bei richtiger Bodenbehandlung viel weniger anfällig auf Schädlinge und Pflanzenkrankheiten und werden deshalb viel weniger gespritzt. Am sichersten ist die Versorgung aus einem eigenen, sachkundigen Gartenanbau.

Ist man auf Markt- oder Ladengemüse angewiesen, so beobachte man genau und beachte auch den Geruch und wähle nicht unbedingt nach Grösse und Schönheit, sondern nach Gesundheit, Frische, guter Reifung und beim Grüngemüse nach einer kräftigen natürlichen Farbe.

Die Zusammenstellung der Rohkost

Damit die Kost alle wichtigen Nähr- und Heilfaktoren enthält, muss sie harmonisch zusammengestellt werden und sowohl dem Geschmackssinn als auch beim Anblick Freude bereiten.

Jedes Rohgericht soll wenn möglich aus dem Dreiklang Wurzel-Frucht- Blattgemüse bestehen, so dass die Inhaltsstoffe in jeder Mahlzeit ausgewogen vorhanden sind. Die grünen Blätter sind in der Krankenkost besonders wichtig. Die Sauce muss zu jeder Salat- oder Gemüseart passen, so dass in derselben Schüssel mehrere Saucen vorkommen. Die Farben sollten ebenfalls im „Dreiklang" zusammengestellt werden, so dass die Platte schön und appetitlich ist. Dies trägt zur Freude des Essens sehr viel bei. Kleine Garnituren aus Kräutern, möglichst Frischkräutern, Radieschen, Erstlingskarotten, Borretsch- und Kapuzinerblüten usw. lassen die Rohkostplatte noch farbenfroher und festlicher werden. In aller Regel sollte die Dreizahl bei der Zubereitung der Rohkostplatte nicht überschritten, sondern für viel Abwechslung von Tag zu Tag gesorgt werden. Übertriebenes Vielerlei ist nicht günstig.

Die Anpassung an den Geschmack und die Kaufähigkeit

Es gibt Menschen, welche die breiige Kost nicht mögen. Oft beobachtet man dies bei Frauen während einer Schwangerschaft. Andere Menschen haben ein schlechtes Gebiss oder eine empfindliche Magen- und Darmschleimhaut, so dass sie anfangs selbst fein zerhackte Kost nicht vertragen. Durch die Art der Zerkleinerung der Rohkost kann auf diese Besonderheiten Rücksicht genommen werden, indem man folgende Regeln beachtet:

a. Die unzerkleinerte Zubereitung:
Sie eignet sich für Menschen mit guten Zähnen und gesunden Schleimhäuten. In diesem Fall macht es Freude, ganze Blumenkohlröschen, ganze Tomaten, Salatblätter, Karotten auf der Rohkostplatte zu finden.

b. Die normale Zerkleinerung:
Sie eignet sich für Kopfsalat, Schnittsalat, Feldsalat, Löwenzahn, Kresse.
Hier sollen nur grosse Blätter halbiert, kleinere Blätter als Ganze belassen werden.

c. Die stärkere Zerkleinerung (fein gehackt):
Sie eignet sich für Blattgemüse (mit Wiegemesser fein wiegen) und für Fruchtgemüse (hobeln oder fein schneiden) und für Wurzelgemüse (fein raffeln).

d. Die pürierte Zubereitung:
Wenn die Zähne nicht kauen können oder bei gewissen Magen-Darmkrankheiten (siehe unser Handbuch Nr. 14 für Magen- und Darmkranke) ist das Pürieren der Rohkost notwendig. Pürierte Gemüse sind kombiniert am besten (siehe Rezeptteil).

Die Reinigung der Rohkost

Besonders bei Laden- oder Marktgemüsen ist es ganz wichtig, die folgenden Anweisungen genau zu beachten, um die Gefahr einer Infektion mit Parasiten oder Bakterien zu vermeiden:

Die Reinigung der Früchte und Gemüsefrüchte

Hier genügt es in der Regel, die Früchte gut zu waschen und, wo erforderlich, zu schälen.

Besteht Zweifel an der Sauberkeit der Früchte, besonders in südlichen oder tropischen Ländern und bei mit Jauche oder Mist gedüngten Früchten, so ist folgendes Vorgehen besonders wichtig:

Gurken und Schoten
Gurken von der Mitte nach aussen schälen, bittere Enden abschneiden. Zarte Gurken können nach gründlichem Waschen auch ungeschält verwendet werden. Grüne und gelbe Paprika oder Pfefferschoten sind weniger scharf als die roten. Sie sollen in der Mitte halbiert und die Kernchen sorgsam entfernt werden. Dicke Stellen einschneiden und in Wasser einlegen, wenn sie zu scharf sind.

Blattgemüse
Bei Kopfsalat, Endivien, Lattich, Weisskraut, Kohl, Rotkraut usw. die Blätter auseinandernehmen, braune und schadhafte Blätter wegwerfen. Besteht Verdacht auf Wurmeier (bei mit Jauche oder Mist behandelten Salaten oder in den Tropen), 20 Minuten in Salzwasser einlegen (1 Handvoll/5 Liter) und danach mehrmals jedes Blatt einzeln nachspülen unter dem Wasserstrahl oder der Dusche. In einer Salatschleuder, einem Siebkorb oder in einem sauberen Tuch ausschwingen.

Kleinblättrige Salate
wie Nüssli- (Feld-) und Schnittsalat, Spinat, Löwenzahn, Kresse, Rosenkohl, Rucola usw. benötigen besondere Sorgfalt beim Rüsten und Waschen. Öfters in kleinen Portionen nachspülen. Würzelchen und zähe Stiele entfernen. Chicorée und Chicorino halbieren, äusserste Blätter entfernen und gut durchspülen.

Wurzel- und Knollengemüse
Bei Sellerie, Karotten, Schwarzwurzeln, Randen (Rote Bete), Rettich, Kohlrabi, die Wurzeln mit einer Bürste unter dem laufenden Wasser reinigen, schälen und sofort in kaltes Wasser mit Salz und Zitronensaft legen (2 Zitronen oder ausgepresste Schalen pro 5 Liter Wasser). Dadurch behalten diese Gemüse ihre frische Farbe.

Andere Gemüse
Zur Befreiung von Wurmeiern und Ungeziefer lege man das Gemüse in einer verdünnten Kochsalzlösung (1 Handvoll Salz auf 5 Liter Wasser) ein. Die Kochsalzlösung bringt die durch eine Eiweissschicht haftenden Wurmeier zur Ablösung, so dass sie beim nachherigen gründlichen Spülen entfernt werden. Als frei von Wurmeiern darf nur Gemüse betrachtet werden, das korrekt biologisch gezogen wurde, ohne Jauche-, Mist- oder Häuschendüngung.

Wegen der starken Einwanderung in Europa können heute auch in Mitteleuropa für einen gesunden Menschen Kolibazillen und Pilze zu einer Gefahr werden, sie können mit Zitronensäure oder Essig entfernt werden. Man stelle eine Lösung von 60 g Zitronensäure (aus der Drogerie) auf 1 Liter Wasser her. Nach dem Gebrauch kann diese Lösung abgesiebt und noch 3x verwendet werden.

Knollen und Fruchtgemüse können nach dem Rüsten in ein Sieb gegeben und 10 Sekunden in kochendes Wasser getaucht werden. Dabei wird die äussere Schicht keimfrei und innen ist das Gemüse noch roh und frisch geblieben.

Gemüse- und Fruchtsäfte werden, wenn in kritischen Gegenden zubereitet, auch ohne diese Vorbereitungen beinahe keimfrei, wenn man noch ⅕ der Menge ausgepressten Zitronensaftes beifügt.

Um sich in den Subtropen oder Tropen vor Amöbeninfektionen zu schützen, tauche man die gerüsteten Gemüse kurz in eine Chlorkalklösung (5 g Chlorkalk auf 1 Liter Wasser). Dann gründlich nachwaschen mit gekochtem Wasser, wodurch der Chlorkalk vollständig entfernt wird.

Von der Bircher-Raffel zur elektrischen Küchenmaschine

Zweckmässige Geräte und Maschinen sind ganz wichtig für die Durchführung der Rohkostdiät. Übliche Raffeln verstopfen leicht und raffeln meist zu grob. Die von Dr. Bircher entwickelte Raffel arbeitet anders. Sie hat eine spezielle, doppelte Zahnung, welche nie verstopft und in beiden Richtungen arbeitet. Sie gibt eine saftige, zarte und dennoch formerhaltende Rohkost. Sie reibt leicht und schnell und durch leichte Quetschung beim Raffeln wird die Rohkost schön und saftig. Die Scheiben elektrischer Raffelmaschinen sind oft zu grob gestaltet. Wenn Sie eine Maschine mit Bircher-Raffelscheibe, d.h. mit der doppelten Zahnung auswählen, so sollte die Zahnung eher etwas feiner sein als bei der Bircher-Handraffel. Solche gibt es zum Beispiel von Mulinex, Zyliss, Rotel u.a.

Die Saftzentrifuge hat im Boden des Trichters eine feine Raffel eingebaut. Die Früchte und Gemüse werden sogleich geraffelt und durch das kreisförmige Sieb hindurch abgesiebt. Was gröber ist als das Sieb, kommt in den Abfallbehälter. Gute Zentrifugen gibt es von Moulinex oder in professioneller Qualität von Solis u.a. Wir empfehlen, diese in einem Fachgeschäft für den Hotel- und Restaurationsbetrieb auszuwählen, damit die Qualität erlaubt, die Maschine jahrelang zu verwenden.

Für das Pürieren und die Zubereitung der Pflanzenmilch eignet sich ein guter Stab- oder Bechermixer mit mindestens 450 Watt Leistung. Achten Sie beim Kaufen darauf, dass alle Geräte einfach zusammenzusetzen und zu reinigen sind und dass die Teile spülmaschinenfest sind.

Küchengeräte für einen kleinen Haushalt

Küchenmesser glatt und gezähnt
Schälmesser und Schäler
Gemüsehobel
Wiegemesser und grosses Holzbrett
Bircher-Raffel aus rostfreiem Stahl
Kombinierte Raffel, eine Seite hobelnd, die andere grob raffelnd
Rutschfeste Plastikschale
Eine kleine Nuss-/Mandelmühle (Kaffeemühle ist auch geeignet)
Eine kleine Handschrotmühle für Getreidekörner
Eine Handpresse für Zitronen
Eine elektrische Zitronenpresse
Eine elektrische Küchenmaschine mit feiner Bircher-Scheibe und 3 weiteren Scheiben, womit man auch Nüsse reiben kann
Ein Rollwiegemesser und ein Blitzhacker für Zwiebeln und Küchenkräuter, sowie für Mandeln und Nüsse
Eine elektrische Saftzentrifuge guter Qualität
Eine Bechermixmaschine
Ein guter Stabmixer
Eine Allespresse

Für Grossküchen in Sanatorien, Spitälern und Kurhäusern

Hier ist eine grosse, leistungsstarke Küchenmaschine notwendig. Dabei soll darauf geachtet werden, dass sie eine feine Bircher-Raffelscheibe hat.

Speisezettel

Menü-Zusammenstellungen bei verschiedenen Rohkost-Diätformen:

Frischsaftfasten (Bett-Safttag)

morgens und abends:
400 g Fruchtsaft
mittags:
400 g Fruchtsaft und 200 g Gemüsesaft (Tomaten- oder Karottensaft oder gemischten Tomaten-, Karotten-, Spinatsaft, siehe Rezepte)
Je nach der Jahreszeit Orangen- und Mandarinensaft
Grapefruit-(Pampelmusen-)Saft
Beerensäfte
Traubensäfte
Zwetschgen- und Pflaumensäfte
Pfirsichsaft
Aprikosensaft
Kakisaft
Apfel- und Birnensaft (frischgepresst)

Diese Säfte können auch kombiniert werden, z.B. Beeren- mit Pfirsich- oder Aprikosensaft, Aprikosen- mit Orangensaft, Apfel- mit Birnensaft usw.

Dabei ist zu beachten, dass Steinobst die Verdauung anregt, auch Spinat und Kohlarten, während Äpfel, Bananen, Karotten und Fenchel beruhigend wirken.

Wenn nicht eine starke Gewichtsreduktion gewünscht ist, so soll zu jeder Frischsaftmahlzeit 2–3 dl frisch zubereitete Mandel- oder Sesammilch gereicht werden.

Zudem 3 x täglich ein Esslöffel frisches, kalt gepresstes Leinöl. Leinöl hat keinen starken Eigengeschmack, es sei denn, es ist ranzig. Dann darf es nicht mehr verwendet werden. Immer gut verschliessen und in den Kühlschrank stellen. Leinöl kann man direkt mit dem Löffel einnehmen.

Die Dauer der Frischsaftdiät

Je nach ärztlicher Verordnung kann das Frischsaftfasten ein bis mehrere Tage, ja zwei bis drei, selten bis vier Wochen, durchgeführt werden. Ärztliche Überwachung während des Frischsaftfastens und des Wiederaufbaus danach ist wichtig (s. Tabelle S. 67, 68, 90, 92). Wird eine nur milde Wirkung des Frischsaftfastens gewünscht, im Sinne der allgemeinen Entgiftung, der Entwässerung und Verjüngung, so kann innerhalb der Rohkostkur oder in der Normalkost einmal wöchentlich ein strenger Fruchtsafttag eingeschoben werden, mit nur 3 × täglich 2 dl Frischsaft, sofern völlige Ruhe, am besten Bettruhe, möglich ist. Zusätzlich soll man einen Gesundheitstee zu sich ans Bett nehmen.

Ohne Ruhe während der ersten ein bis zwei Frischsaftfastentage ist die Wirkung nicht voll vorhanden, weil sie durch Ermüdung und Hungergefühl gestört wird, und es kommt nicht zur richtigen Entspannung und Harnflut. Man lasse sich nicht abschrecken durch Reaktionen wie Kopfschmerzen, Übelkeit, Gliederschmerzen, Schwächegefühl (besonders nachmittags). Diese zeigen an, dass der Körper im Saftfasten die Entgiftungsarbeit angreift, so dass solche Tage Sinn und Zweck erfüllen. Man berichte die Beobachtungen jedoch dem Arzt.

Vollsaftperioden sind geeignet als Beginn einer Umstimmungskur, bei Entwässerungs- und Abmagerungskuren und auch bei starker Verarmung des Organismus an Vitalstoffen, wie dies etwa bei chronischen Verdauungskrankheiten der Fall ist, wenn eine Schonkost alter Schule ohne lebendiges Obst und Gemüse vorangegangen ist. In diesem Fall und bei einer so häufigen Empfindlichkeit auf Fruchtsäuren wegen einer Reizung der Speiseröhre oder des Magens, soll der Fruchtsaft zuerst mit ⅓ Leinsamen-, Gersten- oder Reisschleim (s. Rezepte Seite 88) verabreicht werden. Bei Entwässerungskuren muss dabei regelmässig der Urin und das Gewicht gemessen werden und, wenn nötig, wassertreibender Tee (Solidago, Hagebutten) getrunken werden.

morgens:
400 g Fruchtsaft
250 g Mandelmilch
1 Tasse Hagebutten-, Fenchel- oder Eisenkrauttee

mittags:
200 g Gemüsesaft
400 g Obstsaft
250 g Mandelmilch

abends:
wie morgens.

Früchte-Fasttage

Früchte-Fasten ist angezeigt bei Herzkrankheiten, chronischer Leberschwäche, Darmträgheit. Es kann das Bett-Saftfasten, die strenge Form des Obst-Saftfastentages, ersetzen, z.B. wenn statt Schonung durch Zellulosefreiheit vor allem die Stoffwechselumstimmung und Anregung des Darmes durch den Zellulosegehalt erwünscht sind. Das Sättigungsgefühl ist stärker, so dass das Früchte-Fasten auch ohne völlige Ruhe für mehrere Tage durchführbar ist. Die Wirkung des Frischsaftfastens ist jedoch intensiver.

Tagesmenü
3 mal 200–250 g (bis 300 g) gewaschenes, frisches, ganz reifes, ungesüsstes Obst, z.B. Beeren, Zitrusfrüchte (Orangen, Grapefruit, Mandarinen), Trauben, Feigen, Melonen, Kaki.

Besondere Formen des Früchtefastens

Apfeltag
5–6 mal 1 grosser Apfel fein gerieben, bei akutem Magen-Darmkatarrh mit Durchfall.

Erdbeertag
3–4 mal 200–250 g sehr reife Erdbeeren, ungesüsst, bei Sprue (besondere Form chron. Durchfalls) und Vitamin-C-Mangel.

Heidelbeertag
3 mal 200–250 g bei leichter Darminfektion. Leicht stopfend.

Brombeertag
3 mal 200–250–300 g ganz reife Brombeeren. Besonders reich an Naturzucker und Vitamin C. Nahrhaft und leicht verdaulich.

Johannisbeertag
3 mal 200–250 g (⅔ rote und gelbe, ⅓ schwarze). Bei Leberpatienten besonders erfrischend und durststillend. Vitamin-C-reich.

Kakitag
2 kleine oder 1 grosse Kakifrucht 4 mal täglich. Sehr nahrhaft und reich an den Vitaminen C und B.

Traubentage
(altbewährte Traubenkur): 750–1000 g sonnengereifte, in jedem Fall ungespritzte Trauben auf 4–5 Mahlzeiten im Tag ver-

teilt. Auch Bio-Trauben sind chemisch behandelt. Deshalb: gut waschen und reinigen (kurz in heissem Wasser spülen). Ganze Frucht essen. Vitaminarm, aber besonders nährend durch hohen Fruchtzuckergehalt. Leberschutz! Darmanregung durch die Traubenkerne. Dauer: 1–2 Wochen. Wenn ärztlich verordnet auch länger (bis 6 Wochen).

Feigentag
3 mal 200 g frische Feigen. Darmanregend. Nahrhaft. Höchstens 1 Tag.

Rohkost-Menüs

Es folgen hier für jede Jahreszeit sieben Beispiele einer Zusammenstellung der Rohkost für die Mittagsmahlzeit. Besonderer Wert ist auf eine harmonische Verteilung der Knollen-, Wurzel- und Blatt-Rohgemüse zu legen, aber stets müssen sie frisch und voll ausgereift sein.
(Ein volles Tagesmenü folgt auf Seite 82)

a) Frühjahr:

1. Tag: Früchte – Nüsse (auch Dörrobst) – Radieschen – Fenchel – Kopfsalat
2. Tag: Früchte – Nüsse – Sellerieknollen – Tomaten – Kresse
3. Tag: Früchte – Nüsse – Karotten – Chicorée – Kopfsalat
4. Tag: Früchte – Nüsse – Rettich – Lattich – Kresse
5. Tag: Früchte – Nüsse – Randen (rote Bete) – Löwenzahn – Kopfsalat
6. Tag: Früchte – Nüsse – Blumenkohl – Spinat – Kresse
7. Tag: Früchte – Nüsse – Kohlrabi – Tomaten – Kopfsalat

b) Sommer:

1. Tag: Früchte – Nüsse – Rettich – Tomaten – Kopfsalat
2. Tag: Früchte – Nüsse – Karotten – Zucchetti – Kopfsalat
3. Tag: Früchte – Nüsse – Blumenkohl – Radieschen – Kopfsalat
4. Tag: Früchte – Nüsse – Kohlrabi – Kresse – Kopfsalat
5. Tag: Früchte – Nüsse – Bleichsellerie – Lattich – Kopfsalat
6. Tag: Früchte – Nüsse – mit Blumenkohl gefüllte Tomaten – Kopfsalat
7. Tag: Früchte – Nüsse – Rübchen – Gurken – Kopfsalat

c) Herbst:

1. Tag: Früchte – Nüsse – Sellerie – Tomaten – Endivien
2. Tag: Früchte – Nüsse – Randen (rote Bete) – Peperoni – Kopfsalat
3. Tag: Früchte – Nüsse – Schwarzwurzel – Spinat – Kopfsalat
4. Tag: Früchte – Nüsse – Blumenkohl – Feld-(Nüssli-)salat – Endivien
5. Tag: Früchte – Nüsse – Karotten – Zucchetti – Kresse
6. Tag: Früchte – Nüsse – Rettich – Tomaten – Kopfsalat
7. Tag: Früchte – Nüsse – Sellerie – Gurken – Kopfsalat

d) Winter:

1. Tag: Früchte – Nüsse – Schwarzwurzel – Rotkohl – Endivien
2. Tag: Früchte – Nüsse – Sellerie – Cicorino rosso – Kopfsalat
3. Tag: Früchte – Nüsse – Karotten – Peperoni – Kopfsalat
4. Tag: Früchte – Nüsse – Randen (rote Bete) – Sauerkraut – Endivien
5. Tag: Früchte – Nüsse – Blumenkohl – Spinat – Feld-(Nüssli-)salat
6. Tag: Früchte – Nüsse – Tomaten – Chicorée – Kopfsalat
7. Tag: Früchte – Nüsse – Sellerie – Wirsing – Endivien

Tagesmenü

Frühstück

Bircher-Müesli 120–200 g
geriebene Mandeln oder Haselnüsse 20–30 g
Früchte 100–200 g
1 Mandelmilch
Dazu Mandeln und Nüsse 200 g
Hagebutten- oder Verveinetee 1 Tasse
Wenn breiige oder flüssige Form erwünscht: Bircher-Müesli kurz mixen, mit Mandelmilch oder etwas Rahm* verfeinern. Die angegebenen Mengen sind nur annähernd einzuhalten. Massgebend ist das natürliche Empfinden, das weder durch Reizmittel noch Gewohnheiten beeinträchtigt werden darf. Wenn für eine starke Gewichtsreduktion eine ganz knappe Ernährung beabsichtigt wird, kann das Hungergefühl vermieden werden, indem man die Nahrung sehr langsam geniesst, gut einspeichelt und gut kaut.

Mittagessen

Früchte oder Früchtekaltschale 150–250 g
Grüner Salat 50–100 g
Rohgemüseplatte ca. 100–150 g
Nüsse aller Art ca. 20 g
evtl. 1 Glas unvergorener
Apfel- oder Traubensaft 200 g

oder
Fruchtsaft ca. 100–200 g
Grüner Salat fein gewiegt ca. 50 g
Rohe Gemüse im Mixer verbreit oder passiert (Gurken, Tomaten usw.) 100 g
Gemüsesaft (Spinat, Karotten usw.) mit etwas Rahm und Zitronensaft 100 g
Mandel- oder Sesammilch ca. 200 g
evtl. Apfel- oder Traubensaft 200 g

Nachtessen

Bircher-Müesli 150–200 g
Nüsse 20–30 g
Früchte 100–200 g
Hagebutten- oder Verveinetee 1 Tasse

oder
Bircher-Müesli 150–200 g
Mandelmilch ca. 200 g
Fruchtsaft ca. 200 g
Hagebutten- oder Verveinetee 1 Tasse

Rohkosttag mit Zulage

morgens und abends: genau wie am Rohkosttag.
mittags: Früchte, Nüsse, Rohgemüseplatte, 2 dl Gemüsebouillon.
Bei Diätstufe III: 2 Backkartoffeln.

Gemüsebrühe als Zulage

(Rezept für 4 Personen)

Man wählt die Gemüse je nach Jahreszeit, z. B. Sellerie, Karotten, etwas Kohl oder Kohlrabi, Lauch, Mangold und Zwiebeln. Auch harte, aber gesunde Gemüseteile können verwendet werden, sowie Schalen von Kartoffeln.

1 Essl. Reform-Pflanzenfett
1 Zwiebel
2 Karotten
1 kleiner Sellerie (150 g)
Kohl, Mangoldblätter
1 Lauchstengel
3–4 l Wasser
½ Lorbeerblatt
1 Prise Meersalz
Liebstöckel, Basilikum oder
andere vorzugsweise frische
oder getrocknete Kräuter

Zwiebel mit der braunen Schale halbieren und Schnittfläche im heissen Fett dunkelrösten. Die kleingeschnittenen Gemüse beifügen und mindestens ¼ Std. zugedeckt auf kleiner Flamme dämpfen. Mit dem Wasser ablöschen und 2 Stunden auf kleiner Flamme kochen. Nach Belieben würzen.

Backkartoffeln als Zulage (Diätstufe III)

(Rezept für 4 Personen)

1 kg Kartoffeln
Salz
2–3 Essl. Olivenöl
20–30 g Butter

Die Kartoffeln abbürsten und waschen. Die Haut auf der oberen Seite 3–4 mal einritzen, mit Öl bepinseln, leicht salzen und auf einem eingefetteten Blech bei mittlerer Hitze 30–40 Min. backen. Auf die fertigen Kartoffeln je ein Stücklein Butter geben.

Übergangskost zu Diätstufe III

Frühstück

Bircher-Müesli mit geriebenen Nüssen
1–2 Stück Vollkornbrot oder Knäckebrot
etwa 10 g Butter
Früchte,
Mandel- oder Sesammilch
Kräutertee

Mittagessen

Früchte,
Mandelmilch
Rohgemüse: Blumenkohl, Spinat, Kopfsalat
Kartoffelsuppe
gedämpftes Tomatengemüse
Vollkornreis, nur mit frischer Butter oder Olivenöl, ohne Käse, schwach gesalzen

Abendessen

Wie Frühstück, evtl. Hagebuttenkonfitüre oder Honig als Brotaufstrich.

Die Rezepte

Eine wichtige Vorbemerkung zu den Rezepten

Während und nach einer Chemo- oder Radiotherapie ist die Darmschleimhaut stark beschädigt. Während und nach der Operation ist meistens eine längere antibiotische Therapie notwendig gewesen. Beides beschädigt das Milieu und das Mikrobiom im Darm stark. Deshalb besteht in der Regel eine Überempfindlichkeit auch auf geringe Mengen von tierischem Eiweiss. In solchen Situationen sollen Rezepte, die mit einem * versehen sind, nicht zubereitet werden, da Milcheiweiss nicht vertragen wird. Falls Milchprodukte verwendet werden können, so muss darauf geachtet werden, dass diese aus naturbelassener, möglichst nicht homogenisierter Milch hergestellt sind. Diese sind im Reformhaus erhältlich. Wenn die Milch in der Milchfabrik ankommt, wird sie sogleich homogenisiert. Dazu wird sie unter fünffachen Atmosphärendruck gesetzt und über eine heisse Platte gespritzt, damit die Moleküle der Eiweisse und Lipide verkrüppeln und der Rahm und die Globuline nicht mehr aufschwemmen. Gegen die verkrüppelten Eiweisse reagiert das Immunsystem des Darms mit der Bildung von IgG4-Antkörpern gegen verschiedene Allergene, so besonders gegen tierische Eiweisse, da diese den menschlichen zu ähnlich sind. Darum vertragen heute viele Menschen Milcheiweiss nicht mehr.

Wo immer möglich, sollen viele frische Zwiebeln auf die Salate gegeben werden und etwas frisch gepresster Knoblauch. Frische Zwiebeln werden in aller Regel sehr gut vertragen. Beim Knoblauch muss man Mass halten, da er bei zu grosser Menge manchmal plötzlich nicht mehr vertragen wird. Wenn man den Knoblauch in der Atemluft riecht, ist er zu hoch dosiert. Zwiebeln und Knoblauch sind ganz wichtig für die Bekämpfung von Krebs.

Dem Müesli soll immer 1 Esslöffel frisches, kalt gepresstes Leinöl zugegeben werden. Die Salatsaucen sollen ⅓ Leinöl enthalten, damit der Anteil an Omega-3-Fettsäuren erhöht wird. Nach Operationen, Chemotherapien, Radiotherapie oder Infektionen ist das Immunsystem immer erschöpft. Eine Erhöhung der Omega-3-Fettsäuren in der Nahrung wirkt dieser Erschöpfung entgegen.

Müesli

Alle Rezepte sind für 1 Person berechnet.

Das Apfelmüesli

Das Original-Apfelmüesli, wie es Dr. Bircher seinerzeit erfunden und tausendfach erfolgreich an seinen Patienten angewendet hat, ist auch nach unserer langjährigen Erfahrung die beste Diätspeise geblieben.

Am besten eignen sich für das Müesli die sauren, weissfleischigen, saftigen Äpfel, z.B. Klaräpfel, Gravensteiner, Jonathan, Ontario, Rubinette, Glockenäpfel, Braeburn, Champagner-Reinetten, Cox-Orange, Gala, Topaz.

Bei der Verwendung von trockeneren und faden Apfelsorten, wie zum Beispiel Golden Delicious-Äpfel, kann das Aroma angereichert werden mit etwas frisch abgeriebener Schale von ungespritzten Orangen oder Zitronen oder auch mit Orangensaft oder mit etwas Hagebuttenmus oder frisch geriebenem Ingwer.

Apfelmüesli mit Mandel- oder Sesampüree
(Wenn tierisches Eiweiss verboten ist, Allergien)
1 Essl. Haferflocken
3 Essl. Wasser
½ Essl. Zitronensaft
1 Essl. Mandel- oder Sesampüree
1 Essl. Honig
3 Essl. Wasser
200 g Äpfel
1 Essl. Haselnüsse oder Mandeln, gerieben

Haferflocken 12 Stunden einweichen. Zitronensaft, Püree, Honig und Wasser mit dem Schwingbesen zu einer sämigen Sauce rühren, Haferflocken beifügen und Äpfel (wie im Grundrezept beschrieben) daruntermischen. Nüsse darüber streuen, sofort servieren.

Apfelmüesli mit Orangensaft
1 Essl. (8 g) feine Haferflocken
3 Essl. Wasser
½ Essl. Zitronensaft
½ Orange, ausgepresst
200 g Äpfel
1 Essl. Haselnüsse oder Mandeln, gerieben

Zubereitung wie Grundrezept.

Müesli mit Beeren oder Steinobst

(besonders reich an Vitamin C)
Zubereitung einer Mandel- oder Sesampüree-Sauce oder Joghurt-Sauce. Zuletzt beifügen:
150–200 g Erdbeeren oder Himbeeren, Heidelbeeren, Johannisbeeren oder Brombeeren, mit der Gabel leicht zerdrückt

oder
150–200 g Zwetschgen, Pfirsiche oder Aprikosen, entsteint und durch die Hackmaschine getrieben oder mit dem Messer fein geschnitten. Bei Magen-Darm-Störungen sollten Zwetschgen und Aprikosen gemieden werden.

Müesli mit verschiedenen Früchten

folgende Kombinationen schmecken besonders gut:
Erdbeeren und Himbeeren
Erdbeeren, Himbeeren und Johannisbeeren
Erdbeeren und Äpfel
Brombeeren und Äpfel
Äpfel mit feingeschnittenen Orangen- und Mandarinenschnitzen
Äpfel und Bananen
Äpfel und Pfirsiche
Sauce: Mandelpüree- oder Sesampüree-Sauce oder Joghurt-Sauce.
Nur frische Früchte, keinesfalls Früchte aus der Dose (Fruchtsalat etc.!) verwenden.

Müesli mit getrockneten Früchten

Stehen einmal keine frischen Früchte zur Verfügung, kann man das Müesli auch mit Dörrobst (Äpfel, Aprikosen, Zwetschgen, Birnen) zubereiten. 100 g getrocknete Früchte werden gewaschen, 12 Std. in kaltem Wasser eingeweicht und durch die Hackmaschine getrieben. Mit Mandelpüree- oder Sesampüree-Sauce oder Joghurtsauce vermengen. Bei Dörrobst soll man unbedingt auf gute Qualität ohne Konservierungs- und Bleichmittel achten, sonst könnten Magen- und Darmstörungen auftreten

Apfelmüesli mit Joghurt oder Sauer- oder Buttermilch*

1 Essl. Haferflocken
3 Essl. Wasser
2 Essl. Bifidus-Joghurt oder Bifidus-Sauer- oder Buttermilch
1 Teel. Honig
200 g Äpfel
1 Essl. Haselnüsse oder Mandeln, gerieben

Die Haferflocken 12 Stunden (fürs Frühstück über Nacht) einweichen. Haferflocken mit Joghurt oder Sauermilch und Honig zu glatter Sauce rühren. Die gewaschenen, von Stiel und Fliege befreiten Äpfel auf der Bircherraffel direkt in die Sauce reiben und öfters umrühren, damit das Müesli appetitlich weiss bleibt. Die Nüsse darüber streuen und sofort servieren. Nie stehen lassen.

Varianten: Statt Haferflocken können Weizen-, Reis-, Gerste-, Roggen-, Hirse-, Buchweizen- oder Sojaflocken verwendet werden, evtl. auch mit Hefeflocken gemischt (Anreicherung mit Vitamin B).

Andere Variante: 1 Teel. eingeweichte Haferflocken mischen mit 1 Teel. Getreidekörner (24 Std. in Wasser einweichen, dann auf ein Sieb leeren, kalt abspülen, ganz, geschrotet oder gemixt).

Apfelmüesli mit Rahm*

Angereichertes Rezept bei erwünschter Gewichtszunahme. Für Diabetiker ohne Honig und ohne Haferflocken.
1 Essl. Haferflocken
3 Essl. Wasser
3–4 Essl. Rahm
1 Teel. Zitronensaft
1 Essl. Honig
200 g Äpfel
1 Essl. Haselnüsse oder Mandeln, gerieben

Die Haferflocken 12 Stunden einweichen. Den Rahm leicht schlagen und mit dem Zitronensaft und dem Honig vermischen. Die Äpfel nach obigem Rezept beifügen und die Haselnüsse oder Mandeln darüberstreuen.

Müesli mit Kondensmilch*

Sollten einmal weder Mandel- oder Sesampüree noch Frischjoghurt vorrätig sein, so kann das Müesli auch mit Kondensmilch nach dem Originalrezept zubereitet werden. Nachteil: Die Kondensmilch ist meist gezuckert.

Gekeimte Getreidekörner

Besonders hoher Gehalt an Vitamin E- und B-Gruppe. Wirken allgemein kräftigend.

1. Tag, abends: Körner im Sieb unter dem fliessenden Wasser waschen, in ein Schüsselchen geben. Mit Wasser überdecken. Zimmertemperatur, Ofennähe.

2. Tag, morgens: Abspülen und auf flachem Teller trocken ausbreiten. Zimmertemperatur, Ofennähe.
abends: In das Schüsselchen geben und mit Wasser überdecken. Zimmertemperatur, Ofennähe.

3. Tag, morgens: Abspülen und auf dem Teller trocken ausbreiten.
abends: In das Schüsselchen geben und mit Wasser überdecken. Zimmertemperatur, Ofennähe.

Am 4. Tag sollten die Körner 1–2 cm lange Keime entwickelt haben und sind so genussbereit.

Einfacher ist die Zubereitung gekeimter Getreidekörner in den praktischen Keimapparaten, die in verschiedenen Grössen erhältlich sind.

Gekeimte Getreidekörner eignen sich zur Zubereitung von Müesli, aber auch als Zulage zu Salaten und Rohgemüse.

Früchte-Frischkorn-Speisen

Frischkornschrot mit Beeren
1 gestr. Essl. frisch geschrotetes Vollkorn (Weizen, Roggen, Hafer)
1 Essl. Wasser
1 gestr. Essl. Honig
Zitronensaft nach Belieben
100 g Beeren (verschiedene)

Vollkornschrot ca. 6 Stunden einweichen. Honig und Zitronensaft beifügen. Beeren leicht mit der Gabel zerdrücken und alles gut untereinander mischen.

Frischkornschrot mit Orangensaft
1 gestr. Essl. frisch geschrotetes Vollkorn (Weizen, Roggen, Hafer)
1 Essl. Wasser
1 gestr. Essl. Fruchtzucker
1 dl Orangensaft
1 Essl. geriebene Nüsse

Vollkornschrot ca. 6 Stunden einweichen. Fruchtzucker, Orangensaft und Nüsse daruntermischen.

Frischkornschrot mit Banane
1 gestr. Essl. frisch geschrotetes Vollkorn (Weizen, Roggen, Hafer)
1 Essl. Zitronensaft
eine halbe bis ganze Banane

Vollkornschrot ca. 6 Stunden einweichen. Banane mit der Gabel zerdrücken und mit Zitronensaft und Schrot gut vermischen.

Säfte

Säfte sind „Rohkost" in mechanisch verfeinerter Form als zusätzliche spezielle Anreicherung und bei Magen-Darm-Krankheiten, wenn grobe Bestandteile (Zellulose) verboten sind. Die unzerkleinerte Rohkost ist aber immer hochwertiger und kann auf die Dauer durch Säfte nicht ersetzt werden.

Für die Zubereitung von Säften werden die Rohgemüse gründlich gereinigt, mit einer Handpresse oder elektrischen Zentrifuge gepresst und sofort serviert. Jedes Stehenlassen bedeutet Werteverlust.

Fruchtsäfte

Ungemischte Fruchtsäfte
Orangen, Mandarinen, Grapefruits, Äpfel, Birnen, Trauben, Erdbeeren, Heidelbeeren, Johannisbeeren, Cassis, Himbeeren, Pfirsiche, Aprikosen, Pflaumen, Mango, Kaki, Kiwi.

Gemischte Fruchtsäfte, z. B.
Orangen, Mandarinen, Grapefruits, Kaki oder Beerensaft mit Apfelsaft
oder Beerensaft mit Pfirsich-, Aprikosen- oder Pflaumensaft
oder geschlagene Bananen mit Orangen-, Beeren-, Pfirsich-, Mango- oder Aprikosensaft.

Beigaben je nach Wunsch oder Vorschrift: Zitronensaft, Honig, Ahornsirup, Fruchtkonzentrat, Rahm, Joghurt, Mandelmilch.

Gemüsesäfte

Frisch verabreicht weisen sie einen hohen Mineral- und Vitamingehalt auf. Jeder Saft hat seinen speziellen Wert.

Ungemischte Gemüsesäfte
Tomaten, Karotten, Randen (Rote Bete), Rettich, Kohl, Sellerie, sämtliche Blatt-, Knollen- und Wurzelgemüse. Im Frühling Blutreinigungskur mit Brennnessel-, Sauerampfer- und Löwenzahnsaft.

Gemischte Gemüsesäfte
Karotten, Tomaten, Spinat zu gleichen Teilen (schmeckt vorzüglich)
Tomaten und Karotten
Tomaten und Spinat
Andere Mischungen (und Cocktails) können nach eigenem Geschmack kombiniert werden.

Abwechslungsweise Sauerampfer, Brennnessel, Schnittlauch, Petersilie, Zwiebeln, zarte Sellerieblätter oder Knollen und andere Kräuter mitpressen.

Beigaben pro Glas (1½–2 dl): 1 Teel. Mandelpüree oder 1 Essl. Buttermilch, etwas Zitronensaft, evtl. etwas Fruchtkonzentrat.

Kartoffelsaft
Gut gereinigte, evtl. geschälte Kartoffeln (keine unreifen, angegrünten oder gekeimten), zubereiten wie Karottensaft. Schmeckt nicht sehr gut, wirkt aber krampfstillend und vor allem bei Sodbrennen, Magen- und Zwölffingerdarmgeschwüren ist er hochwirksam.
Schleim als Zusatz zu Säften.

Wenn man die Fruchtsäure nicht gut verträgt
Beimischen von ⅓ Getreideschleim zu den Rohsäften; er neutralisiert die Schärfe des Frucht- oder Gemüsegeschmacks. Das Tagesquantum kann einmal täglich zubereitet und in der Thermosflasche bis zum Gebrauch aufbewahrt werden:

Reis- oder Gerstenschleim
1 gehäuften Teel. Reis- oder Gerstenvollkornmehl mit 2 dl kaltem Wasser anrühren und unter ständigem Rühren 5 Min. kochen. Erkalten lassen.

Leinsamenschleim
1 Essl. Leinsamen waschen, in 2 dl Wasser 10 Min. kochen, absieben und erkalten lassen.

Milcharten

Mandelmilch
Vegetabile Eiweiss-Öl-Nahrung, reich an wertvollen ungesättigten Pflanzenölen, einschleimend, lindernd
1 Essl. Mandelpüree
1 ½ Teel. Honig
1 ½ dl Wasser und ½ dl Obstsaft (bewirkt eine leichte Eindickung)
Mandelpüree und Honig mit dem Schneebesen verrühren und das Wasser tropfenweise zugeben. Zum Schluss den Obstsaft beifügen.

Mandelmilch aus frischen Mandeln
besonders leicht verdaulich
1 ½ Essl. Mandeln, geschält (keine bitteren!)
1 Teel. Honig
1 ½ dl Wasser
Mandeln, Honig und Wasser im Mixer mischen, evtl. zusätzlich passieren.

Pinienkernmilch
sehr reich an leicht verdaulichen, den Stoffwechsel schonenden vegetabilen Ölen und Eiweiss
1 ½ Essl. Pinienkerne, gewaschen
1 Teel. Honig
1 ½ dl Wasser
Zubereiten wie Mandelmilch.

Sesammilch
2 dl Wasser (kalt oder warm)
1 gestr. Essl. Sesampüree
1 Teel. Zitronensaft
1 Teel. Honig
Sesampüree und Honig mit dem Schneebesen verrühren und das Wasser tropfenweise zugeben. Zum Schluss den Zitronensaft beifügen. Sesammilch kann auch mit dem Mixer zubereitet werden.

Sesamrahm
Wie Sesammilch, aber mit weniger Wasserzusatz. Als Rahmersatz bei gekochten Gerichten und bei Desserts.

Sesamfrappé
Wie Sesammilch oder Sesamrahm mit Beigabe von Obstsaft, Süssmost, Obstkonzentraten.

Sojamilch
1 Tasse Sojabohnen
7 Tassen Wasser
1 Essl. Fruchtzucker
Wasser
Sojabohnen waschen und trocknen, in einer Mandelmühle mahlen. 2 Std. einweichen, dann 20 Min. im Einweichwasser unter ständigem Rühren kochen und passieren. Wasser beifügen bis zur Konsistenz der Kuhmilch. Fruchtzucker zugeben und erkalten lassen. Im Reformhaus ist Sojamilch auch im Tetrapack erhältlich.

Saucen zu Rohgemüsen

Als Öl verwende man ausschliesslich Öl aus erster Kaltpressung (Raps, Sonnenblumenkernen, Oliven) oder Distelöl, Baumnussöl. Leinöl ist zwar sehr zu empfehlen, hat aber einen ausgeprägten Geschmack, der nicht allen zusagt.
Die Portionen sind berechnet für 1 Portion, ausser der Mayonnaise.

Ölsauce
1 Essl. Öl
1 Teel. Zitronensaft, etwas Zwiebeln, evtl. etwas Knoblauch
1 Teel. frische oder
1 Messerspitze getrocknete Kräuter
Alles gut vermischen (Zwiebeln sehr fein geschnitten, Knoblauch durchgepresst).

Rahmsauce*
2 Essl. Rahm
1 Teel. Quark
1 Teel. Zitronensaft
etwas Zwiebeln, evtl. Knoblauch
1 Teel. frische oder
1 Messerspitze getrocknete Kräuter
Rahm, Quark und Zitronensaft mit dem Schwingbesen gut vermischen.
Feingeschnittene Zwiebeln, durchgepressten Knoblauch und Kräuter daruntermischen.

Joghurtsauce*
fettarme Diät
2–3 Essl. Joghurt
einige Tropfen Zitronensaft
etwas Zwiebeln, evtl. Knoblauch
1 Teel. frische oder
1 Messerspitze getrocknete Kräuter
Alles mit dem Schwingbesen gut vermischen (Zwiebeln sehr fein geschnitten, Knoblauch durchgepresst).

Mandelmus- oder Sesampüree-Sauce
Diät ohne Tiereiweiss
1 Essl. Mandelmus
oder Sesampüree
3 Essl. Wasser
1 Teel. Zitronensaft
1 Teel. frische oder
1 Messerspitze getrocknete Kräuter
Mandelmus oder Sesampüree mit dem Wasser langsam anrühren. Restliche Zutaten dazugeben (Zwiebeln sehr fein geschnitten, Knoblauch durchgepresst).

Mayonnaise klassisches Rezept*
für 4 Personen:
1 Eigelb
1 Essl. Zitronensaft
2 dl Öl
Zwiebel, Kräuter
Das Eigelb mit einigen Tropfen Zitronensaft gut zerquirlen. Unter gleichmässigem Rühren mit dem Schwingbesen das Öl tropfenweise beifügen. Wird die Mayonnaise zu dick, mit etwas Zitronensaft verdünnen. Zuletzt nach Belieben würzen.

Für 1 Portion braucht man:
1 Essl. Mayonnaise
1 Teel. Zitronensaft
evtl. etwas Senf
1 Teel. frische oder
1 Messerspitze getrocknete Kräuter
Alle Zutaten gut vermischen.

Mayonnaise aus Soja-Vollkornmehl statt Ei

Diät bei Tiereiweissverbot oder veganer Kost (ergibt 6–8 Portionen)
2 Essl. Soja-Vollkornmehl
6 Essl. Wasser
2 dl Öl

Soja-Vollkornmehl und Wasser zu einer glatten Masse verrühren, Öl langsam unter ständigem Rühren mit dem Schwingbesen beifügen.
Die Mayonnaise kann im Kühlschrank ein paar Tage aufbewahrt werden.

Für 1 Portion braucht man:
1 Essl. Mayonnaise
1 Teel. Zitronensaft
evtl. etwas Senf
1 Teel. frische oder
1 Messerspitze getrocknete Kräuter
Alle Zutaten gut vermischen.

Salatgerichte

Folgende Salate und Rohgemüse werden angemacht mit:

Kopfsalat	nicht zerkleinern	Ölsauce		Schnittlauch, Zwiebel
Schnittsalat	nicht zerkleinern	Ölsauce		Schnittlauch, Zwiebel
Endivien	1 cm grosse Streifen	Ölsauce	oder Mayonnaise	Schnittlauch, Zwiebel, Petersilie
Lattich	1 cm grosse Streifen schneiden	Ölsauce	oder Mayonnaise	Basilikum, Majoran
Feldsalat	nicht zerkleinern	Ölsauce	oder Myonnaise	Zwiebel
Kresse	nicht zerkleinern	Ölsauce	oder Mayonnaise	Zwiebel
Spinat	½ cm grosse Streifen schneiden	Ölsauce	oder Mayonnaise	Pfefferminze
Kohlsalate: Weisskraut, Sauerkraut, Rosenkohl, Wirsing, Chinakohl	hobeln, in feine Streifen schneiden	Ölsauce	oder Mayonnaise	Liebstöckel, Bohnenkraut, Thymian, Kümmel
Tomaten	in Scheiben oder Würfel schneiden	Ölsauce	oder Mayonnaise	Basilikum, Thymian, Dill
Gurken	hobeln	Ölsauce	oder Myonnaise	Dill
Fenchel	mit Messer fein schneiden und mit Wiegemesser zerkleinern	Ölsauce	oder Myonnaise	Zwiebel, Schnittlauch
Peperoni	feine Streifen schneiden	Ölsauce	oder Myonnaise	Schnittlauch
Rettich	hobeln oder raffeln	Ölsauce	oder Rahmsauce	Schnittlauch
Radieschen	hobeln	Ölsauce	oder Rahmsauce	Schnittlauch
Stangensellerie	fein schneiden	Ölsauce	oder Rahmsauce	Zwiebel, Schnittlauch

Zucchetti	hobeln in Streifen oder auf grober Raffel raffeln	Ölsauce	oder Rahmsauce	Dill, Basilikum
Karotten	fein raffeln	Rahmsauce	oder Ölsauce	Majoran, Liebstöckel
Sellerie	fein raffeln	Rahmsauce	oder Ölsauce	Basilikum, Thymian
Randen (rote Beete)	fein oder grob raffeln	Rahmsauce	oder Ölsauce	Liebstöckel, Thymian, Kümmel
Blumenkohl	hobeln oder fein schneiden	Rahmsauce	oder Ölsauce	Basilikum, Majoran, Baumnüsse
Chicorée	1 cm grosse Streifen schneiden	Rahmsauce	oder Ölsauce	Estragon, Majoran
Topinambur	raffeln	Rahmsauce		Thymian, Melisse
Kohlrabi	hobeln und mit Wiegemesser zerkleinern oder raffeln	Rahmsauce	oder Ölsauce	Thymian, Liebstöckel
Rotkraut	hobeln oder fein schneiden	Rahmsauce	oder Ölsauce	etwas geraffelte Äpfel, Kümmel, Liebstöckel

Schnittlauch, Petersilie und Zwiebel können mit Mass zu jedem Rohgemüse beigefügt werden

Rohgemüse, gemischt

Chicorée mit Tomatenwürfelchen	Ölsauce oder Mayonnaise
Peperoni und Fenchel	Ölsauce
Fenchel, Chicorée und Tomatenwürfelchen	Mayonnaise
Fenchel und Karotten	Rahmsauce oder Ölsauce
Blumenkohl und Karotten	Rahmsauce oder Mayonnaise
Tomaten und Peperoni	Ölsauce oder Mayonnaise
Tomaten, roh, gefüllt mit Gurken	Ölsauce oder Mayonnaise
Tomaten, roh, mit Sellerie	Rahmsauce oder Mayonnaise
Tomaten, roh, mit Blumenkohl	Rahmsauce oder Mayonnaise
Tomaten, roh, mit Weisskraut	Mayonnaise

Rohgemüse püriert

nach dem Mixen sofort löffelchenweise geniessen

Tomaten, Karotten, Spinat	alles miteinander mixen	Ölsauce oder Rahmsauce	Schnittlauch und etwas Thymian
Tomaten, Sellerie, Feldsalat	alles miteinander mixen	Mayonnaise oder Rahmsauce	Petersilie und Estragon Frisch oder getrocknet
Tomaten, Rettich, Kopfsalat	alles miteinander mixen	Ölsauce	Kümmelpulver
Tomaten, Blumenkohl, Kresse	alles miteinander mixen	Mayonnaise oder Ölsauce	Basilikum, frisch oder getrocknet

Sellerie-Apfel-Bananen-Rohkost*
20 g Quark
3 Essl. Rahm oder Joghurt
½ Zitrone, ausgepresst
200 g Äpfel, feingewürfelt
100 g Bananen, in Rädchen geschnitten
50 g Sellerie, gerieben
evtl. etwas Joghurt
Walnüsse
Quark mit Rahm oder Joghurt gut verrühren und alle anderen Zutaten damit vermischen. Falls zu trocken, etwas Joghurt beifügen. Das Ganze mit einigen Walnüssen garnieren.

Avocado Vinaigrette
2 Avocado
1 kl. Zwiebel
je 1 Essl. Petersilie, Schnittlauch, Kerbelkraut
1 Essl. Cornichons, feingeschnitten
2 Essl. Apfelessig
4 Essl. Maiskeimöl
Die Avocado halbieren und Stein herausnehmen. Die übrigen Zutaten gut vermischen und nach Belieben würzen. Diese Vinaigrette in die halben Avocado einfüllen und mit dem Teelöffel zusammen mit dem Fruchtfleisch essen.

Avocado „délicieux“
als Hors-d'oeuvre
2 Avocado
1 Sellerieknolle
1 saurer Apfel
3–4 frische Ananas-Scheiben
3 Essl. Apfelessig oder Saft einer Zitrone
1 dl Mayonnaise
1 dl Rahm
2 Baumnusskerne
Avocado halbieren, Steine entfernen, mit einem Teelöffel aushöhlen und das Fleisch in Julienne schneiden. Sellerie und Äpfel schälen, mit Zitrone einreiben und in dünne Scheiben, dann in Julienne schneiden. Die Ananas-Scheiben sehr klein schneiden. Essig oder Zitrone mit Mayonnaise und Rahm mischen, mit einer Prise Meersalz würzen und evtl. mit Ananassaft verfeinern. Alle kleingeschnittenen Früchte mit dieser Sauce vermischen und in die Avocado-Schalen einfüllen. Mit Baumnusskernen garnieren.

Avocado-Salat
2 Avocado
Zitronensaft
2 Orangen
1 Banane
1 dl Rahm
1 Teel. Kräuter-Meersalz

Avocado halbieren, Steine entfernen, Fruchtfleisch herausnehmen und in Würfelchen schneiden. Sofort mit Zitronensaft beträufeln. Orangen und Banane in Würfelchen schneiden und dazu mischen. Rahm dazugeben und nach Belieben würzen.
Schmeckt auch sehr gut mit Grapefruit statt Orange.

Catalogna-Rohkost
500 g Catalogna
1 Knoblauchzehe
Kräuter
Zitronensaft
2–3 Essl. Maiskeimöl
oder 2–3 Essl. Mayonnaise
Catalogna ist ähnlich wie Endivie und kommt ursprünglich aus Italien, wo sie roh und gekocht gegessen wird. Auch bei uns erfreut sie sich steigender Beliebtheit. Das Gemüse ist besonders vitalstoffreich und zuträglich.
Catalogna gut waschen und in feine Scheiben schneiden. Die Knoblauchzehe ganz fein hacken. Mit Zitronensaft, Kräutern und Maiskeimöl oder Mayonnaise zu einer Sauce verrühren und mit Catalogna vermischen.

Gesundheitstees

Für Tees sollen möglichst die ganzen Blätter verwendet werden, da die ätherischen Öle bei feiner Zerstückelung (Sachetform) verloren gehen. Bitter- und Blähungstees ungesüsst trinken, anderen Tees kann man etwas Honig und/oder verdünnten Zitronensaft beifügen.

Bittertee
Wermut
Tausendgüldenkraut
Benediktenkraut
Zu gleichen Teilen mischen, anbrühen und 5 Min. ziehen lassen.
Bei Appetitlosigkeit ½ Std. vor den Mahlzeiten 2–3 Essl. davon trinken (leicht galletreibend).
Sensible Menschen nehmen nur Tausendgüldenkraut.

Wermuttee
Anbrühen und 5 Min. ziehen lassen.
Starker Bittertee, stark galletreibend, magensaftfördernd.
Schluckweise tagsüber trinken.

Blähungstee
Kümmel
Fenchel
Anis
Zu gleichen Teilen mischen, anbrühen und 20 Min. ziehen lassen.
Bei Blähungen nach den Mahlzeiten 1 Tasse voll trinken.

Kamillentee
Nur kurz anbrühen.
Bei Leibschmerzen zum Trinken.
Wirkt reinigend und beruhigend auf den Magen-Darm-Kanal.
Für Einläufe und Spülungen.

Pfefferminztee
Nur anbrühen.
Beruhigend, galletreibend.

Verveinetee (Eisenkraut)
Nur anbrühen.
Beruhigend, entschleimend, galletreibend.
In Frankreich sehr beliebter Genusstee.

Melissentee
Nur anbrühen.
Sehr beruhigend, auch vor dem Schlafen zu trinken.

Zitronenschalentee
Von 1 ungespritzten Zitrone die Schale dünn abschneiden, ca. 5 Min. mit ½ l Wasser leise kochen, 10 Min. stehen lassen und absieben.
Beruhigend.

Orangenblüten
2–3 Blüten 2–3 Min. kochen, etwas ziehen lassen und absieben. Mit Honig süssen. Beruhigend. Vor dem Schlafen trinken.

Leinsamentee
1 Essl. Leinsamen in ½ l Wasser 7–10 Min. kochen und etwas ziehen lassen. Entschleimend, leicht abführend.

Frauenmanteltee
2 Essl. Blätter in ½ l Wasser anbrühen, 10 Min. ziehen lassen.
Schutz bei Frauenleiden.

Silbermanteltee
wie Frauenmanteltee

Solidagotee
(Goldraute, Heidnisch Wundkraut)
1 Essl. Solidago in ½ l Wasser 1 Min. kochen, 10 Min. ziehen lassen.
Bei Wassersucht, Blasen- und Nierenentzündungen. Wassertreibend.
2–3 Tassen am Tag.

Bärentraubenblättertee
1 ½ Essl. Bärentraubenblätter in 5 dl Wasser 5 Min. leise kochen, 10 Min. stehen lassen, absieben.
Bei Blasenentzündungen.

Lavendeltee
1 Teel. Lavendelblüten anbrühen, etwas stehen lassen.
Beruhigend, harmonisierend, entzündungshemmend, bei Schlaflosigkeit.

Hagebuttentee
2–3 Essl. Hagebuttenkörner und -schalen in 1 ½ l Wasser 12 Std. einweichen, dann ½–¾ Std. leise kochen, absieben. Den Rest der gekochten Hagebutten kann man am folgenden Tag nochmals mit den frischen Hagebutten aufkochen.
Leicht galletreibend und wassertreibend.

Heidelbeertee
Sie können aus den getrockneten Heidelbeeren einen Tee zubereiten, um Durchfall zu lindern. Dazu übergiessen Sie ein bis zwei Esslöffel getrockneter Beeren (10 bis 20 Gramm) mit 150 Milliliter kaltem Wasser und bringen das Ganze zum Kochen. Den Tee zehn Minuten köcheln lassen und dann die Beeren abseihen.

Bei Bedürfnis nach Warmem:
Während der reinen Rohkost darf man, wenn man Bedürfnis nach etwas Warmem hat, eine frische Gemüsebouillon zubereiten, ohne dass dieses die Wirkung der Rohkost beeinträchtigt.

Die Gemüsebouillon
3 dl aus frischen Gemüsen gesottene Gemüsebrühe
etwas Steinsalz
10 g Nussmus oder Reform-Pflanzenfett
Petersilie, Schnittlauch, frischgehackte Kräuter
Die nach obigem Rezept zubereitete Gemüsebrühe über Nussmus oder Pflanzenfett und Kräuter anrichten. Evtl. mit Kelpamare nachwürzen. Gemüsebrühe kann portioniert eingefroren werden, damit sie als Zutat stets bereit ist.

Die Diätstufe III

Muss ein Krebs, eine Leukämie oder ein Lymphom oder ein Myelom geheilt werden, ist es ganz wichtig, bei den ersten beiden Diätstufen I und II zu bleiben. Dies ist auch während und nach einer Chemo- oder Radiotherapie ganz wichtig, bis deren toxische Folgen ausgeheilt sind. Wenn der Krebs ausgeheilt ist und das Rezidivrisiko vermindert ist, kann im Anschluss an die Rohkost ⅓ warme, vegetabile Vollwertkost dazu kommen.

Suppen

Gemüsebouillon
3 dl Gemüsebrühe
evtl. wenig Kelpamare
10 g Nussmus oder Reform-Pflanzenfett
Petersilie, Schnittlauch, frischgehackte Kräuter
Die nach obigem Rezept zubereitete Gemüsebrühe über Nussmus oder Pflanzenfett und Kräuter anrichten. Evtl. mit Kelpamare nachwürzen. Gemüsebrühe kann portioniert eingefroren werden, damit sie als Zutat stets bereit ist.

Reissuppe, klare
½ Essl. Reform-Pflanzenfett
etwas gehackte Zwiebel und frischen Knoblauch
1 kleine Karotte
etwas Sellerie und Lauch
1 Essl. Reis
1 Prise Salz
6 dl Gemüsebrühe
Schnittlauch
Zwiebel, feingeschnittene Gemüse und Reis zusammen dämpfen. Heisse Gemüsebrühe zufügen und 15–20 Minuten kochen. Über feingeschnittenen Schnittlauch und Pflanzenfett anrichten. Knoblauch am Schluss dazugeben.

Reissuppe, gebundene
½ Essl. Reform-Pflanzenfett
etwas Sellerie
1 kleine Karotte
etwas Lauch
1 Essl. Reis
½ Essl. Vollkornmehl
6 dl Gemüsebrühe oder Wasser
Liebstöckel, Petersilie, Basilikum, Majoran, wenig gepressten Knoblauch
evtl. wenig Sojasauce
½ Essl. Rahm* oder Sesam-Rahm (Rezept Seite 88)
Schnittlauch
Die feingeschnittenen Gemüse im Fett dünsten. Das Vollkornmehl darüberstreuen, mit der Gemüsebrühe ablöschen und 30 Minuten kochen. Würzen mit Sojasauce, den Kräutern und dem Knoblauch. Rahm und feingeschnittenen Schnittlauch in die Suppenschüssel geben, die Suppe darüber anrichten.

Kräutersuppe
1 Essl. Vollkornmehl oder Reismehl
1 dl Milch* oder Wasser
5 dl Gemüsebrühe
½ Essl. Rahm* oder Sojarahm
evtl. 5 g Butter oder Pflanzenmargarine oder Nussmus oder
1 Eigelb*
Liebstöckel, Basilikum, Estragon, Majoran, Schnittlauch, wenig ausgepressten Knoblauch, evtl. Muskat oder Kümmel
Vollkornmehl mit etwas kalter Milch oder kaltem Wasser anrühren und in die

kochende Gemüsebrühe einrühren.
15 Minuten kochen.
Mit den Kräutern würzen. Rahm* und evtl. Butter oder Pflanzenmargarine oder Nussmus oder das Eigelb* in die Suppenschüssel geben, Suppe darüber anrichten und zerquirlen. Knoblauch am Schluss dazugeben.

Hafercremesuppe
½ Essl. Reform-Pflanzenfett
2 Essl. feine oder grobe Haferflocken
6 dl Gemüsebrühe
etwas Sellerie
½ Essl. Rahm* oder Sesamrahm
(Rezept Seite 88)
evtl. wenig Miso, Schnittlauch,
evtl. Muskat oder Kümmel
Haferflocken mit oder ohne Pflanzenfett kurz andämpfen, Gemüsebrühe und Sellerie beifügen. Feine Haferflocken 10 Minuten, grobe mindestens 20 Minuten leise köcheln lassen. Nach Belieben würzen. Rahm* oder Sesamrahm und Schnittlauch in die Suppenschüssel geben und die passierte Suppe darüber anrichten.

Hafergrützsuppe
½ Essl. Reform-Pflanzenfett
2 Essl. Hafergrütze
etwas Zwiebel, gehackt, etwas Knoblauch
7 dl Wasser oder Gemüsebrühe
1 dl Milch* oder Sojamilch
etwas Sellerie, in feine Würfelchen geschnitten
1 Prise Meersalz oder wenig Miso
evtl. 1 Essl. Rahm*
Schnittlauch, Petersilie, Majoran oder Borretsch
Zwiebel und Grütze mit oder ohne Pflanzenfett dünsten. Gemüsebrühe und Milch sowie Sellerie beifügen und 45–60 Minuten kochen. Nach Belieben mit Meersalz oder Miso würzen. Rahm* und Kräuter in die Suppenschüssel geben und die fertige Suppe darüber anrichten.

Griesssuppe*
1 Essl. Griess
5 dl Gemüsebrühe
½ Essl. Rahm* oder Sesamrahm
(Rezept Seite 88)
1 Eigelb* oder
5 g frische Butter oder Pflanzenfett
oder Nussmus
1 Prise Steinsalz oder wenig Kelpamare
Kümmel, evtl. Muskat
Liebstöckel, Basilikum. Majoran, Petersilie, Schnittlauch
Griess in die kochende Gemüsebrühe einrühren, Kelpamare und Kümmel beifügen, ½ Std. köcheln. Mit Kräutern beliebig würzen. Rahm* und Eigelb* oder Butter oder Pflanzenfett oder Nussmus in die Suppenschüssel geben und die fertige Suppe darüber anrichten.

Tomatensuppe
½ Essl. Reform-Pflanzenfett
Zwiebel, Sellerie und Lauch,
etwas Knoblauch
1 kleine Karotte
1 Knoblauchzehe
1 Tomate
1 Essl. Vollkornreismehl
6 dl Gemüsebrühe
1 Prise Steinsalz
evtl. etwas Tomatenpüree
1 Prise Fruchtzucker oder Succanat
Rosmarin, Oregano
5 g Butter oder Pflanzenfett oder Nussmus
½ Essl. Rahm* oder Sesamrahm
(Rezept Seite 88)
Schnittlauch
Kleingeschnittene Gemüse mit oder ohne Pflanzenfett dämpfen, zuletzt die Tomate beifügen. Vollkornmehl darüber streuen und mit Gemüsebrühe ablöschen. ½ Stunde köcheln, dann passieren. Gewürze und evtl. etwas Tomatenpüree beifügen. Butter oder Pflanzenfett (oder Nussmus) und Rahm* in die Suppenschüssel geben und die fertige Suppe darüber anrichten. Mit kleingeschnittenem Schnittlauch bestreuen. Nach Wunsch 1 Essl. Reis als Einlage in die Suppe geben oder fettlos geröstete

Brotwürfelchen darüber streuen. Knoblauch am Schluss dazugeben.

Sommerliche Tomatensuppe
4 reife Sommertomaten
1 Prise Fruchtzucker oder Succanat
1 Prise Meersalz
1 Essl. Rahm* oder Sesamrahm
(Rezept Seite 88)
Die Tomaten in Stücke schneiden, kurz aufkochen, würzen und passieren. Rahm dazugeben und die Suppe lauwarm oder kalt servieren.

Verschiedene Gemüsesuppen
(Karotten, Spinat, Broccoli, Blumenkohl)
½ Essl. Reform-Pflanzenfett
etwas gehackte Zwiebel, wenig ausgepressten Knoblauch
1 ½ Essl. Vollkornmehl
1 Prise Meersalz
5 dl Gemüsebrühe
1 dl Milch* oder Sojamilch
1 Essl. Rahm* oder Sesamrahm
(Rezept Seite 88)
Gemüse: 1 kleingeschnittene Karotte oder 1 kleine Tasse Spinat, gemixt oder fein gehackt, kleingehackter Broccoli oder Blumenkohl (einige Röschen separat kochen und zurückbehalten)
Zwiebel mit Knoblauch und Karotten oder Broccoli oder Blumenkohl mit oder ohne Pflanzenfett dämpfen, Vollkornmehl* oder Reismehl darüberstreuen und leicht mitdämpfen. Mit Gemüsebrühe und Milch ablöschen und 20–40 Minuten köcheln. Bei der Spinatsuppe zum Schluss den Spinat beifügen und nicht mehr kochen. Die fertige Suppe über den Rahm in der Suppenschüssel anrichten. Bei der Broccoli- und Blumenkohlsuppe die zurückbehaltenen Röschen beifügen.
Würzen: Für die Karottensuppe Selleriekraut oder Liebstöckel, Rosmarin oder Majoran, 1 Teel. Kümmel.
Knoblauch am Schluss dazugeben.
Für die Spinatsuppe einige Pfefferminzblätter, Petersilie, Schnittlauch, 1 Prise Muskat.
Für die Broccoli- und Blumenkohlsuppe wenig Basilikum, Petersilie, Schnittlauch, Estragon.

Kerbelsuppe
½ Essl. Reform-Pflanzenfett
Zwiebel, etwas Knoblauch
1 mittlere Kartoffel, in Würfel geschnitten
½ Essl. Vollkornmehl* oder Reismehl
5 dl Gemüsebrühe
1 Prise Steinsalz
1 Essl. Kerbel, gehackt
½ Essl. Rahm* oder Sesamrahm
Zwiebel mit oder ohne Pflanzenfett anziehen lassen. Kartoffel beifügen, Vollkornmehl darüber streuen und mit Gemüsebrühe ablöschen, salzen. ½ Std. kochen und passieren. Kerbel und Rahm* in die Suppenschüssel geben, Suppe darüber anrichten.
Knoblauch am Schluss dazugeben.

Zwiebelsuppe
½ Essl. Reform-Pflanzenmargarine
1 grosse Zwiebel, wenig Knoblauch
1 Essl. Mehl* oder Reismehl
5 dl Wasser oder Gemüsebrühe
1 Teel. Nussmus
Kelpamare
Basilikum, Muskat
Die in Streifen geschnittene Zwiebel in der Pflanzenmargarine gut durchdämpfen, Mehl darüberstreuen und kurz mitdämpfen. Wasser oder Gemüsebrühe beifügen und ½ Stunde kochen. Würzen. Das Nussmus in die Suppenschüssel geben und die Suppe darüber anrichten. Nach Belieben kann man die Suppe passieren.

Kartoffelsuppe
½ Lauch, in feine Streifchen geschnitten
½ Karotte, in feine Rädchen geschnitten
½ Essl. Vollkornmehl* oder Reismehl
5 dl Gemüsebrühe
1 mittlere Kartoffel, kleingeschnitten
1 Prise Meersalz oder wenig Miso
Basilikum, Majoran
1 Essl. Rahm* oder Sesamrahm

Lauch und Karotte in wenig Gemüsebrühe dämpfen. Vollkornmehl darüberstreuen, mit der Gemüsebrühe ablöschen. Kartoffel beifügen und weichkochen. Würzen. Basilikum, Majoran und evtl. Rahm* in die Suppenschüssel geben und die fertige Suppe darüber anrichten.

Minestra
½ Essl. Reform-Pflanzenfett
2 Essl. Lauch
etwas Zwiebel, feingehackt
einige Sellerieblätter
½ Teller Mangoldblätter
7 dl Wasser oder Gemüsebrühe
1 Essl. Liebstöckel oder Thymian
½ Knoblauchzehe, ausgepresst
Basilikum, Petersilie, Schnittlauch
1 Prise Steinsalz
15 g Teigwaren* oder Reis
5 g Butter oder Pflanzenmargarine
oder Nussmus
Zwiebel, Lauch, Sellerieblätter und Mangold, alles kleingeschnitten, langsam dämpfen. Gemüsebrühe beifügen, würzen und ½ Std. kochen. Teigwaren oder Reis 15–20 Minuten mitkochen. Zum Verfeinern Rahm* oder Nussmus oder Pflanzenmargarine beifügen.

Gemüse

Spinat, gehackt
¼ l Gemüsebrühe
200 g Spinat (dicke Stiele entfernen)
¼ Knoblauchzehe, durchgepresst
1 Prise Steinsalz
Pfefferminzblätter, Salbei
1 Tasse roher Spinat
evtl. etwas frische Butter oder Reform-Pflanzenmargarine
Spinat in der Gemüsebrühe kurz abwellen, abgiessen, hacken, wiegen oder mixen. Spinat in die Pfanne zurückgeben und heisswerden lassen. Knoblauch, Salz und Kräuter beifügen. Den rohen Spinat sehr fein wiegen oder mixen, vor dem Anrichten beifügen und etwas frische Butter oder Pflanzenmargarine dazugeben.

Spinat, ganze Blätter (en branches)
300 g Spinat (dicke Stiele entfernen, den gröberen Winterspinat evtl. zuerst abwellen)
1 Essl. Pinienkerne
evtl. 1 Essl. Rosinen
1 Prise Steinsalz
Pfefferminzblätter, Salbei, Petersilie
evtl. etwas flüssige Butter oder Reform-Pflanzenmargarine
Spinat nicht zugedeckt auf kleiner Flamme mit ganz wenig Wasser dünsten. Pinienkerne, Gewürze und evtl. Rosinen beifügen und noch kurz weiterdämpfen. Zum Schluss evtl. flüssige Butter oder Pflanzenmargarine daruntermischen.

Lattich
1 Lattich
1 l Wasser
etwas Zwiebel, gehackt
½ Essl. Reform-Pflanzenfett
1 dl Gemüsebrühe
1 Prise Steinsalz
2 Essl. Rahm* oder Sesamrahm
Lattich halbieren, im Wasser halbweich kochen, abtropfen lassen, zusammenlegen und in feuerfeste Form geben. Zwiebel im Pflanzenfett anziehen lassen und über das Gemüse verteilen. Gemüsebrühe und Meersalz beifügen und 30–40 Min. im Ofen schmoren. 5 Min. vor dem Anrichten den Rahm* darübergiessen.

Endiviengemüse
1 grosser Endivienkopf
Zubereitung genau gleich wie beim Lattich.

Chicorée gedämpft
2 Stangen Chicorée
½ Essl. Reform-Pflanzenfett
3 Essl. Gemüsebrühe
1 Prise Steinsalz
Majoran, Thymian
etwas Butter oder Pflanzenmargarine
oder Nussmus

Chicoréestangen halbieren und in die Pfanne einschichten. Erwärmtes Pflanzenfett sowie Gemüsebrühe über die Chicorée geben, würzen und zugedeckt auf kleiner Flamme ½ Std. dämpfen. Zum Schluss zerlassene Butter oder Pflanzenmargarine oder Nussmus über das angerichtete Gemüse verteilen.

Krautstiele an Béchamelsauce
3 Stengel Krautstiele
½ Essl. Reform-Pflanzenfett
½ dl Gemüsebrühe
wenig Zitronensaft oder 1 Teel. Mandelpüree
1 Prise Steinsalz
Estragon, Petersilie und Schnittlauch
Béchamelsauce* kann mit Reismehl zubereitet werden (Rezept Seite 112).
Die in 3 cm lange Stücke geschnittenen Krautstiele im Pflanzenfett dünsten, Gemüsebrühe mit Zitronensaft oder Mandelpüree beifügen und zugedeckt auf kleiner Flamme ½ bis ¾ Std. weichkochen, würzen. Das fertige Gemüse mit Béchamelsauce mischen.

Stangensellerie
3–4 Stangen Stangensellerie
½ Zwiebel, gehackt
etwas Apfel, fein geschnitten
1 dl Gemüsebrühe
1 Teel. Mandelpüree
1 Prise Steinsalz oder
wenig Sojasauce
Selleriekraut
Die in 8 cm lange Stücke geschnittenen Stangensellerie in eine Pfanne legen. Zwiebel und Apfel ohne Fett leicht andünsten und darüber verteilen. Gemüsebrühe und Mandelpüree beifügen und ½ bis ¾ Std. weichkochen. Würzen.

Überbackener Fenchel mit Frischkäse-Crème*
1 grösserer oder 2 kleine Fenchel
1 Prise Steinsalz
Pfeffer
einige Tropfen Zitrone
1 Teelöffel Frischkäse*
Fenchel vierteln und in wenig Wasser halbweich dämpfen. Die einzelnen Lagen des Fenchels auseinanderziehen und in eine feuerfeste Form legen. Mit Zitronensaft beträufeln, salzen und pfeffern. Den Frischkäse mit 2 Esslöffeln Fenchelsud verrühren und auf dem Gemüse verteilen. Im heissen Ofen überbacken. Statt Frischkäse kann auch etwas Soja- oder Sesamrahm verwendet werden.

Gemüsecurry
1 Essl. Olivenöl
1 Frühlingszwiebel
200 g Gemüse (z.B. Lauch, Karotten, Zucchetti, Spargel)
½ Teel. Vollkornmehl* oder Reismehl
1 Messerspitze (oder mehr, je nach Geschmack) Curry
½ Teel. Gemüsebrühe
½ Orange
1 Teel. Sultaninen
1 Prise Vollzucker (Succanat)
1 Prise Steinsalz, Pfeffer
Die in feine Ringlein geschnittene Frühlingszwiebel im leicht erwärmten Öl anziehen lassen. Mehl und Curry darüberstreuen und mit der Gemüsebrühe ablöschen. Die kleingeschnittenen Gemüse zugeben und zugedeckt ca. 15 Minuten dämpfen. Von der Orange zwei, drei Schnitze zurückbehalten, den Rest auspressen und die Sultaninen im Saft einlegen. Wenn das Gemüse weich ist, Sultaninen und Orangensaft beigeben, heiss werden lassen und mit Zucker, Salz und Pfeffer abschmecken. Anrichten und die Schnitze darüber verteilen.

Karotten gedämpft
3–4 Karotten
1 dl Gemüsebrühe
1 Teel. Mandelpüree
je 1 Prise Fruchtzucker und Steinsalz
Majoran, Thymian, Rosmarin, Petersilie
Die in Scheiben oder Stengelchen geschnittenen Karotten in der Gemüse-

brühe 30–45 Min. dämpfen, evtl. das Mandelpüree beigeben. Würzen. Zum Schluss die gehackte Petersilie darüberstreuen.

Erbsen und Karotten
½ Essl. Reform-Pflanzenfett
100 g frische süsse Erbsen, enthülst
1 dl Gemüsebrühe
Majoran, Thymian, Liebstöckel,
Petersilie, Schnittlauch
150 g in Scheiben geschnittene Karotten, nach dem obigen Rezept für gedämpfte Karotten zubereitet.
Erbsen kurz im Pflanzenfett dünsten, Gemüsebrühe beifügen, weichkochen. Würzen. Karotten und Erbsen mischen oder auf der Platte abwechslungsweise anrichten.

Erbsen auf französische Art
¼ Salatkopf oder Lattich
150–200 g Erbsen, enthülst
1 dl Gemüsebrühe
1 Prise Steinsalz
Petersilie, Schnittlauch,
Majoran, Thymian, Liebstöckel
10 g Nussmus
1 Teel. Vollkornmehl* oder Reismehl
Den in feine Streifen geschnittenen Salatkopf oder Lattich zusammen mit den Erbsen in der Gemüsebrühe auf ganz kleinem Feuer dämpfen, bis sie weich sind. Würzen. Nussmus mit Vollkornmehl mischen, dazugeben und kurz aufkochen.

Kefen (Zuckererbsen) gedämpft
200 g Kefen
1 dl Gemüsebrühe
1 Prise Steinsalz
1 Prise Vollzucker (Succanat)
etwas Petersilie oder Liebstöckel
Schnittlauch. Majoran, Thymian
frische Butter oder Pflanzenmargarine
oder Nussmus
Kefen und Kräuter in der Gemüsebrühe zugedeckt ½ bis ¾ Std. dämpfen. Würzen und beim Anrichten frische Butter oder Pflanzenmargarine oder Nussmus darübergeben.

Grüne Bohnen mit Tomaten
½ Essl. Reformmargarine
½ Zwiebel
250 g Bohnen
wenig Knoblauch
Bohnenkraut, Petersilie
1–2 Tomaten
1 Prise Steinsalz
etwas Kümmel, Majoran, Liebstöckel
Die gehackte Zwiebel in der Reformmargarine dünsten. Die Bohnen, die in kleine Würfel geschnittenen Tomaten und die Kräuter beifügen und ca. 1 Stunde dämpfen, wenn nötig etwas Wasser zugeben. Würzen.

Sellerie, gedämpft
½ Essl. Reformmargarine
½ Zwiebel
½ Sellerie
1 dl Gemüsebrühe
1 Prise Steinsalz
etwas Zitronensaft, Majoran
1 Teel. Mandelpüree
feinste Apfelscheibchen, Nüsse
Die gehackte Zwiebel in der Reformmargarine dünsten, Den in kleine viereckige Scheiben geschnittenen Sellerie mit der Gemüsebrühe beifügen und in ½ bis ¾ Std. weichkochen. Würzen. Zum Verfeinern Mandelpüree beifügen und nach Wunsch auch einige Apfelscheibchen mitdämpfen. Zum Schluss mit gehackten Nüssen bestreuen.

Sellerie mit Béchamelsauce*
1 kleinen Sellerie wie oben zubereiten und zuletzt mit einer Béchamelsauce (Rezept Seite 112) vermischen. Béchamelsauce kann auch mit Reismehl zubereitet werden

Randengemüse (Rote Bete)
Wurzelspitzen und Blätter bis ca. 2 cm abschneiden, gut waschen, ohne die Haut zu verletzen.
350 g Randen
1 dl Gemüsebrühe
je 1 Prise Fruchtzucker und Steinsalz

¼ Lorbeerblatt, Liebstöckel, Kümmel, Muskat
etwas Knoblauch, Petersilie
etwas Zitronensaft, Zitronenmelisse
1 Essl. Vollkornmehl* oder Reismehl, kalt angerührt
1 Essl. Mandelpüree
Die Randen im Dampfkochtopf in ca. 25 Min. weichkochen. Schälen und in feine Scheiben schneiden. In der Gemüsebrühe mit den Kräutern und Gewürzen gut mischen und ¼ Std. leicht kochen. Zum Binden das Vollkornmehl darunterrühren und am Schluss das Mandelpüree beifügen.

Topinambur
250 g Topinambur
etwas Gemüsebrühe
1 Prise Steinsalz
Basilikum
1 Teel. Mandelpüree
Die Topinambur wie Kartoffeln in der Schale (s. Rezept Seite 105) kochen. Schälen, in Scheiben schneiden und in der Gemüsebrühe weichdämpfen. Würzen und zum Verfeinern das Mandelpüree darunter mischen.
Man kann die Topinambur auch mit Béchamelsauce (Rezept Seite 112) und etwas geriebenem Käse anrichten.

Tomatengemüse
4–5 Tomaten
½ Essl. Reform-Pflanzenfett
½ Zwiebel
Fruchtzucker
1 Prise Steinsalz
ein wenig Knoblauch
Rosmarin, Majoran, Basilikum
evtl. 1 Essl. Maizena (Maismehl)
Petersilie oder Schnittlauch oder Dill
Zwiebel und Fruchtzucker im Pflanzenfett in der Bratpfanne leicht bräunen. Die Tomaten mit kochendem Wasser überbrühen und schälen, in Stücke schneiden, zu den Zwiebeln geben und mitdämpfen, bis sie etwas eingekocht sind. Knoblauch und Gewürze beifügen und fertigkochen; zum Binden das Maizena daruntermischen.
Über die angerichteten Tomaten reichlich gehackte Petersilie oder andere Kräuter streuen.

Tomaten, gedämpft
2–3 Tomaten
1 Prise Steinsalz
10 g Reform-Pflanzenfett oder Butter
¼ Zwiebel, gehackt
Provence-Kräuter (Basilikum, Rosmarin, Thymian, Salbei), Petersilie
Die Zwiebel ohne Fett leicht anziehen lassen. Die halbierten Tomaten auf ein eingefettetes Blech oder in die feuerfeste Form legen. Kleine Stücklein Pflanzenfett oder Butter auf jede Tomatenhälfte geben, ebenso die gedünstete Zwiebel und die Kräuter darüber verteilen. Im Ofen kurz dämpfen.
Nach Belieben werden einige Tomaten gemixt oder ganz fein gehackt, mit Rahm vermischt, rasch aufgekocht und über die angerichteten Tomaten verteilt.

Tomaten, gefüllt
2–3 Tomaten
1 Teel. Reis pro Tomate
1 Prise Steinsalz
Butter oder Pflanzenmargarine oder Nussmus
etwas Zwiebel und Knoblauch
Rosmarin, Majoran, Thymian, Basilikum
Lorbeer, Muskat
evtl. Gemüsebrühe
Von den Tomaten den Deckel abschneiden und aushöhlen. Das Tomatenmark hacken und mit 1 Teel. ungekochtem Reis und den Kräutern und Gewürzen vermischen. Die Masse einfüllen, Butterflöckchen oder Pflanzenmargarine oder Nussmus daraufgeben und die abgeschnittenen Deckel aufsetzen. Im Ofen bei guter Unterhitze 20–30 Min. backen.

Tomaten à la Provençale
2 Tomaten
1 Prise Steinsalz
1 Essl. gehackte Petersilie
1 Essl. Paniermehl oder Reispaniermehl (Brösel)
Tomaten halbieren, mit Meersalz bestreuen, auf ein Blech geben. Paniermehl und Petersilie mischen und mit einem Löffel auf die Tomaten verteilen. Im Ofen 15 Min. backen.

Zucchetti-Tomatengemüse
½ Essl. Reform-Pflanzenfett
½ Zwiebel, gehackt
300 g Zucchetti
50 g Tomaten
1 Prise Steinsalz
Knoblauch, Rosmarin. Majoran, Thymian, Basilikum, Petersilie, Schnittlauch, Dill
evtl. etwas Maizena (Maismehl)
1 Teel. Mandelpüree
Zwiebel im Pflanzenfett anziehen lassen. Zucchetti in Würfel schneiden, Tomaten schälen und ebenfalls in Würfel schneiden. Beide Gemüse zugeben und weich schmoren. Würzen. Wenn sich zu viel Flüssigkeit gebildet hat, wird etwas angerührtes Maizena und 1 Teel. Mandelpüree zuletzt beigefügt.

Peperoni, grüne, gelbe oder rote
Sie eignen sich sehr gut als Beigabe zu anderen Gerichten.
150–200 g Peperoni
½ Essl. Reform-Pflanzenfett
½ Zwiebel, gehackt
1 Prise Steinsalz
Knoblauch, Rosmarin, Majoran, Thymian, Basilikum, Petersilie
Peperoni in Streifen schneiden und zusammen mit Zwiebel, Kräutern und Gewürzen in der Bratpfanne im Pflanzenfett zugedeckt ½ Std. dämpfen.

Ratatouille
50 g Peperoni
100 g Zucchetti
50 g Auberginen
1 Tomate
½ Zwiebel, gehackt
wenig Knoblauch
1 Essl. Reform-Pflanzenfett
1 Prise Steinsalz
Rosmarin, Majoran, Thymian, Basilikum, Petersilie
Peperoni, Zucchetti, Aubergines und Tomate (geschält) in Würfel schneiden. Zwiebel und Knoblauch im Pflanzenfett dämpfen, Gemüse beigeben und 1 Std. zugedeckt dämpfen. Würzen. Wenn zu viel Saft entsteht, abgedeckt einkochen lassen.

Aubergines
Die Aubergines waschen, evtl. schälen
1 Essl. Reform-Pflanzenfett
400–500 g Aubergines
evtl. etwas Gemüsebrühe
Steinsalz
1–2 Tomaten
Die in Würfelchen geschnittenen Aubergines im Pflanzenfett dünsten und weichdämpfen, Salzen. Mit einigen Tomatenhälften oder mit etwas Tomatengemüse garnieren.

Artischocken
1 Artischocke
¾ l Wasser
1 Essl. Zitronensaft
1 Prise Steinsalz
Die Stengel dicht an den Artischocken abschneiden. Die untersten harten Blätter entfernen und die Spitzen abschneiden. Halbieren und Blüte herausschneiden, unter dem laufenden Wasser waschen und Schnittfläche mit Zitronensaft einreiben. Wasser zum Kochen bringen, Zitronensaft und Meersalz beifügen und die Artischocke darin weich kochen, ca. ¾ Std. Abtropfen lassen und auf warmer, mit Serviette belegter Platte anrichten.
Mit Joghurtsauce* (Rezept Seite 89) oder Ölsauce servieren.

Spargeln
½ Bund Spargeln
1 l Wasser
1 Prise Steinsalz
geriebener Käse*
Nussmus
Die Spargeln waschen und grosszügig schälen. Grüne Spargeln kann man fast ganz belassen. Wasser zum Kochen bringen, die Spargeln in 20–30 Min. weichkochen (grüne brauchen viel weniger lang), mit dem Schaumlöffel herausnehmen und auf einer mit Serviette belegten Platte anrichten. Geriebenen Käse darüberstreuen und mit flüssigem Nussmus begiessen.
Statt geriebener Käse* kann auch Sojarahm oder Sesamrahm verwendet werden.
Als Variante Sauce Vinaigrette (siehe Seite 113) dazu servieren.

Blumenkohl oder Broccoli
(nur aus biologischem Anbau)
1 kleiner Blumenkohl oder Broccoli (250 g)
1 Teel. Reform-Pflanzenfett
1 Knoblauchzehe
1 dl Gemüsebrühe
1 Prise Steinsalz, Pfeffer
Pinienkerne oder Mandelsplitter
Blätter und Strunk unter der Blume abschneiden. Strunk schälen und in grössere Stücke schneiden, Blume in Röschen teilen. Die gehackte Knoblauchzehe im Pflanzenfett hell dünsten, Blumenkohl oder Broccoli beifügen und kurz mitdünsten. Mit der Gemüsebrühe ablöschen und etwa 5 Minuten köcheln lassen. Mit Salz und Pfeffer würzen. Pinienkerne oder Mandelsplitter ohne Fett kurz in der Bratpfanne rösten und über das Gemüse verteilen.

Kohlrabi mit Kräutern
1 Kohlrabi
1 dl Gemüsebrühe
1 Essl. zarte Kohlrabiblätter, gehackt
1 Essl. Rahm* oder Sojarahm
Béchamelsauce* (Rezept Seite 112) kann auch mit Reismehl zubereitet werden.
Kohlrabi in 4 Stücke, dann in feine Scheibchen schneiden und in der Gemüsebrühe zugedeckt ½–¾ Std. kochen, zuletzt die Kohlrabiblätter und den Rahm beifügen.
Die Béchamelsauce mit verschiedenen gehackten Kräutern vermischen und über die fertiggekochten Kohlrabi anrichten.

Rosenkohl, gedämpft
½ Essl. Reform-Pflanzenfett
200 g gereinigter Rosenkohl
1 dl Gemüsebrühe
1 Prise Steinsalz
Muskat, Basilikum
Den Rosenkohl im Pflanzenfett leicht dämpfen, Gemüsebrühe beifügen und ½ Stunde weichdämpfen. Würzen. Evtl. beim Anrichten etwas flüssige Butter darübergeben.

Kohl oder Weisskraut, gedämpft
(bei Blähsucht meiden. Kohl bläht nur wenn gekocht. Alle Kohlarten gut kauen, roher Kohlsaft stets erlaubt!)
½ Essl. Reform-Pflanzenfett
½ Zwiebel, gehackt
250 g junger Kohl
1 dl Gemüsebrühe
evtl. etwas Kelpamare
Muskat, Kümmel, 1 Prise Steinsalz
Basilikum oder Liebstöckel
Zwiebel im Pflanzenfett dünsten, den in 2 cm Streifen geschnittenen Kohl beifügen, dämpfen, bis das Gemüse zusammenfällt. Mit Gemüsebrühe ablöschen und auf kleinem Feuer ½ Std. weichkochen. Würzen.
Grüner, ausgewachsener Kohl muss zuerst kurz in Wasser abgewellt werden.

Kohl, gehackt
(bei Blähsucht meiden)
200 g Kohl
1 l Wasser
½ Essl. Reform-Pflanzenfett
etwas Knoblauch

1 kl. Essl. Mehl* oder Reismehl
1 dl Gemüsebrühe oder halb Milch*, halb Gemüsebrühe
1–2 Essl. Rahm* oder Sojarahm oder Sesamrahm
Kelpamare, Muskat, Kümmel, Petersilie
1 Prise Steinsalz
Kohl in 4 Stücke schneiden, im Wasser weichkochen, dann abtropfen lassen und feinhacken. Im Pflanzenfett kurz dünsten, etwas feingehackten Knoblauch und Mehl darüberstreuen und ¼ Stunde kochen, dann Gemüsebrühe oder Milch beifügen und heisswerden lassen. Würzen. Mit Rahm verfeinern.

Rotkraut
(bei Blähsucht meiden)
½ Essl. Reform-Pflanzenfett
250 g Rotkraut
½ Essl. Zitronensaft
½ Apfel
½ Essl. Reis
1 dl Gemüsebrühe
½ dl Traubensaft oder Süssmost
1 Apfel
etwas Butter
1 Prise Steinsalz
Das feingehobelte Rotkraut im Pflanzenfett dünsten. Zitronensaft, den in feine Scheibchen geschnittenen Apfel sowie den Reis dazugeben und weiterdünsten. Mit Gemüsebrühe und Traubensaft oder Süssmost ablöschen und auf kleiner Flamme zugedeckt 1–1½ Stunde weichdämpfen. Den zweiten Apfel schälen, in Schnitze schneiden, mit Butter bestreichen und auf einem Blech im Ofen schmoren. Zur Garnitur des angerichteten Rotkrauts.

Lauchgemüse
(bei Blähsucht meiden!)
200 g gerüsteter Lauch
½ Essl. Reform-Pflanzenfett
1 dl Gemüsebrühe
½ Essl. Rahm
1 Prise Steinsalz
evtl. etwas geriebener Käse*
Den Lauch in 10 cm lange Stücke schneiden, in die Bratpfanne einschichten, Pflanzenfett und Gemüsebrühe darübergeben und zugedeckt langsam schmoren. Zuletzt Salz und Rahm beifügen, evtl. geriebenen Käse darüberstreuen.

Salate von gekochten Gemüsen

Karotten, Sellerie, Randen (Rote Bete), Bohnen, Blumenkohl, Broccoli, Zucchetti, Mangold oder Krautstiele eignen sich besonders gut für diese Salate.
Die Gemüse werden in Gemüsebrühe oder Wasser weichgekocht, abgetropft und kleingeschnitten (Würfelchen, Scheibchen, Röschen, Streifen). Mit Salatsauce oder mit Vinaigrette oder Mayonnaise anmachen. Als Gewürz Zwiebeln und gehackte Kräuter.

Kartoffelsalat
200 g Kartoffeln
½ dl Gemüsebrühe
1 Essl. Mayonnaise* (Rezept Seite 89, 113)
½ Essl. Zwiebeln, gehackt
Borretsch, Schnittlauch, Petersilie, Zitronenmelisse, Majoran, Thymian, Dill
Die Kartoffeln im Dampftopf weichkochen, noch heiss schälen und in Scheiben schneiden. Die heissgemachte Gemüsebrühe darübergiessen und etwas stehen lassen, dann die Mayonnaise daruntermischen. Mit Zwiebel und Kräutern würzen. Anstelle von Mayonnaise kann man Öl, Zitronensaft und Rahm gut zerquirlen und mit den Kartoffeln vermischen.

Kartoffelsalat mit Gurken
1 grosse Kartoffel
¼ Gurke
2 Essl. Joghurtsauce* (Rezept Seite 89)
oder Sojasauce (Rezept Seite 90)
½ Knoblauchzehe
Dill oder Borretsch, Schnittlauch, Petersilie, Zwiebel
Die Kartoffel wie oben beschrieben vorbereiten. Die geschälte Gurke auf grober

Raffel raffeln und dazugeben. Mit Joghurtsauce vermischen und mit Zwiebel und Kräutern würzen.
Vor dem Anrichten die Salatschüssel mit der Knoblauchzehe ausreiben.

Salade Niçoise*
1 gekochte Kartoffel
1 kleine Tomate
Radieschen
einige Gurkenscheiben
1 hartgekochtes Ei*
1 Essl. Öl
½ Essl. Zitronensaft
1 Prise Steinsalz
Petersilie, Schnittlauch oder Dill, Zitronenmelisse, Borretsch
einige Kopfsalatblätter
Kartoffel, Tomate, Radieschen und das Ei in Scheiben schneiden und zusammen mit den Gurkenscheiben mit der Salatsauce aus Öl, Zitronensaft, Meersalz und Kräutern anmachen. Direkt vor dem Servieren die Kopfsalatblätter in breite Streifen schneiden und mit dem Salat vermischen oder den Salat auf die Kopfsalatblätter anrichten.

Reissalat
50 g Reis
2 dl Wasser
2 Essl. Joghurtsauce* (Rezept Seite 89) oder Sojasauce
½ Essl. Zwiebel, gehackt
¼ Tomate
Schnittlauch, Petersilie oder Basilikum
einige Salatblätter
Reis im Wasser kochen, kurz abspülen und erkalten lassen. Zwiebel, feingewürfelte Tomate und Kräuter unter die Quarksauce geben.
Den Reis mit der Sauce vermischen und auf Salatblätter anrichten.

Selleriesalat mit Soja-Mayonnaise
½ kleiner Sellerie
½–1 Essl. Zitronensaft
2 Baumnüsse
evtl. ¼ Apfel
1 Prise Steinsalz
1 Essl. Soja-Mayonnaise (Rezept Seite 90)
Die rohe Sellerieknolle in streichholzdünne Streifen schneiden oder hobeln. Zitronensaft darüberträufeln, um ein Braunwerden zu verhindern. Die grob gehackten Baumnüsse und den geraffelten Apfel dazugeben und mit der Mayonnaise vermischen.

Gemüsesülzchen
2½ dl Gemüsebrühe
2 g Agar-Agar
einige Tropfen Zitronensaft
etwas Kelpamare
frische Gurkenscheiben
Tomatenwürfelchen
gekochte Broccoliröschen
gekochte Erbsen
gekochte, kleingeschnittene Bohnen
Agar-Agar ist ein pflanzliches Gallertpulver, das anstelle der tierischen Gelatine für Gemüse- und Fruchtköpfchen, Saucen und Puddings usw. verwendet wird.
Das Agar-Agar-Pulver in die lauwarme Gemüsebrühe geben und langsam erhitzen, bis das Geliermittel gut aufgelöst ist. Mit Zitronensaft und Kelpamare würzen. In ausgespülte Förmchen etwas Sulze einfüllen, festwerden lassen. Mit Gemüsescheibchen garnieren, wieder Sulze darübergeben, festwerden lassen usw., bis die Förmchen gefüllt sind.
Die erkalteten Sülzchen stürzen und auf Salatblättern servieren.

Kartoffelgerichte

Kartoffeln in der Schale (Pellkartoffeln)
3–4 kleine Kartoffeln
Wasser
Kartoffeln abbürsten und waschen.
Pfanne mit gelochtem Einsatz oder Drahtsieb mit Wasser bis zum Einsatz füllen, Kartoffeln hineingeben, zudecken und 30 bis 40 Min. kochen. Im Dampfkochtopf sind sie in 8–10 Minuten weich.

Backkartoffeln
3–4 kleine Kartoffeln
1 Essl. Öl
Butter oder Nussmus
Die Kartoffeln abbürsten, waschen. Auf der oberen Seite die Haut 3–4 mal einritzen, mit Öl bepinseln und auf eingefettetem Blech bei mittlerer Hitze 30–40 Min. backen. Auf die fertigen Kartoffeln je ein Stückchen Butter oder Nussmus geben.

Quarkkartoffeln*
3–4 kleine Kartoffeln
50 g Magerquark
1–2 Essl. Milch* oder Rahm*
Schnittlauch oder Kümmel oder Majoran
1 Prise Steinsalz
In die obere Seite der Kartoffeln eine Rille schneiden und zubereiten wie Backkartoffeln. Für die Füllung Quark mit Milch oder Rahm schaumig rühren und Gewürze beifügen. Mit einem Löffel über die Rille der gebackenen Kartoffeln verteilen oder mit dem Dressiersack aufspritzen.

Kümmelkartoffeln
2–3 mittelgrosse, längliche, schmale Kartoffeln
1 Teel. Kümmel
1 Prise Steinsalz
1 Essl. Öl
Die Kartoffeln abbürsten, waschen und durch die schmale Mitte halbieren. Kümmel mit Steinsalz vermischen und auf die Schnittflächen streuen. Die Kartoffeln mit der Schnittfläche nach unten auf ein gefettetes Blech legen, mit Öl bepinseln und ¾ Std. bei mittlerer Hitze backen.

Bouillonkartoffeln
250 g Kartoffeln
1–2 dl Gemüsebrühe
1 Prise Steinsalz
Liebstöckel, Thymian
10 g Butter oder Pflanzenmargarine oder Nussmus
Kartoffeln waschen, schälen, halbieren oder in Stücke schneiden und in der Gemüsebrühe mit Steinsalz und den Gewürzen weichkochen. Butter oder Pflanzenmargarine oder Nussmus über die angerichteten Kartoffeln verteilen.

Rahmkartoffeln*
200 g Kartoffeln
Zwiebel, gehackt
1 dl Gemüsebrühe
1 Prise Steinsalz
½ dl Rahm*, evtl. Milch* oder Sojarahm
Thymian, Muskat, Petersilie
Kartoffeln schälen, in Scheibchen schneiden, zusammen mit der Zwiebel ohne Fett kurz anziehen lassen und mit der Gemüsebrühe und den Gewürzen weichkochen. Zuletzt Rahm oder Milch beifügen. Die angerichteten Kartoffeln mit gehackter Petersilie bestreuen. Kann auch mit Sojarahm zubereitet werden.

Kartoffeln mit Tomaten
200 g Kartoffeln
½ kl. Zwiebel
1 dl Gemüsebrühe
1 kl. Tomate
1 Prise Steinsalz
1 Essl. Rahm* oder Sesamrahm (Rezept Seite 88)
Majoran oder Rosmarin oder Thymian
Die gehackte Zwiebel und die geschälten, in Scheiben geschnittenen Kartoffeln ohne Fett kurz anziehen lassen, dann mit der Gemüsebrühe halbweich kochen. Die geschälte Tomate in Schnitze schneiden, beifügen und fertigkochen. Würzen. Zuletzt Rahm oder Sesamrahm dazugeben.

Kartoffelschnee
4 Kartoffeln
Wasser
getrocknete Tomaten
Butter oder Pflanzenmargarine oder Nussmus
Kartoffeln waschen, schälen, in Stücke schneiden und im Dampf mit wenig Wasser weichkochen. Durch die Kartoffelpresse direkt auf eine warme Platte spritzen. Flüssige Butter oder Pflanzenmargarine oder Nussmus darübergeben

und mit feingeschnittenen getrockneten Tomaten garnieren.

Kartoffelpüree
4 Kartoffeln
wenig Wasser
1 dl Milch* oder Sojarahm
Muskat
evtl. 1 Essl. Rahm*
1 Prise Steinsalz
feingehackter Majoran, feingehackter Kümmel
etwas Knoblauch
getrocknete Tomaten
Kartoffeln schälen, in Stücke schneiden und im Dampfweich kochen. Durch die Kartoffelpresse passieren. Milch erwärmen, das Kartoffelpüree dazugeben, schaumig rühren und würzen. Evtl. mit Rahm* verfeinern. Auf heisse Platte anrichten und mit den feingeschnittenen getrockneten Tomaten oder mit goldgelb gerösteten Zwiebelringen garnieren.

Kartoffelpfluten
4 Kartoffeln
1 dl Milch* oder Sojamilch
10 g Butter
10 g Butter oder Nussmus
1 Prise Steinsalz
Muskat
Die Kartoffeln zubereiten wie Kartoffelpüree, mit Steinsalz und Muskat würzen. Kleine Schöpfkelle in heisse Butter tauchen, Pfluten ausstechen und auf heisser Pfanne anrichten. Weitere Butter oder Nussmuss darübergeben.

Schmorkartoffeln
2 kleine Kartoffeln
wenig Wasser
1 Prise Steinsalz
1 dl Gemüsebrühe
1–2 Essl. Rahm* oder Sesamrahm (Rezept Seite 88) oder Nussmus
Muskat, Thymian, Petersilie
Kartoffeln schälen und halbieren, im Dampf halbweich kochen. Mit der Schnittfläche nach unten in eine feuerfeste Platte legen. Gemüsebrühe darübergiessen, würzen und im Ofen schmoren, bis die Flüssigkeit eingekocht ist. Rahm* oder Nussmus darübergeben und mitschmoren, bis die Kartoffeln leicht gebräunt sind. Mit der Schnittfläche nach oben anrichten und mit gehackter Petersilie bestreuen.

Kartoffelschnitten mit Spinat
1 grosse Kartoffel
1 dl Gemüsebrühe
1 Prise Steinsalz
100 g Spinat
etwas Butter oder Pflanzenmargarine oder Nussmus
Knoblauch, Petersilie, Schnittlauch
evtl. Pfefferminze oder Salbei, Muskat
Die geschälte Kartoffel der Länge nach in 1 cm dicke Scheiben schneiden und sorgfältig weichkochen. Auf ein bebuttertes Blech legen. Den Spinat zubereiten wie Blattspinat (Rezept Seite 98), würzen und auf die Kartoffeln verteilen. Evtl. geriebenen Käse* darüberstreuen und Butter oder Pflanzenmargarine oder Nussmus in kleinen Stückchen darauflegen. Kurz im Ofen überbacken.

Lyonerkartoffeln
1 Essl. Reformmargarine
½ Essl. Olivenöl
3 kleine Kartoffeln
1 kleine Zwiebel
Reformmargarine und Öl erhitzen. Die geschälten, in Scheiben geschnittenen Kartoffeln im heissen Fett halbweich kochen. Die in Streifen geschnittene Zwiebel beifügen und fertigbacken.

Kartoffelstengelchen (roh gebraten)
3 grosse Kartoffeln
½ Essl. Reformmargarine oder
½ Essl. Olivenöl
1 Prise Steinsalz
Muskat, Rosmarin
Die Kartoffeln schälen, in Stengelchen schneiden und in einem Tuch trocknen. Margarine oder Öl erhitzen und die Sten-

gelchen hineingeben. Kurze Zeit zugedeckt und dann etwa ½ Stunde abgedeckt weiterbraten. Salzen und würzen.

Kartoffel-„Gulasch"
1 Zwiebel
1 grosse Kartoffel
1 grüne Peperoni
1–2 dl Wasser
1 Prise Steinsalz
Majoran, Thymian, Rosmarin, Petersilie
Zwiebel und Kartoffel in kleine Würfel, Peperoni in Stücke schneiden und zusammen, mit dem Wasser bedeckt, in ca. 15 Minuten weichkochen. Kräftig würzen und anrichten.

Ayurvedische Kartoffeln
(ein apartes, sehr aromatisches Gericht, für 3–4 Portionen)
5 grosse Kartoffeln
½ Liter Sojamilch
1 Packung Soja-Crème (Ersatz für Crème fraîche)
je 1 Bund frischer Dill, frischer Schnittlauch, frische Petersilie
½ Zitrone, ausgepresst
1–2 Teel. Kurkuma
½ Teel. Curry
Sojasauce
Die gut gebürsteten Kartoffeln in dicke Scheiben schneiden und ca. 5 Minuten kochen. Inzwischen in einer Pfanne die Sojamilch, vermischt mit der Soja-Crème, langsam erhitzen (auf keinen Fall kochen!). Kurkuma nach Geschmack und Curry darunter rühren und mit Sojasauce abschmecken. Die Kartoffelscheiben in die Sauce legen und ca. 10 Minuten leicht köcheln lassen. Zum Schluss die frischen klein gehackten Kräuter über die Kartoffeln streuen und sofort servieren.

Getreidespeisen

Bei den Getreiden muss die Menge kleingehalten werden. Auch Vollkorngetreide erhöht den Glukosespiegel nach der Mahlzeit relativ rasch, im Gegensatz zu Gemüse. Krebszellen mögen einen hohen Blutzuckerspiegel. Der Getreideanteil soll darum nicht mehr als ⅓ des warmen Anteils der Mahlzeit betragen.

Japanischer Reis
80 g Vollreis
1½–2 dl Gemüsebouillon
1 Prise Steinsalz
10 g Butter oder Pflanzenmargarine oder Nussmus
1 kl. geschälte Zwiebel, mit Lorbeerblatt und Gewürznelke besteckt
Den Reis in die kochende Bouillon mit besteckter Zwiebel geben und 40 Minuten kochen. Erkalten lassen, Zwiebel entfernen. Den Reis im Ofen wieder heisswerden lassen und beim Anrichten erwärmte Butter oder Pflanzenmargarine oder Nussmus darübergeben.

Risotto
80 g Vollreis
½ Essl. Reformmargarine
1 Essl. Zwiebel, gehackt
2 dl Gemüsebrühe oder Wasser
1 Prise Steinsalz
getrocknete Pilze
frische Kräuter nach Geschmack, Rosmarin
10 g frische Butter oder Pflanzenmargarine oder Nussmus
evtl. 10 g Parmesan*
Zwiebel in der Margarine anziehen, Reis beifügen und dünsten, bis er glasig ist. Gemüsebrühe oder Wasser heiss dazugeben und al dente (30–40 Minuten) kochen. Die feingehackten, getrockneten Pilze und Kräuter beigeben und etwas mitkochen. Zuletzt Butter oder Pflanzenmargarine oder Nussmus und geriebenen Parmesan* mit der Gabel daruntermischen.

Safranreis
Zubereitung wie Risotto. Eine Messerspitze Safranpulver mit etwas Bouillon auflösen und beifügen.

Riz creol mit Gemüsen
½ Essl. Reform-Planzenfett
80 g Vollreis
2 Essl. Gemüse, sehr fein gewürfelt (Lauch, Sellerie, Karotten)
2 dl Gemüsebrühe
1 Prise Steinsalz
frischgehackte Kräuter nach Geschmack
Reis und Gemüse andämpfen, heisse Gemüsebrühe und die Kräuter dazugeben und 30–45 Min. kochen.

Tomatenreis
80 g Vollreis
½ Essl. Reformmargarine
1 Essl. Zwiebel, gehackt
wenig Knoblauch, ausgepresst
1 grosse Tomate
ca. 1 dl Gemüsebrühe
1 Prise Steinsalz
Rosmarin, Majoran, Muskat
evtl. Basilikum
etwas Vollzucker (Succanat)
10 g Butter oder Pflanzenmargarine
Zwiebel und Knoblauch in der Margarine anziehen, Reis beifügen und dünsten, bis er glasig ist. Geschälte, in Würfel geschnittene Tomate beigeben. Gemüsebrühe dazugiessen, Gewürze beifügen und 30–45 Min. kochen. Zuletzt frische Butter oder Pflanzenmargarine daruntermischen.

Reis mit Zucchetti
½ Essl. Reform-Pflanzenfett
80 g Vollreis
1 Essl. Zwiebel, gehackt
150 g zarte Zucchetti
1 Prise Steinsalz
1½ dl Gemüsebrühe oder Wasser
frischgehackter Dill
10 g Butter oder Pflanzenmargarine oder Nussmus
Zucchetti in Würfel schneiden. Weitere Zubereitung wie Tomatenreis (s. oben).

Reis mit Spinat
80 g Vollreis
½ Essl. Reformmargarine
100 g Spinat
etwas Zwiebel, gehackt
2 dl Gemüsebrühe oder Wasser
1 Prise Steinsalz
Muskat und Pfefferminze
10 g frische Butter oder Pflanzenmargarine oder Nussmus
Spinat grob schneiden. Weitere Zubereitung wie Tomatenreis (s. oben).

Reis mit Erbsen (Risibisi)
80 g Vollreis
150 g zarte Erbsen, enthülst
½ Essl. Reformmargarine
etwas Zwiebel, gehackt
je 1 Prise Fruchtzucker und Meersalz
½ dl Gemüsebrühe
etwas Zwiebel, gehackt
1½–2 dl Wasser
10 g Butter oder Pflanzenmargarine oder Nussmus
Petersilie
Zwiebel mit Fruchtzucker und Steinsalz in der Margarine dünsten. Die Erbsen beifügen und leicht mitdämpfen, dann Gemüsebrühe zugiessen und die Erbsen weich kochen. In einer separaten Pfanne einen Risotto (nach obigem Rezept) zubereiten. Zuletzt die gekochten Erbsen daruntermischen. Über den angerichteten Reis Butter oder Pflanzenmargarine oder Nussmus und gehackte Petersilie geben.

Reisauflauf mit Tomaten
½ Essl. Reform-Pflanzenfett
80 g Vollreis
2 kleine Tomaten
etwas Zwiebel, gehackt
2 Essl. Gemüse (Lauch, Sellerie, Karotten)
1½ dl Gemüsebrühe
1 Prise Steinsalz
Petersilie, Liebstöckel
10 g Butter oder Pflanzenmargarine
Zwiebel und sehr fein gewürfeltes Gemüse kurz dünsten, den Reis beifügen und

glasig werden lassen. Mit heisser Gemüsebrühe ablöschen, würzen und 30–45 Min. kochen. Den fertigen Reis und die in Scheiben geschnittenen Tomaten lagenweise in eine feuerfeste Form schichten, mit Flöckchen von Butter oder Pflanzenmargarine belegen und 10 Min. im Ofen backen.

Indisches Reisgericht
80 g Vollreis
2 dl Gemüsebrühe
1 Prise Steinsalz
1 kleine Banane
1 kleiner Apfel
1 Essl. Rosinen
1 Teel. Sonnenblumenkerne
1 Teel. Sesamsamen
Safran, Curry, frische Ingwerwurzel
Reis mit Gemüsebrühe und 1 Prise Steinsalz nicht ganz weich kochen (ca. 30–40 Min.). Die in Scheiben geschnittene Banane, den geschälten und blättrig geschnittenen Apfel samt Rosinen unter den Reis mischen und 5–10 Min. weiterkochen. Nach Geschmack mit Safran, Curry und geriebener Ingwerwurzel würzen. Sonnenblumenkerne und den ohne Fett leicht gerösteten Sesam darüberstreuen.

Griessbrei*
50 g Griess
3 dl Milch*
2 dl Wasser
1 Prise Steinsalz
1 Essl. Sesamrahm (Rezept Seite 88)
je 1 Essl. Fruchtzucker und Zimt
Griess in die kochende Flüssigkeit einrühren, salzen und 15–20 Min. kochen. Über den angerichteten Griessbrei den Rahm verteilen und mit Fruchtzucker mit Zimt gemischt bestreuen.

Polenta
½ Essl. Olivenöl
50 g Maisgriess, mittelfein
3 dl Wasser
Muskat
1 Prise Steinsalz
½ Essl. frische Butter oder Pflanzenmargarine oder Nussmus
Die Pfanne mit dem Öl einölen. Wasser zum Kochen bringen und den Mais einrühren. 5 Min. auf schwachem Feuer unter stetigem Rühren kochen. Würzen und 45–60 Min. auf kleinem Feuer fertig kochen. Zuletzt Butter oder Pflanzenmargarine oder Nussmus untermischen. Nach Belieben können auch ohne Fett geröstete Zwiebelscheiben darübergegeben werden.

Maisschnitten*
50 g Mais
20 g Griess*
3½ dl Wasser
1 Esslöffel Reform-Pflanzenfett
Muskat
Schnittlauch, Petersilie, Basilikum
Mais, Griess und Wasser zu Polenta verarbeiten, würzen. Den fertigen Brei auf einem Brett etwa 1½ cm dick ausstreichen, erkalten lassen. Verschobene Vierecke schneiden und im erhitzten Fett beidseitig goldgelb backen.

Hirsotto
½ Essl. Reform-Pflanzenfett
50 g Hirse
1 Essl. Zwiebel, gehackt
1½ dl Gemüsebrühe
½ Zwiebel
1 Prise Steinsalz
Zwiebel und heiss abgespülte Hirse im Pflanzenfett glasig dünsten, die heisse Gemüsebrühe beifügen, salzen und 20 Min. kochen. Beim Anrichten Zwiebelstreifen oder Zwiebelringe, ohne Fett geröstet, darüber verteilen.

Hirsotto mit Gemüse
40 g Hirse
1 Essl. Zwiebel, gehackt
2 Essl. Gemüsewürfelchen
(Lauch, Sellerie, Karotten oder Karotten und Erbsen)
1½ dl Gemüsebrühe

etwas Kelpamare
Rosmarin
evtl. 1 Essl. geriebener Käse*
10 g frische Butter oder Nussmus
Zwiebel, Gemüsewürfelchen und heiss abgespülte Hirse glasig dünsten. Heisse Gemüsebrühe dazugiessen, würzen und 20 Min. kochen. Beim Anrichten evtl. geriebenen Käse* und Butter- oder Nussmus-Flöckchen darübergeben.

Schrotbrei
2 Essl. Schrot (Weizen, Hafer, Roggen)
3 Essl. Wasser
1 Prise Steinsalz
Den Schrot 12 Stunden einweichen. Dann mit dem Wasser aufsetzen und 10 Min. kochen oder ½ Std. im Wasserbad kochen. Salzen

Nudeln, Spaghetti, Makkaroni usw.*
Bei einer Heildiät sollte man keine Eierteigwaren verwenden. Es gibt ja nebst den bekannten italienischen Teigwaren aus Hartweizen ausgezeichnete Vollkornteigwaren, Sojateigwaren, Dinkelteigwaren. Dazu findet man unzählige Saucen, die allerdings oft viel Fett (Öl, Butter, Käse*, Rahm*) enthalten.
Am bekömmlichsten sind die al dente gekochten Teigwaren mit einer klassischen oder einfachen Tomatensauce (s. Rezepte im Kapitel Saucen).

Spätzle oder Knöpfli (ohne Ei)
60 g Vollkornmehl“ oder Reismehl
20 g Sojamehl
1 dl Milchwasser* oder Sojamilchwasser
1 l Wasser
1 Prise Steinsalz
1 Essl. Reform-Pflanzenmargarine
Zwiebelstreifen
Schnittlauch und Petersilie
Vollkorn- und Sojamehl und Milchwasser gut mischen und klopfen, bis der Teig Blasen wirft, dann mindestens 1 Std. ruhen lassen.
Wasser mit Steinsalz zum Kochen bringen. Den Teig portionenweise durch ein grob gelochtes Sieb ins kochende Wasser streichen oder auf ein Holzbrettchen geben und mit einem Messer feine Streifen ins kochende Wasser fallen lassen. Knöpfli oder Spätzle ziehen lassen, bis sie an die Oberfläche steigen. Mit einem Schaumlöffel herausnehmen und auf einer heissen Platte anrichten. Nach Wunsch mit in Pflanzenmargarine (oder ganz ohne Fett) gerösteten Zwiebelstreifen, Schnittlauch und Petersilie verfeinern.

Spinat- oder Tomatenknöpfli*
70 g Vollkornmehl* (davon ⅓ Sojamehl)
1 Ei*
1 dl Milchwasser* oder Sojamilchwasser
1 Handvoll Spinat, roh, gehackt
oder 1 Teelöffel Tomatenpüree
1 dl Wasser
1 Prise Steinsalz
Schnittlauch und Petersilie
Vollkorn- und Sojamehl, Ei und Wasser zu einem glatten Teig verarbeiten und 1 Stunde ruhen lassen. Knöpfli oder Spätzli zubereiten wie obiges Rezept, den Spinat oder das Tomatenpüree beifügen. Würzen mit Schnittlauch und Petersilie.

Haferflockenbrätlinge
½ Essl. Reformmargarine
1 Essl. gehackte Zwiebel
2 Essl. kleingeschnittenen Lauch, Sellerie, Spinat
50 g Haferflocken
½ dl Gemüsebrühe
Pflanzenmargarine oder Olivenöl
Pfefferminze oder Salbei
Zwiebel und Gemüse in der Margarine dünsten, Haferflocken und Gemüsebrühe beifügen und zu dicklichem Brei kochen. Würzen. Auf einem Brett ca. 1 cm hoch ausstreichen und erkalten lassen. Rechtecke schneiden. Margarine oder Öl erhitzen und die Brätlinge auf beiden Seiten goldgelb backen.

Saucen

Bei einer Heildiät sind die Saucen ein schwieriges Kapitel, denn fast alle Rezepte enthalten viel Fett (Butter, Öl, Rahm) sowie Käse und Eier. Auf jeden Fall sollte man die Verbindung von heissem Fett und Mehl (Béchamelsauce) meiden; diese Mischung ist für die Verdauung sehr belastend. Wir haben hier ein paar erlaubte Rezepte zusammengestellt, wobei einige von den klassischen abweichen – nichtsdestotrotz ausgezeichnet schmecken!

Klassische Béchamelsauce (Rezept 1)
½ Essl. Reform-Pflanzenfett
½ Essl. Butter
1 Essl. Mehl* oder Reismehl
½ dl Milch* oder Sojamilch
½ dl. Gemüsebrühe oder Wasser
1 Prise Steinsalz, Muskat
frisch gemahlener weisser Pfeffer
Butter und Pflanzenfett erwärmen, das Mehl hineinsieben und leicht dünsten. Milch und Gemüsebrühe langsam unter ständigem Rühren beifügen. 20 Min. kochen. Salzen und würzen.

Béchamelsauce ohne Ei (Rezept 2)
Für 4 Personen:
2–3 Essl. Weizenmehl oder Reismehl
1 l Milch* oder Sojamilch
1 Lorbeerblatt
1 Essl. Gemüsebrühe
1 geriebene Zwiebel
je 1 Prise Steinsalz, Muskat und frisch gemahlener weisser Pfeffer
gehackte Petersilie
Das Mehl ohne Fett kurz rösten, bis es duftet (es darf nicht dunkel werden), dann leicht abkühlen lassen. Unter ständigem Rühren die Milch* beifügen, Lorbeerblatt, Gemüsebrühe und Zwiebel dazugeben und alles aufkochen. Würzen. Nach ca. 5 Minuten das Lorbeerblatt entfernen, die Sauce anrichten und mit Petersilie bestreuen.

Aus dieser Grundsauce lassen sich viele Varianten herstellen, z.B.

Meerrettichsauce: zum Schluss 10 g fein geraffelten Meerrettich beigeben und die Sauce noch 5 Min. fertigkochen.
Kapernsauce: die fertige Sauce mit ganzen oder gehackten Kapern und Zitronensaft abschmecken.
Olivensauce: die Sauce mit 4–5 Essl. Tomatenmark und 2 Essl. gehackten Oliven rasch aufkochen. Evtl. mit einer Messerspitze Cayennepfeffer nachwürzen.
Kräutersauce: unter die fertige Sauce viel feingehackte Kräuter wie Petersilie, Liebstöckel, Kerbel, Basilikum, Estragon, Origano usw. mischen.
Champignonsauce: unter die fertige Sauce 3–4 Essl. feinst gehackte rohe Champignons mischen und mit Zitronensaft abschmecken.

Béchamelsauce (Rezept 3, vegan)
Für 4 Personen:
2 Essl. Weizenmehl oder Reismehl
½ l Sojamilch
1 Lorbeerblatt
1 fein geriebene Zwiebel
2 Teel. Rotes Miso
je 1 Prise Pfeffer und Paprika
gehackte Petersilie
Den Weizen ohne Fett kurz rösten, bis er aromatisch duftet. Etwas abkühlen lassen, dann unter ständigem Rühren die Sojamilch zugiessen, Lorbeerblatt und Zwiebel beifügen und alles knapp 5 Min. kochen lassen.
Das Miso darunterrühren, das Lorbeerblatt entfernen und die Sauce mit Pfeffer und Paprika abschmecken. Gehackte Petersilie darüberstreuen.
(Miso ist eine fermentierte Sojabohnenpaste, die sich ausgezeichnet zum Würzen eignet und ähnlich wie die bekannte Sojasauce schmeckt, aber kein Kochsalz enthält.)

Tomatensauce, klassisches Rezept
½ Essl. Reform-Pflanzenfett
1 Essl. Zwiebel
½ Knoblauchzehe, durchgepresst
2 Essl. Karotten, Sellerie, Lauch
2 kl. Tomaten
1 Prise Steinsalz
1 Prise Vollzucker (Succanat)
1 Teel. Tomatenpüree
1½ dl Gemüsebrühe oder Wasser
Lorbeerblatt, Rosmarin, Thymian
Gehackte Zwiebel, durchgepressten Knoblauch und grobgeschnittenes Gemüse im Pflanzenfett gut dämpfen. Die in Stücke geschnittenen Tomaten und das Tomatenpüree mitdämpfen. Gemüsebrühe oder Wasser beifügen, würzen und ½ Std. leise köcheln lassen. Auf Wunsch passieren.

Tomatensauce auf einfache Art
3 Tomaten
je 1 Prise Steinsalz und Vollzucker (Succanat)
Schnittlauch, Basilikum
1 Essl. Olivenöl
Tomaten in Stücke schneiden, weichdämpfen, würzen und auf Wunsch passieren. Zum Verfeinern etwas Olivenöl beigeben.

Zwiebelsauce
½ Essl. Reformmargarine
1 kleine Zwiebel
1 Essl. Mehl* oder Reismehl
1 dl Gemüsebrühe
etwas Nussmus
Muskat, Miso oder Kelpamare
Die in Streifen geschnittene Zwiebel in der Margarine dünsten, Mehl darüberstreuen und mit Gemüsebrühe ablöschen. 20 Min. kochen. Würzen. Die fertige Sauce evtl. passieren und etwas Nussmus zum Verfeinern beigeben.

Braune Sauce
½ Essl. Reform-Pflanzenfett
1 Essl. Mehl* oder Reismehl
1 dl Gemüsebrühe
Nelkenpulver, Zitronensaft, Muskat
Das Mehl kastanienbraun rösten, abkühlen. Die Gemüsebrühe beifügen und 20 Min. kochen. Würzen.

Mayonnaise, klassisches Rezept*
1 Eigelb*
1 Essl. Zitronensaft
2 dl Öl
1 Prise Steinsalz
Zwiebel, Kräuter, wenig Kelpamare
Das Eigelb mit einigen Tropfen Zitronensaft gut zerquirlen. Unter gleichmässigem Rühren mit dem Schwingbesen das Öl tropfenweise beifügen. Wird die Mayonnaise zu dick, mit etwas Zitronensaft verdünnen. Zuletzt nach Belieben würzen.

Remouladensaucee, klassisches Rezept*
für 4 Personen:
Mayonnaise, nach obigem Rezept*
1 hart gekochtes Ei*, gehackt
1 Essl. Cornichons, gehackt
einige Kapern
1 Teel. Petersilie, gehackt
Tomatenwürfelchen
Die verschiedenen Zutaten mit der fertigen Mayonnaise vermischen, die Tomatenwürfelchen als Garnitur verwenden.

Mayonnaise ohne tierisches Eiweiss
siehe Rezept Seite 90

Remouladensauce ohne tierisches Eiweiss
für 4 Personen:
Mayonnaise ohne tierisches Eiweiss (Rezept Seite 90) zubereiten und mit 1 Essl. gehackten Cornichons, einigen Kapern und gehackter Petersilie vermischen. Zum Garnieren Tomatenwürfelchen.

Vinaigrette
für 4 Personen:
2 Essl. Olivenöl
2 Essl. Arachideöl
2½ Essl. Zitronensaft
2 Essl. Wasser oder Gemüsebrühe
½ Zwiebel, gehackt
1 Ei, hart gekocht, gehackt

1–2 Cornichons, gehackt oder fein gewiegt
Petersilie oder Schnittlauch
1 Essl. Tomatenwürfelchen
1 Prise Steinsalz.
Öl, Zitronensaft und Gemüsebrühe sämig schwingen, dann die weiteren Zutaten beifügen, gut vermischen.

Belegte Brötchen

Belegte Brötchen sind allgemein beliebt, als Vorspeise oder für ein sommerliches Abendessen, auch als Proviant für Wanderungen und Reisen oder als Mittagsverpflegung im Büro.
Aufstriche und Zutaten lassen sich auf immer neue Weise variieren, es stehen auch verschiedene vollwertige Brotsorten zur Verfügung, teilweise bereits vorgeschnitten.
Die Rezepte sind hier für 4 Personen berechnet.

Grundaufstriche
bei strenger Diätform die Brötchen nur mit Quark* oder mit Pflanzenmargarine bestreichen und mit Rohkost belegen.

Guacamole (Avocadomousse)
2 reife Avocados
Saft von ½ Zitrone
½ kleine Zwiebel, gehackt
2 Knoblauchzehen, durchgepresst
evtl. Steinsalz und weisser Pfeffer
Das herausgelöste Fruchtfleisch der Avocados mit dem Zitronensaft im Mixer pürieren. Zwiebel und Knoblauch daruntermischen und mit Steinsalz und weissem Pfeffer abschmecken. Evtl. 1 Essl. Soja-Creme (anstelle von Crème fraiche) unterziehen.

Süsse Avocadocreme
1 reife Avocado
4 Essl. frisch gepresster Orangensaft
1 Essl. Honig
1 Messerspitze Ingwerpulver
Das herausgelöste Fruchtfleisch der Avocado zu Mus zerdrücken oder mixen und mit den anderen Zutaten vermischen. Sofort servieren.

Tofuaufstrich mit Nüssen
250 g Tofu, püriert
2 feingehackte Frühlingszwiebeln
50 g Nüsse (Haselnüsse, Baumnüsse, Mandeln, Cashews)
evtl. Steinsalz und weisser Pfeffer
Die Nüsse im Ofen oder in einer trockenen Pfanne leicht anrösten, abkühlen lassen und mahlen. Mit dem pürierten Tofu und den Zwiebeln vermischen, mit Steinsalz und Pfeffer abschmecken.

Quarkaufstrich mit Kräutern*
100 g Quark*
10 g Reform-Pflanzenmargarine
Kelpamare oder Miso
Kümmel oder Schnittlauch oder Kräuter wie Dill, Borretsch, Liebstöckel, Basilikum, Origano, Pfefferminze usw.
Quark und Pflanzenmargarine schaumig rühren, Gewürze und abwechslungsweise einzelne Kräuter oder eine Mischung davon daruntermischen.

Garnituren
Die bestrichenen Brötchen können auf folgende Arten garniert werden:
mit Karotten- oder Sellerierohkost
mit Tomaten, frischen Gurken, Radieschen, Kresse, Zwiebelringlein, Nüssen, Petersilie, Schnittlauch usw.

Früchte-Speisen, Desserts

Zum Süssen der Früchte-Speisen sollte möglichst kein Zucker verwendet werden. Krebszellen mögen Zucker. Stattdessen verwendet man von Natur aus süsse Früchte, die nicht zu viel Säure enthalten. Auch kann etwas Reisschleim beigefügt werden, um die Fruchtsäuren zu mildern. Auf diese Weise kann man köstliche, gesunde Desserts herstellen, die gesund sind. Dabei macht es Spass, viel Phantasie walten zu lassen.

Früchtecremen mit Mandelpüree
Ohne Zuckerzusatz können als Nachspeise Cremen aus Mandelpüree mit verschiedenen Früchten zubereitet werden. Dies ergibt sehr gesunde Nachspeisen.

Früchtekompott nach altem Rezept ohne Zucker
1 kg Früchte (Heidelbeeren, Kirschen, nicht zu saure Äpfel, Birnen)
1 dl Wasser
1–2 Essl. Vollmehl
1 Tasse Vollmilch* oder Sesammilch
20 g Butter
Mandelsplitter
evtl. etwas Rahm*
Die Früchte waschen und zerkleinern, im Wasser aufkochen. Mehl mit der Milch zu einem glatten Brei rühren und zu den kochenden Früchten geben. Nochmals aufkochen, dann kaltstellen. Die Mandelsplitter in der zerlassenen Butter rösten und über das abgekühlte Kompott verteilen. Zur Milderung der Fruchtsäure evtl. mit etwas Rahm* servieren.

Heidelbeer- oder Kirschenmus („Heitisturm“)
500 g Früchte
1 Essl. Butter
2 Essl. Vollmehl
20 g Butter
20 g Mandelsplitter
Früchte kochen. Butter und Vollmehl zusammen dünsten, mit dem Saft der gekochten Früchte aufgiessen, Früchte beigeben. Die Mandelsplitter in der Butter rösten und über das Mus streuen. Warm auftragen!
Für den Heitisturm lassen sich auch Zwetschgen, Aprikosen und saure, gedünstete Äpfel verwenden. Verfeinern durch Mandelstifte und die Schale einer ungespritzten Zitrone, die mitgekocht werden.

Fruchtsalat
1 dl Wasser
1–2 dl Traubensaft oder Süssmost
1–2 Essl. Zitronensaft
600 g Aprikosen oder Pfirsiche
Melonen
Äpfel, Bananen
Birnen (weiche Sorte)
rote Kirschen, entsteint
alle Beerensorten
evtl. 2 Essl. Rosinen
evtl. 2 Essl. Pinienkerne oder Sonnenblumenkerne
Wasser, Traubensaft und Zitronensaft aufkochen und erkalten lassen. Früchte, je nach Jahreszeit zusammengestellt, in feine Scheiben schneiden oder ganz belassen (Beeren) und in zubereiteten Sirup geben. Etwas ziehen lassen und nach Belieben Rosinen und Pinienkerne oder Sonnenblumenkerne beifügen.

Rote Grütze (Kaltschale)
7 dl Johannisbeer-, Himbeer- oder Erdbeersaft
3 dl roter Traubensaft oder Wasser
70 g Griess
1 Essl. Maismehl (Maizena)
Beerensaft und Traubensaft oder Wasser zusammen aufkochen, Griess und Maizena einrühren und 10 Min. kochen. In ausgespülte Puddingform einfüllen und kaltstellen.
Mit Mandelmilchsauce (Rezept Seite 88) servieren.

Bananencreme
2 dl Joghurt*, Mandelrahm oder Sesamrahm
2 Essl. Zitronensaft
4 reife Bananen
Joghurt, Zitronensaft gut vermischen.
2 Bananen mit der Gabel schaumig schlagen und dazumischen, 2 Bananen in Rädchen schneiden und darübergeben.

Bananen-Apfelschaum mit Quark*
100 g Rahm*- oder Magerquark* oder Sesamrahm (Rezept Seite 88)

evtl. etwas Milch* oder Joghurt*
4 Bananen
4 saure saftige Äpfel
evtl. etwas abgeriebene Zitronenschale (von unbehandelter Zitrone) oder Zimt oder Ingwer
Quark* mit Milch oder Joghurt glattrühren. Bananen mit der Gabel schaumig schlagen, Äpfel sehr fein schaumig reiben und zusammen mit Zitronenschale, Zimt oder Ingwer mit der Quarkcreme bzw. dem Sesamrahm vermischen oder mixen. Evtl. mit Honig süssen.

Gefüllte Bratäpfel
4 grosse oder 8 kleine, nicht zu saure Äpfel
4 Essl. Haselnüsse, gemahlen
2 Essl. Korinthen
4 Essl. Kaffeerahm* oder Joghurt* oder Sesamrahm
Zitronenschale abgerieben (von unbehandelter Zitrone)
10 g Butterflöckchen
1–2 dl Apfel- oder Traubensaft
Von den Äpfeln das Kerngehäuse ausstechen und Schale einritzen. Nüsse, Korinthen und Zitronenschale mischen und die Äpfel damit füllen. In eine feuerfeste flache Form stellen, Butterflöckchen darauf verteilen und Saft ca. 2 cm hoch einfüllen. 20–30 Min. im Ofen backen.

Früchte-Quarkcremen*
Eine Früchte-Quarkspeise als Nachtisch ergänzt eine aus Rohkost, dann Gemüse, Kartoffeln oder Vollgetreide bestehende Hauptmahlzeit in idealer Weise durch ihren Gehalt an wertvollem Milcheiweiss*. Quark-Cremen übertreffen andere Süssspeisen durch ihre Frische, leichte Verdaulichkeit und Hochwertigkeit. In immer neuen Variationen lässt sich Magerquark oder Rahmquark mit Beeren, passierten Früchten oder Fruchtsäften mischen, wobei einige schöne Beeren oder Fruchtschnitze als Garnitur dienen.

Quarkmasse:*
250 g Rahmquark oder Magerquark
Milch oder Joghurt nach Bedarf
Quark mit Milch oder Joghurt glattrühren.

Früchte:
400–500 g Früchte,
wahlweise:
Beeren oder
Steinobst oder
Bananen oder
saure saftige Äpfel
10 g Butter
evtl. 1 Stück dünne Zitronenschale (von unbehandelter Zitrone)

Beeren mit der Gabel leicht zerdrücken und unter die Quarkcreme mischen.
Steinobst entsteinen, passieren und unter die Quarkcreme mischen.
Bananen mit der Gabel schaumig schlagen. Zitronensaft oder Fruchtmark, Sanddornsaft oder Hagebuttenmus dazugeben und alles unter die Quarkcreme mischen.
Äpfel schälen, in Stücke schneiden, in Butter und etwas Zitronenschale zugedeckt weichkochen, passieren, abkühlen lassen und unter die Quarkcreme mischen, oder roh: Äpfel sehr fein schaumig reiben und mit etwas abgeriebener Zitronenschale unter die Quarkcreme mischen.

Tabelle zur Wirkung verschiedener Nahrungsmittel gegen Krebs, Infektionen und Immunschwäche

Entscheidend zur Bekämpfung der Krebskrankheit sind folgende Wirkungen der vegetabilen Frischkost: die antioxydative Wirkung, die immunsteigernde und immunmodulierende Wirkung, die direkte krebsbekämpfende Wirkung, und die Wirkung gegen hormonabhängige Krebsarten. Nach Operationen, antibiotischen Therapien, nach einer Chemotherapie oder Radiotherapie ist die Immunabwehr auch gegen jegliche Art von Infektionen stark reduziert. Darum ist auch die direkte Wirkung von Nahrungsmitteln gegen Bakterien Pilze und Viren ganz wichtig. Die folgende Tabelle gibt über diese Wirkungen der Nahrungsmittel in alphabetischer Reihenfolge Auskunft.

Besondere Wirkung verschiedener Früchte, Gemüse, Salate

Wirkung	Antioxydative Wirkung	Immun-modulierend	Antimikrobiell	Krebs bekämpfend	Krebsschutz gegen hormonabhängige Krebsarten (Brustkrebs, Eierstockkrebs, Prostatakrebs)
Apfel	+++[u]	+++[u]	++	++++[roh,u,*]	++++[roh,u,*]
Aprikose	+++	+++	++	+++++[*]	+++++[*]
Aubergine	+++	++	++	+++[*]	+++[*]
Avocado	+++	+++	+	+++	+++
Beeren	+++	+++	++	+++[*]	+++[*]
Birnen	+++	+++[u]	++	+++[*u]	+++[*]
Blaubeeren	+++	++++	+++	++++[*]	++++[*]
Blattsalat	+++	++	++	+++[*]	+++[*]
Fenchel	++	++	++	+++[roh*]	+++[*roh]
Granatapfel	+++	++	++	+++	+++
Grapefruit	+++	+++	++	++++	++++
Gurke	+++	++	++	++	++
Hülsenfrüchte	++	++++		+++++[*]	+++++[*]
Karotten	++++	+++++[roh,u]	++	+++++[roh,u]	+++++[roh,u]
Kartoffel	++	++			
Kichererbsen				++++	++++
Kiwi	+++	+++	++	+++	+++
Kleie	+++			+++	+++
Knoblauch	+++++[roh]	++++[roh]	+++++[roh]	++++++[roh]	++++++[roh]
Kohlarten	++++	++	+++[*]	++++++[*]	++++++[*]
Kokosnuss	++++	++		+	+
Kresse	+++		+++++	+++++	+++++

Wirkung	Antioxydative Wirkung	Immunmodulierend	Antimikrobiell	Krebs bekämpfend	Krebsschutz gegen hormonabhängige Krebsarten (Brustkrebs, Eierstockkrebs, Prostatakrebs)
Kürbis				+++*	+++*
Lattich	+++	+++	++	+++*	+++*
Lauch	++		++	*	++*
Leinöl Leinsamen	+++++++[lip]	+++++[lip]		+++++[lip]	+++++[lip]
Litschi	+++	+++	++	+++	+++
Mais	+				
Mango	+++		++	+++	+++
Meerrettich					
Melone	+++	+++	++	+++	+++
Nüsse	++	++++		+++	+++
Papaya	+++	+++	++	+++	+++
Paprikaarten	+++	+++	++	+++[roh]	+++[roh]
Passionsfrucht	+++	+++++[roh]	++	+++	+++
Pflanzenöle, mehrfach ungesättigt	+++++	+++++[lip]		+++++[lip]	+++++ [lip]
Retticharten	++++	+++	++	++++	++++
Rote Bete	+++	+++	++	+++++*	+++++*
Sellerie	++	++[roh]	++	+++	+++*
Soja	++[roh]	++++[roh]		++++[roh]	+++++[roh]
Spinat	+++[roh]	++	+	+++[roh]	+++[roh]
Steinobst	++++	+++	++	+++*	+++*
Tomate	+++	+++	+++++ gegen Candida albicans	+++++*	+++++*
Traube	+++	+++	++	+++*	+++*
Vollgetreide	++	++[roh]	++	++++	+++++
Zitrusfrüchte	+++	+++	+++	+++++	+++++
Zwiebel	+++[roh]	++++[roh]	+++[roh]	+++++[roh]	+++++[roh]

* Durch Kochen gehen 50 % und durch Gefrieren 80 % der Wirkung verloren. Früchte müssen mindestens 3x pro Tag und am Beginn der Mahlzeigen genossen werden für den Krebsschutz. Da die Polyphenole und Xanthine im Körper rasch abgebaut werden, wirken diese nur wenige Stunden.

u Die Polyphenole befinden sich in der Haut von Obst und Gemüse, darum sollen diese nicht geschält, sondern, nur gut gewaschen werden. Bei längerer Lagerung von Früchten und Gemüsen gehen 50 % der Wirkungen verloren.

Eine kleine rohe Kartoffel mit zwei Äpfeln 3 × pro Tag als Frischsaft zentrifugiert bei Magenenentzündung durch saures Aufstossen. Der Solaningehalt der rohen Kartoffeln ist in dieser Dosierung unbedenklich.

Kaltgepresste Pflanzenöle gut verschlossen, kühl und lichtgeschützt lagern.
Nur beim Weizenvollkorn bleiben die Amylase-Inhibitoren beim Backen erhalten, nicht bei den anderen Getreidearten.
Die gegen Diabetes schützenden Tannine gehen beim Kochen zu 50 % verloren
Mandeln, Pinienkerne, Cashewnüsse wirken entzündungshemmend. Durch Rösten verlieren Nüsse ihre Wirkung.

lip Öle mit mehrfach ungesättigten Fettsäuren (Leinöl, Sonnenblumenöl, Sesamöl, Nussöl, Distelöl, Rapsöl, Traubenkernöl, Hanföl) dürfen nie erhitzt werden, sonst entstehen freie Radikale, die Krebs erregend sind. Olivenöl enthält überwiegend einfach ungesättigte Fettsäuren und darf deshalb bis 170 °C erhitzt werden.
Leinöl moduliert das Immunsystem und wirkt deshalb chronischen Entzündungen entgegen. In Kombination mit Olivenöl ist es für das erschöpfte Immunsystem krebskranker Menschen besonders geeignet.
Pflanzen für die Netzhaut (Retina, Macula): Luteinhaltig sind alle gelben Früchte und gelben Peperoni und Karotten.

Rezeptverzeichnis

Literaturnachweis

1 WHO Statistiken, 4.2.2020.

2 WHO Gesundheitsthemen Europa: *Bis zu einem Viertel aller Europäer wird an Krebs erkranken: von der Prävention über frühzeitige Diagnose, Vorsorgeuntersuchungen und Behandlung bis hin zur Palliaktivversorgung müssen die Länder mehr tun.* https://www.euro.who.int/de/health-topics/noncommunicable-diseases/cancer/news/news/2020/2. Abgerufen am 19.1.2021.

3 Hanahan D. et al.: *Hallmarks of cancer: the next generation.* Cell 144, 646–74 (2011).

4 Béliveau, R. et al.: *Krebszellen mögen keine Himbeeren* Wilhelm Goldmann Verlag, München, 2010.

5 Folkman, J. & Kalluri, R. Cancer without disease. Nature 427, 787 (2004).

6 Worm N.: *Update Alkohol und Krebsrisiko.*

7 Gupta R. et al.: *Influence of alcohol intake on high density lipoprotein cholesterol levels in middle aged men.* Indian Heart J May–Jun 1994; 46(3): 145–9.

8 Gupta R. et al.: *Prevalence of atherosclerosis risk factors in adolescent school children.* Indian Heart J 1998, Sep–Oct; 50(5): Indian Heart J 1994 May–Jun, vol 56(3) 146-9, ISSN: 0019-4832.511-5.

9 Gisling E.: *Check-up Nr. 6,* S. 4. Infomed-Verlag, aCH9500 Wil.

10 Whitby G.F. et al.: *Developmental effects of combined exposure to ethanol and vitamin A.* Food Chem R-toxical 1994 April. Vo. 32(4) 305–20.

11 Waagh M. et al.: *Effect of social drinking on neuropsychological performance.* Br J Addict 1989 Jun 84(6): 659–67.

12 Parker E.S. et al.: *Alcohol and the disruption of cognitive processes.* Arch Gen Psychiatry 1974 Dec 31(6): 824–8.

13 Voytechowsky M. et al.: *The influence of alcohol on memory functions in healthy volunteers.* Act Nev Saper (Praha) 1970 12(3): 255–56.

14 Wannamatzee G. et al.: *Alcohol and sudden cardiac death.* A paper of Department of Public Health and Primary Care, Royal Free Hospital School of Medicine, London NW 32 PF, 1992.

15 EPIC Symposium. Berlin,: *Was schützt vor Krebs und Diabetes?* Konsensuserklärung MMW-Fort-sch. Med. Nr. 24, 2007 (149. Jg) S. 16 25.4.2007.

16 Rajput Z. et al.: *Investigating the association between occupational exposure to asbestos and ovarian carcinoma: results from a pilot study in Germany.* BMC Public Health. 2019 Oct 22; 19(1): 1341.

17 Schütz J. et al.: *A retrospective cohort study of cancer mortality in employees of a Russian chrysotile asbestos mine and mills: study rationale and key features.* Cancer Epidemiol 2013 Aug; 37(4): 440–5.

18 PDF des Bundesumweltministeriums, Deutschland (Memento des Originals vom 4. März 2016 im Internet Archive).

19 Radonwerte in jeder zehnten Wohnung erhöht, orf.at, 23. Juni 2018, abgerufen am 23. Juni 2018.

20 Deutsche Krebsgesellschaft: *Malignes Melanom („Schwarzer Hautkrebs").* Memento vom 27. September 2007 in Internet Archive 7. Juli 2008, abgerufen am 14. Oktober 2008.

21 Hill D.: *Efficacy of sunscreens in protection against skin cancer. Lancet.* 354, Nr. 9180, 28. August 1999, S. 699–700.

22 Berwick M.: *Counterpoint: sunscreen use is a safe and effective approach to skin cancer prevention.* Cancer Epidemiology, Biomarkers & Prevention: A Publication of the American Association for Cancer Research, Cosponsored by the American Society of Preventive Oncology. Band 16, Nr. 10, Oktober 2007, S. 1923–1924.

23 Nature: Wie UV-Strahlung schwarzen Hautkrebs fördert. In: Mitteldeutsche Zeitung. 14. Juni 2014, abgerufen am 12. Juni 2014.

24 Kumar V. et al.: *Pathologic Basis of Disease.* 9. Auflage. Philadelphia, PA 2015, ISBN 978-1-4557-2613-4, S. 1147–1149.

25 Spagnolo F. et al.: *BRAF-mutant melanoma: treatment approaches, resistance mechanisms, and diagnostic strategies.* OncoTargets and Therapy, S. 157–168,

26 Falchook G. et al.: *Dabrafenib for treatment of BRAF-mutant melanoma*. Pharmacogenomics and Personalized Medicine. S.21.

27 Russell S.J. et al.: *Oncolytic Virotherapy: A Contest between Apples and Oranges*. Mol Ther. Band 25, Nr.5, 2017, S.1107–1116.

28 Tong L.X. et al.: *Nutrition: the future of melanoma prevention?* Am Acad Dermatol. 2014 Jul; 71(1): 151–60.

29 Yang K. et al.: *An Epidemiological Review of Diet and Cutaneous Malignant Melanoma*. Cancer Epidemiol Biomarkers Prev 2018 Oct; 27(10): 1115–1122.

30 Soldati L. et al.: *The influence of diet on anti-cancer immune responsiveness*. J Transl Med. 2018 Mar 20; 16(1): 75.

31 Morzaku E.C. et al.: *Alcohol consumption and supplementation with vitamins D and E, polyunsaturated fatty acids, selenium, green tea, resveratrol, and lycopene on melanoma risk*. J Am Acad Dermatol 2014 Dec; 71(6): 1053.e1–1053.e16.

32 Bradbury K.E. et al.: *Circulating insulin-like growth factor I in relation to melanoma risk in the European prospective investigation into cancer and nutrition*. Int J Cancer 2019 Mar 1; 144(5): 957–966.

33 Daniel C.R. et al.: *Nutrition and Cancer in the Microbiome Era*. Trends Cancer 2019 Sep; 5(9): 521–524.

34 Gopalakrishnan V. et al.: *The Influence of the Gut Microbiome on Cancer, Immunity, and Cancer Immunotherapy*. Cancer Cell 2018 Apr 9; 33(4): 570–580.

35 Bose M. et al.: *Role of Microbiome in Modulating Immune Responses in Cancer*. Mediators Inflamm 2019 Jun 12; 2019: 4107917.

36 Fessler J. et al.: *Exploring the emerging role of the microbiome in cancer immunotherapy*. J Immunother Cancer 2019 Apr 17; 7(1): 108.

37 Malagoli C. et al.: *Food and Beverage Consumption and Melanoma Risk*: A Population-Based Case-Control Study in Northern Italy. Nutrients 2019 Sep 12; 11(9): 2206.

38 Di Pergola G. et al. : Obesity as a major risk factor for cancer. J Obes 2013; 2013: 291546.

39 Nimptsch K. et al.: *Obesity Biomarkers, Metabolism and Risk of Cancer*: An Epidemiological Perspective. Recent Results Cancer Res 2016; 208: 199–217.

40 Roberts D.L. et al.: *Biological mechanisms linking obesity and cancer risk: new perspectives*. Annu Rev Med 2010; 61: 301–16.

41 Greul A.K. et al.: *Photoprotection of UV-irradiated human skin: an antioxidative combination of vitamins E and C, carotenoids, selenium and proanthocyanidins*. Skin Pharmacol Appl Skin Physiol. Sep–Oct 2002; 15(5): 307–15.

42 Evans J.A. et al.: *The role of phytonutrients in skin health*. Nutrients 2010 Aug; 2(8): 903–28.

43 Biesalski H.A. et al.: UV light, beta-carotene and human skin – beneficial and potentially harmful effects. Arch Biochem Biophys 2001 May 1; 389(1): 1–6.

44 Chen G.L. et al.: High fat diet increases melanoma cell growth in the bone marrow by inducing osteopontin and interleukin 6. Oncotarget 2016 May 3; 7(18): 26653–69.

45 Rubio Patiño C. et al. : Low-Protein Diet Induces IRE1α-Dependent Anticancer Immunosurveillance. Cell Metab 2018 Apr 3; 27(4): 828–842.

46 Di Biase Stefano: Fasting-Mimicking Diet Reduces HO-1 to Promote T Cell-Mediated Tumor Cytotoxicity. Cancer Cell 2016 Jul 11; 30(1): 136–146.

47 Lee C. et al.: Fasting cycles retard growth of tumors and sensitize a range of cancer cell types to chemotherapy. Sci Transl Med 2012 Mar 7; 4(124): 124ra27.

48 Von Koh: *Viren und Krebs – systematische Bestandsaufnahme.* Deutsches Krebsvorschungszentrum Heidelberg, Nr.07 | 05.02.2020.

49 Chang C. et al.: *Prospektive epidemiologische Studie bei Vegetariern: Ergebnisse nach 10 Jahren follow-up.* Deutsches Krebsforschungszentrum Heidelberg. 1991.

50 Watzel B., Leitzmann C.: *Bioaktive Substanzen in Lebensmitteln.* Hippokrates-Verlag, Stuttgart, ISBN 3-7773-1115-4, 1995.

51 Trock et al.: *Dietary fiber, vegetables and colon cancer, critical review and meta-analysis of the epidemiologic evidence*. J. Natl Cancer Inst 82 (1990).

52 Oynlola O. et al.: *Fruit and vegetable consumption and all cause cancer and CVD mortality: analysis of health Survey for England data*. J. Epidemiol Community Health Published Online first, 19.4.2014 doi: 10,1136/jech-2013-203 500.

53 Patan S.: *Vasculogenesis and Angiogenesis.* Angiogenesis in Brain Tumors, 3–32.

54 Steinmetz et al.: *Vegetables, fruit and cancer II.* Mechanisms, Cancer Causes Control 2 (1991 b) 427–42.

55 Schrötter B. et al.: *Ungünstige Krebs-Prognose bei niedrigem Vitamin-D-Spiegel.* Mitteilung des Deutschen Krebsforschungszentrums Nr. 33 | 09.07.2014.

56 Fanidi A. et al.: *Is high vitamin B12 status a cause of lung cancer?* Int J Cancer. 2019 Sep 15; 145(6): 1499–1503.

57 Arendt I.F.H. et al.: *Elevated Vitamin B12 Levels and Cancer Risk in UK Primary Care: A THIN Database Cohort Study.* Cancer Epidemiol Biomarkers Prev 2019 Apr; 28(4): 814–821.

58 Die Zeit: *Mit der Wünschelrute.* Die Zeit Nr. 10/1954. 11. März 1954, archiviert vom Original am 3. Februar 2008.

59 Sri N.K. et al.: *Mobile Phone Radiation: Physiological & Pathophysiologcal Considerations. Indian J Physiol Pharmacol.* Apr–Jun 2015; 59(2): 125–35.

60 Calberg M. et al.: *Evaluation of Mobile Phone and Cordless Phone Use and Glioma Risk Using the Bradford Hill Viewpoints from 1965 on Association or Causation.* Biomed Res Int 2017; 2017: 9218486. doi: 10.1155/2017/9218486. Epub 2017 Mar 16.

61 Hardell L. et al.: *Use of mobile phones and cordless phones is associated with increased risk for glioma and acoustic neuroma.* Pathophysiology 2013 Apr; 20(2): 85–110.

62 Hardell L. et al.: *Mobile phones, cordless phones and the risk for brain tumours.* Int J Oncol 2009 Jul; 35(1): 5–17.

63 Carlberg M. et al.: *Decreased survival of glioma patients with astrocytoma grade IV (glioblastoma multiforme) associated with long-term use of mobile and cordless phones* Oxid Med Cell Longev 2018 Dec 13; 2018: 1427412.

64 Olsson N. et al.: *Survival of glioma patients in relation to mobile phone use in Denmark, Finland and Sweden.* J Neurooncol. 2019 Jan; 141(1): 139–149.

65 Rööslli M. et al.: *Radio and microwave frequency radiation and health – an analysis of the literature.* Gesundheitswesen 2003 Jun; 65(6): 378–92.

66 Mutter J.: 5G: Die geheime Gefahr. Gräfe und Linzer Verlag, 2021 ISBN 978-3-8338-7538-0.

67 Budzisz M. et al.: Effects of Low-Frequency Electromagnetic Field on Oxidative Stress in Selected Structures of the Central Nervous System. Oxid Med Cell Longev 2018 Dec 13; 2018: 1427412.

68 Morgan I.L. et al.: *Mobile phone radiation causes brain tumors and should be classified as a probable human carcinogen (2 A) (review).* Int J Oncol 2015 May; 46(5): 1865–71.

69 Hardell L. et al.: *Case-control study of the association between malignant brain tumours diagnosed between 2007 and 2009 and mobile and cordless phone use.* Int J Oncol 2013 Dec; 43(6): 1833–45.

70 Hardell L. et al.: *Further aspects on cellular and cordless telephones and brain tumours.* Int J Oncol2003 Feb; 22(2): 399–407.

71 Han Y.Y. et al.: *Cell phone use and acoustic neuroma: the need for standardized questionnaires and access to industry data.* Surg Neurol 2009 Sep; 72(3): 216–22.

72 Peleg M. et al.: *Radio frequency radiation-related cancer: assessing causation in the occupational/military setting.* Environ Res 2018 May; 163: 123–133.

73 Degrave E. et al.: *Causes of death among Belgian professional military radar operators: a 37-year retrospective cohort study.* Int J Cancer 2009 Feb 15; 124(4): 945–51.

74 Szmigielski S. et al.: *Risk of neoplastic diseases in conditions of exposure to radio- and microwave fields – epidemiologic investigations.* Med Pr 2009; 60(5): 389–98.

75 Hardell L. et al.: *Biological effects from electromagnetic field exposure and public exposure standards.* Biomed Pharmacother 2008 Feb; 62(2): 104–9.

76 Kheifets L. et al.: *The sensitivity of children to electromagnetic fields.* Pediatrics 2005 Aug; 116(2): e303–13.

77 Wang J. et al.: *Smartphone Overuse and Visual Impairment in Children and Young Adults: Systematic Review and Meta-Analysis.* J Med Internet Res 2020 Dec 8; 22(12): e21923.

78 Wang J. et al.: *Smartphone Overuse and Visual Impairment in Children and Young Adults: Systematic Review and Meta-Analysis.* J Med Internet Res 2020 Dec 8; 22(12).

79 Gross G.E. et al. : *HPV-assoziierte Läsionen der äusseren Genitalregion und des Anus – Genitalwarzen und Krebsvorstufen der Vulva, des Penis und der peri- und intraanalen Haut.* S2k Leitlinie HPV-assoziierte Läsionen der äusseren Genitalregion und des Anus, AWMF-Registernummer: 082-008.

80 Winer R.L. et al.: *Condom Use and the Risk of Genital Human Papillomavirus Infection in Young Women*. The new england journal of medicine. 22.Juni 2006.

81 Deutsche Gesellschaft für Proktologie: *Anale Feigwarzen*. AWMF-Leitlinien-Register Nr.081/008.

82 Deutsches Krebsforschungszentrum, Krebsinformationsdienst: *Humane Papillomviren (HPV) als Krebs-Auslöser.* Information HPV du Krebs, 7.7.2020.

83 Nico A.F. et al.: *HPV vaccines: a controversial issue?* Braz J Med Biol Res. 2016; 49(5): e5060. doi: 10.1590/1414-431X20155060. Epub 2016 Apr 8.

84 Hammer A. et al.: *Possible side effects from HPV vaccination in Denmark*. Ugeskr Laeger. 2016 Jun 27; 178(26): V03160205. PMID: 27402125.

85 Martinez-Lavin M. et al.: *Serious adverse events after HPV vaccination: a critical review of randomized trials and post-marketing case series.* Clin Rheumatol. 2017 Oct; 36(10): 2169–2178.

86 Morgan G. et al.: *The contribution of cytotoxic chemotherapy to 5-year survival in adult malignancies*. Clin Oncol (R Coll Radiol)., 2004 Dec, 16(8), S.549–560.

87 Cassileth B.: *Gerson regimen.* Oncology (Williston Park) 2010 Feb; 24(2): 201.

88 Gerson M.: *The cure of advanced cancer by diet therapy: a summary of 30 years of clinical experimentation.* Physiol Chem Phys 1978; 10(5): 449–64.

89 Suzuki S. et al.: *Current status of immunotherapy*. Jpn J Clin Oncol . 2016 Mar; 46 (3): 191–203.

90 Yonekura K. et al.: *Mogamulizumab for adult T-cell leukemia-lymphoma: a multicenter prospective observational study*. Blood Adv 2020 Oct 27; 4(20): 5133–5145.

91 Sato I.S. et al.: *A Multicenter Retrospective Study of Mogamulizumab Efficacy in Adult T-Cell Leukemia/Lymphoma.* Clin Lymphoma Myeloma Leuk 2017 Jan; 17(1): 23–30.e2.

92 Kuriyama K.N. et al.: *The Impact of a Humanized CCR4 Antibody (Mogamulizumab) on Patients with Aggressive-Type Adult T-Cell Leukemia-Lymphoma Treated with Allogeneic Hematopoietic Stem Cell Transplantation*. J Clin Exp Hematop. 2017; 56(3): 135–144.

93 Thiago B. et al.: *Cytotoxic potential of selected medicinal plants in northeast Brazil.* BMC Complementary and algernative medicine, Springer link, Art. No.199 (2016).

94 Mans D.R.A: *Anti-Cancer drugs discovery and development in Brazil: Targeted plant collection as rational strategy to acquire candidate anti-cancer compounds.* The oncologist 5(3): 185–98.

95 De Mesquita M.L. et al. : *Cytotoxic activity of Brazilian Cerrado plants used in traditional medicine against cancer cell lines.* J Ethnopharmacol 2009 Jun 25; 123(3): 439–45.

96 Kitdamrongtham W. et al.: *Potent anti-cancer activity : synergistig effects of Thai medicinal plants in recipe No40 selected from the MANOSROI III database.* J Ethnopharmacol. 2013 Aug 26; 149(1): 288–96.

97 Wangchuk P. et al.: *Evaluation of ethnopharmacologically selected Bhutanese medicinal plants for their major classes of phytochemicals and biological activities.* J Ethnopharmacol 2011 Sep 1; 137(1): 730–42.

98 Jacobo-Herrera N.J. et al.: *Medicinal plants used in Mexican traditional medicine for the treatment of colorectal cancer.* J Ethnopharmacol 2016 Feb 17; 179: 391–42.

99 Shati A.A. et al.: *Secondary metabolites of saussurea costus leaf extract induce apoptosis in breast, liver, and colon cancer cells by caspase-3-dependent intrinsic pathway.* Biomed Res Int 2020 Jul 12; 2020: 1608942: doi: 10.1155(2020/1608942.eCollection 2020.

100 Aboyade M. et al.: Sutherlandia frutescens: *The Meeting of Science and Traditional Knowledge.* J Altern Complement Med. 2014 Feb 1; 20(2): 71–76.

101 Da Silva T.B.C. et al.: *Cytotoxic potential of selected medicinal plants in northeast Brazil.* Springer Link, BMC Complementary and Alternative medicine 16, Art. Nr.199(2016).

102 De Mesquita M.L. et al.: *Cytotoxic activity of Brazilian Cerrado plants used in traditional medicine against cancer cell lines.* J Ethnopharmacol 2009 Jun 25; 123(3): 439–45.

103 Jacobo-Herriere N.J. et al.: *Medicinal plants used in Mexican traditional medicine for the treatment of colorectal cancer.* J Ethnopharmacol 2016 Feb 17; 179: 391–402.

104 Shati A.A. et al. : Secondary Metabolites of Saussurea costus Leaf Extract Induce Apoptosis in Breast, Liver, and Colon Cancer Cells by Caspase-3-Dependent Intrinsic Pathway. BioMed Research International, 13.7.2020, Volume 2020 |Article ID 1608942.

105 Ugur D. et al.: *Cytotoxic Activities of Certain Medicinal Plants on Different Cancer Cell Lines*. Turk J Pharm Sci. 2017 Dec; 14(3): 222–230.

106 Kitdamrongtham W. et al.: *Potent anti-cervical cancer activity: synergistic effects of Thai medicinal plants in recipe N040 selected from the MANOSROI III database.* J Ethnopharmacol 2013 Aug 26; 149(1): 288–96.

107 Ciolino, H. P. et al.: *The flavonoid galangin is an inhibitor of CYP1A1 activity and an agonist/antagonist of the aryl hydrocarbon receptor*. British Journal of Cancer. 79 (9/10): 1340–1346.

108 Yiong Y. et al.: *Galangin (GLN) Suppresses Proliferation, Migration, and Invasion of Human Glioblastoma Cells by Targeting Skp2-Induced Epithelial–Mesenchymal Transition (EMT).* Back to Journals „OncoTargets and Therapy" Volume 13 7 September 2020 Volume 2020: 13 Pages 9235–9244.

109 Ostermann T. et al.: *A Systematic Review and Meta-Analysis on the Survival of Cancer Patients Treated with a Fermented Viscum album L. Extract (Iscador): An Update of Findings*. Complement Med Res 2020; 27(4): 260–271.

110 Grossarth-Maticek R. et al.: *Randomised and non-randomised prospective controlled cohort studies in matched-pair design for the long-term therapy of breast cancer patients with a mistletoe preparation (Iscador): a re-analysis.* Eur J Med Res 2006 Nov 30; 11(11): 485–95.

111 Grossarth-Maticek R. et al.: *Prospective controlled cohort studies on long-term therapy of breast cancer patients with a mistletoe preparation (Iscador).* Forsch Komplementmed 2006 Oct; 13(5): 285–92.

112 Grossarth-Maticek R. et al.: *Prospective controlled cohort studies on long-term therapy of breast cancer patients with a mistletoe preparation (Iscador)*. Forsch Komplementmed 2006 Oct; 13(5): 285–92.

113 Bircher-Benner M.O.: *Eine neue Ernährungslehre.* Wendepunkt Verlag Berlin, Leipzig, Zürich, 10.Auflage, 1945.

114 Bircher-Benner M.O.: Grundzüge der Ernährungstherapie auf Grund der Energie-Spannung der Nahrung. Verlag Otto Salle, Berlin, 1905 und 1905.

115 Kasnacev V.P.: in Jezowska-Trzebiatovska B. et al.: Photon emission from biological systems, proceedings of the first international Symposium, Wroclav, Pland Jan. 1986.

116 Bischof M.: Biophotonen, das Licht in unseren Zellen. ISBN 3-86150-095-7.

117 Popp F.A.: Biologie des Lichtes, Grundlagen der ultraschwachen Zellstrahlung. Verlag Paul Parey, ISBN: 3-489-61734-7.

118 Popp F.A.: Unsere Lebensmittel in neuer Sicht. ISBN: 3-596-11459-4.

119 Van Vijck R. and E. Utrecht Univeriy: *An Introduction to Human Biophoton Emission.* Forsch Komplementärmed. Klass. Naturheilkd. 1005, 12 S.77–83.

120 Prigogine I. et al.: *Dialog mit der Natur.* Piper Verlag München, ISBN 3-492-11181-5.

121 Pischinger A.: Das System der Grundregulation, Grundlagen für eine ganzheitsbiologische Theorie der Medizin. Haug-Verlag, Heidelberg, 1990. 8. erweiterte Auflage, ISBN: 3-7760-1183-1.

122 Jezowska-Trzebiatowska et al. Photon emission from biological systems, proceedings oft he first international Symposium, Wroclav, Pland Jan, in Popp. F.A.: Biologie des Lichtes, Grundlagen der ultraschwachen Zellstrahlung, Paul Parey-Verlag, ISBN: 3-489 61734-7.

123 Bischof M.: *Biophotonen: das Licht in unseren Zellen.* Verlag 2001, ISBN: 3-86150-095-7.

124 Van Vijck R. et al.: *An Introduction to Human Biophoton Emission.* Utrecht University Forsch. klass. Naturheilkunde. 1005, 12, s.77–83.

125 Pischinger A.: Das System der Grundregulation, Grundlagen für eine ganzheitsbiologische Theorie der Medizin, Haug-Verlag Heidelberg, 1990, ISBN: 3-7760-1183-1.

126 Sosa V. et al.: *Oxidative stress and cancer: An overview*. Ageing Research Reviews Volume 12, Issue 1, January 2013, Pages 376–390.

127 Monoley Y.N. et al.: *ROS signalling in the biology of cancer*. Semin Cell Dev Biol. 2018 Aug; 80: 50–64.

128 Valko M. et al.: *Free radicals, metals and antioxidants in oxidative stress-induced cancer*. Chem Biol Interact. 2006 Mar 10; 160(1): 1–40.

129 Liou G.Y. et al.: *Reactive oxygen species in cancer.* Free Radic Res 2010 May; 44(5): 479–96.
130 Valko M. et al.: *Free radicals, metals and antioxidants in oxidative stress-induced cancer.* Semin Cell Dev Biol. 2018 Aug; 80: 50–64.
131 Kollenbach D.: Maximilian Oskar Bircher-Benner (1867–1939), Dissertation, Verlag der Medizinischen Fakultät der Universität Köln, 1974.
132 Bircher-Benner M.O.: *Die Verhütung des Unheilbaren.* Wendepunkt-Verlag Zürich, Leipzig, Wien, 2.Auflage, Seite 58.
133 Chang et al.: *Prospektive epidemiologische studie bei Vegetariern: Ergebnisse nach 10 Jahren Follow-up.* Deutsches Krebsforschungszentrum Heidelberg, 1991.
134 Watzel B. et al.: *Bioaktive Substanzen in Lebensmitteln.* Hippokrates-Verlag, Stuttgart, ISBN 3-7773-1115-4, 1995.
135 Trock et al.: *Dietary fiber, vegetables and colon cancer, critical review and meta-analysis of the epidemiologic evidence.* J. Natl Cancer Inst 82(199): 650–61.
136 Oynlola O. et al.: *Fruit and vegetable consumption and all cause cancer and CVD mortality: analysis of Health Survey for England data.* J. Epidemiol Community Health Published online first 19.4.2014 doi: 10.1136/jech-2013-203 500.
137 Yang K. et al.: *An Epidemiological Review of Diet and Cutaneous Malignant Melanoma.* Cancer Epidemiol Biomarkers Prev 2018 Oct; 27(10): 1115–1122.
138 Soldati L. et al.: *The influence of diet on anti-cancer immune responsiveness.* J Transl Med. 2018 Mar 20; 16(1): 75.
139 Morzaku E.C. et al.: *Alcohol consumption and supplementation with vitamins D and E, polyunsaturated fatty acids, selenium, green tea, resveratrol, and lycopene on melanoma risk.* J Am Acad Dermatol 2014 Dec; 71(6): 1053.e1-1053.e16.
140 Bradbury K.E. et al.: *Circulating insulin-like growth factor I in relation to melanoma risk in the European prospective investigation into cancer and nutrition.* Int J Cancer 2019 Mar 1; 144(5): 957–966.
141 Daniel C.R. et al.: *Nutrition and Cancer in the Microbiome Era.* Trends Cancer 2019 Sep; 5(9): 521–524.
142 Gopalakrishnan V. et al.: *The Influence of the Gut Microbiome on Cancer, Immunity, and Cancer Immunotherapy.* Cancer Cell 2018 Apr 9; 33(4): 570–580.
143 Bose M. et al.: *Role of Microbiome in Modulating Immune Responses in Cancer.* Mediators Inflamm 2019 Jun 12; 2019: 4107917.
144 Fessler J. et al.: *Exploring the emerging role of the microbiome in cancer immunotherapy.* J Immunother Cancer 2019 Apr 17; 7(1): 108.
145 Malagoli C. et al.: *Food and Beverage Consumption and Melanoma Risk*: A Population-Based Case-Control Study in Northern Italy. Nutrients 2019 Sep 12; 11(9): 2206.
146 Di Pergola G. et al. : Obesity as a major risk factor for cancer. J Obes 2013; 2013: 291546.
147 Nimptsch K. et al.: *Obesity Biomarkers, Metabolism and Risk of Cancer*: An Epidemiological Perspective. Recent Results Cancer Res 2016; 208: 199–217.
148 Roberts D.L. et al.: *Biological mechanisms linking obesity and cancer risk: new perspectives.* Annu Rev Med 2010; 61: 301–16.
149 Greul A.K. et al.: *Photoprotection of UV-irradiated human skin: an antioxidative combination of vitamins E and C, carotenoids, selenium and proanthocyanidins.* Skin Pharmacol Appl Skin Physiol. Sep–Oct 2002; 15(5): 307–15.
150 Evans J.A. et al.: *The role of phytonutrients in skin health.* Nutrients 2010 Aug; 2(8): 903–28.
151 Biesalski H.A. et al.: UV light, beta-carotene and human skin–beneficial and potentially harmful effects. Arch Biochem Biophys 2001 May 1; 389(1): 1–6.
152 Chen G.L. et al.: High fat diet increases melanoma cell growth in the bone marrow by inducing osteopontin and interleukin 6. Oncotarget 2016 May 3; 7(18): 26653–69.
153 Rubio Patiño C. et al. : Low-Protein Diet Induces IRE1α-Dependent Anticancer Immunosurveillance. Cell Metab 2018 Apr 3; 27(4): 828–842.
154 Di Biase Stefano: Fasting-Mimicking Diet Reduces HO-1 to Promote T Cell-Mediated Tumor Cytotoxicity. Cancer Cell 2016 Jul 11; 30(1): 136–146.
155 Lee C. et al.: Fasting cycles retard growth of tumors and sensitize a range of cancer cell types to chemotherapy. Sci Transl Med 2012 Mar 7; 4(124): 124ra27.

156 Talib W.H.: *Melatonin and Cancer Hallmarks.* Molecules, 2018 Feb 26; 23 (3): 518.
157 Reiter R.J. et al.: *Melatonin, a Full Service Anti-Cancer Agent: Inhibition of Initiation, Progression and Metastasis.* Int J Mol Sci 2017 Apr 17; 18(4): 843.
158 Srinivasan V. et al.: *Therapeutic actions of melatonin in cancer: possible mechanisms.* Integr Cancer Ther 2008 Sep; 7(3): 189–203.
159 Blask D.E. et al.: *Circadian stage-dependent inhibition of human breast cancer metabolism and growth by the nocturnal melatonin signal: consequences of its disruption by light at night in rats and women.* Integr Cancer Ther 2009 Dec; 8(4): 347–53.
160 Blask D. et al.: *Light during darkness, melatonin suppression and cancer progression.* Neuro Endocrinol Lett. 2002 Jul; 23 Suppl 2: 52–6.
161 Lucas A.R. et al.: *Mindfulness-Based Movement: A Polyvagal Perspective.* Integr Cancer Ther. 2018 Mar; 17(1): 5–15.
162 Watzel B. et al.: Bioaktive Substanzen in Lebensmitteln, Hippokrates-Verlag, Stuttgart, ISBN: 3-7773-1115-4, 1995.
163 Rennó M.N. et al.: Crude ethanol extract from babassu (Orbignya speciosa): cytotoxicity on tumoral and non-tumoral cell lines. An Acad Bras Cienc, 2008 Sep; 80(3): 467–76.
164 Nascimente F.R.F. et al.: *Macrophage activation induced by Orbignya phalerata Mart.* J Ethnopharmacol 2006 Jan 3; 103(1): 53–8.
165 Nasoudi M. et al.: *Anti-cancer and osteoarthritic pain activity of Symphytum officinale L.* https://www.semanticscholar.org/paper/Anti-cancer-and-osteoarthritic-pain-activity-of-L.-Masoudi-Saiedi/0f97f0321c32f6be2ffb12ebb4ad01460dc5e037.
166 Cruceriu D. et al.: *Calendula officinalis: Potential Roles in Cancer Treatment and Palliative Care.* Integr Cancer Ther. 2018 Dec; 17(4): 1068–1078.
167 Castro C.B. et al.: Metabolomics-Based Discovery of Biomarkers with Cytotoxic Potential in Extracts of Myracrodruon urundeuva. Journal of the Brazilian Chemical Society Print version ISSN 0103-5053On-line version ISSN 1678–4790.
168 Beard B.: *Compound from rare plant shows promise in treating breast cancer.* University of Virginia Health System, news release, February 2005.
169 Reboukas S.O. et al.: *Antiproliferative effect of a traditional remedy, Himatanthus articulatus bark, on human cancer cell lines.* Journal of Ethnopharmacology Volume 137, Issue 1, 1 September 2011, Pages 926–929.
170 Castellanos J.R.G. et al. : *Red Lapacho (Tabebuia impetiginosa) – a global ethnopharmacological commodity?* J Ethnopharmacol 2009 Jan 12; 121(1): 1–13.
171 Wong C. et al.: *The Health Benefits of Pau D'Arco Can Amazonian tree bark fight infection and inflammation?* Medically reviewed by Arno Kroner, DAOM, LAc on June 12, 2020.
172 Greenlee H. et al.: Clinical applications of Silybum marianum in oncology. Integr Cancer Ther 2007 Jun; 6(2): 158–65.
173 Lades E.J. et al.: *A randomized, controlled, double-blind, pilot study of milk thistle for the treatment of hepatotoxicity in childhood acute lymphoblastic leukemia (ALL).* Cancer. 2010 Jan 15; 116(2): 506–13.
174 Loguercio C. et al.: *Silybin and the liver: from basic research to clinical practice.* World J Gastroenterol 2011 May 14; 17(18): 2288–301.
175 Robinson J.P. et al.: *Antioxidant and cytotoxic activity of Tecoma stans against lung cancer cell line (A549).* Braz. J. Pharm. Sci. [online]. 2017, vol.53, n.3, e00204. Epub July 31, 2017. ISSN 2175-9790. https://doi.org/10.1590/s2175-97902017000300204.
176 Araújo R.L. et al.: *Effects of Mangaba (Hancornia speciosa) Fruit Extract Adsorbed onto PEG Microspheres in MCF-7 Breast Cancer Cells Co-Cultured with Blood Cells.* Asian Pac J Cancer Prev. 2019; 20(7): 1995–2001.
177 De Santos J.C.F. : *Estudio da toxicidade da fitopreparação popular a base de leite de janaguba (Himatanthus drasticus, Plumel 1990) EM MODELO DE ZEBRAFISH (Danio rerio, Hamilton 1822).* Dissertation UNIVERSIDADE FEDERAL DO AMAPÁ, 1990.
178 De Lira K.S. et al.: *Evaluation of the toxicity and antiulcerogenic activity of the ethanol extract of Maytenus obtusifolia Mart. Leaves.* September 2008 Revista Brasileira de Farmacognosia 18(3) DOI: 10.1590/S0102-695X2008000300019.

179 De Melo J.G. et al.: *Medicinal Plants Used as Antitumor Agents in Brazil: An Ethnobotanical Approach. Evid Based Complement Alternat Med. 2011*; 2011: 365359. Published online 2011 Mar 8. doi: 10.1155/2011/365359.

180 Da Silva Peixoto T.J. et al.: *Antiproliferative activity of species of the genus Cnidoscolus against HT-29, Hep-2 and NCI-H292 cells.* Molecular & Clinical Pharmacology 2012, 3(2) 55–61.

181 Vieira G.T. et al. : *Cytotoxic activity of Croton urucurana Baill extract against human leukemic cell lines U937 and THP1.* Ciência e Natura, Santa Maria v.39 n.3, 2017, Set–Dez, p. 512–519.

182 Baghat M. et al.: *Evaluation of Cassia occidentalis for in vitro cytotoxicity against human cancer cell lines and antibacterial activity.* Aug 2010 Indian Journal of Pharmacology 42(4): 234–7.

183 Lissoni P. et al.: *A randomized study of chemotherapy versus biochemotherapy with chemotherapy plus Aloe arborescens in patients with metastatic cancer.* In Vivo Jan-Feb 2009; 23(1): 171–5.

184 Shrikanth P. et al.: *Evaluation of Antioxidant and Anticancer Properties of Methanolic Extracts of Abutilon indicum and Blumea mollis.* March 2012, J of Pharmacy Research 5(4): 2373–2376.

185 Sing S. et al.: *Lead Phytochemicals for Anticancer Drug Development.* Front Plant Sci. 2016; 7: 1667 Published online 2016 Nov 8. doi: 10.3389/fpls.2016.01667.

186 Müller S.C.: *Echinacea: a Miracle Herb against Aging and Cancer? Evidence In vivo in Mice.* Evid Based Complement Alternat Med. 2005 Sep; 2(3): 309–314.

187 Srivastava R. et al.: *Inhibition of Human Cervical Cancer Cell Growth by Ethanolic Extract of Boerhaavia diffusa Linn. (Punarnava) Root.* Evid Based Complement Alternat Med. 2011; 2011: 427031.

188 De Gorveia Cordeiro Y. et al.: *Antineoplastic Effect of Procyanidin-rich Extract of Lafoensia Pacari in Lung Carcinoma Cells.* Brazilian Archives of Biology and Technology Print version ISSN 1516-8913On-line version ISSN 1678-4324.

189 Longato G.B. et al.: *In vitro and in vivo anticancer activity of extracts, fractions, and eupomatenoid-5 obtained from Piper regnellii leaves.* Planta Med 2011 Sep; 77(13): 1482–8.

190 Galvez M. et al.: *Cytotoxic effect of Plantago spp. on cancer cell lines.* J Ethnopharmacol. 2003 Oct; 88(2–3): 125–30.

191 Salvaraj R. et al.: *Anti-Cancer activity of cardiospermum halicacabum Linn. Leaf extracts against human breast cancer cell line.* https://www.researchgate.net/publication/327498634.

192 Razali F.N. et al.: *Tumor suppression effect of Solanum nigrum polysaccharide fraction on Breast cancer via immunomodulation.* Int J Biol Macromol 2016 Nov; 2: 185–193.

193 Turnera ulmifolia". *Natural Resources Conservation Service PLANTS Database.* USDA. Retrieved 12 December 2015.

194 Avelino-Flores M.D.C. et al.: *Cytotoxic Activity of the Methanolic Extract of Turnera diffusa Willd on Breast Cancer Cells.* October 2014 Journal of Medicinal Food 18(3).

195 Seshadri V.D.: Amalgamation and Characterization of Copper Nanoparticles Alleviated With Stachytarpheta Cayennensis and Its Anti-cancer Activity in Both in Vitro and in Vivo Animal Model. October 2014Journal of Medicinal Food 18(3).

196 Yousefnia S. et al.: *Suppressive role of Viola odorata extract on malignant characters of mammosphere-derived breast cancer stem cells.* Clinical and Translational Oncology volume 22, pages 1619–1634(2020).

197 Zabel W.: *Ganzheitsbehandlung der Geschwulstkrankheiten.* Hippokrates-Verlag. 31. Jg. Nr.22 S.751–60, 1960.

198 Zabel W.: *Körpereigene Abwehr gegen Krebs. Med. Liter.* Verlag Hamburg.

199 Issels J.: *Mehr Heilung von Krebs. Es Libris.* ISBN: 978-3-906873-10-7.

200 Salzborn E.: *Ist der inoperable Krebs immer unheilbar?* Vergriffen.

201 Gerson M.: Eine *Krebstherapie. Bericht über 50 geheilte Fälle. Hyperion-Verlag.* Freiburg im Breisgau, 1958.

202 Kollenbach D.: *Maximilian Oskar Bircher-Benner. Krankheitslehre und Diätetik. Dissertation,* 1974. Institut für Geschichte der Medizin der Universität Köln.

203 Willet W.C.: *Diet, nutrition and avoidable cancer.* Environ-Health-Perspect 1995 Nov, col. 103 Suppl 8: 165–70.

204 Willett W.C. et al.: *Nutrition and cancer: a summary of the evidence*. Cancer-Causes-Control 1996 Jan vo.7(1): 178–80.

205 Pischinger A.: *Das System der Grundregulation.* Haug-Verlag, Heidelberg, 1990 ISBN: 3-7760-1183-1.

206 Prigogine I. et al.: *Dialog mit der Natur,* Piper Verlag, München, ISBN: 3-492-11181-5.

207 Eppinger H.: Die Permeabilitätspathologie als die Lehre vom Krankheitsbeginn, Springer-Verlag, Wien, 1949.

208 Kasnaceev V.P. et al.: in Jezowska-Trzebiatovska B. et al.: *Photon emission from biological systems, proceedings of the first international symposium.* Wroclav Pland Jan. 1986.

209 Prigogine I. et al.: *Dialog mit der Natur,* Piper Verlag München. ISBN 3-492-11181-5.

210 Bischof M.: *Biophotonen: das Licht in unseren Zellen.* ISBN 3-86150095-7.

211 Popp F.A.: Biologie des Lichtes, Grundlagen der ultraschwachen Zellstrahlung. Verlag Paul Parex. ISBN: 3-489-61734-7.

212 Popp F.A.: *Unsere Lebensmittel in neuer Sicht.* ISBN 3-596-11459-4.

213 Watzel B. et al.: *Bioaktive Substanzen in Lebensmitteln.* Hippokrates-Verlag, Stuttgart. ISBN: 3-7773-1115-41995.

214 World Health Organization. Geneva. *The World Health Report, 6. Mai 1997, The World Health Report 2, 2001, The World Health Repot 3, 2008* WHO Fax +41 22791 48 57.

Stichwortverzeichnis